中国新锐传播学者系列教材

融合新闻：数据新闻操作理论与实务
Convergence Journalism: Operational Theory and Practice of Data Journalism

主　编　陈积银
副主编　宋春妮　石淑捷

西安交通大学出版社
XI'AN JIAOTONG UNIVERSITY PRESS

内容提要

在媒体融合潮流中,融合新闻理念和实践的重要性日益凸显。数据新闻作为融合新闻的实践形态,也是融合传播在大数据时代的传播新模式。本书结合国内外数据新闻传播实践,从融合传播的角度进行研究和分析。全书分为九个章节,分别是:第1章,数据新闻基础;第2章,数据新闻的选题;第3章,数据获取;第4章,数据清洗;第5章,数据新闻的可视化操作;第6章,静态数据新闻介绍;第7章,动态数据新闻介绍;第8章,交互数据新闻介绍;第9章,全球数据新闻大赛简介。本书是一本全面、系统介绍数据新闻理论与实务的教材,每章前半部分介绍数据新闻的基础理论,后半部分重点介绍数据新闻的应用场景与案例。全书每一章节后设有小结与思考题,为读者进一步探索数据新闻理论、掌握数据新闻实务提供必要的基础知识和操作指南。

本书可作为新闻学、传播学、广播电视学、网络与新媒体等专业的教材,也可供从事新闻传播与数据新闻制作领域的技术人员学习和参考。

图书在版编目(CIP)数据

融合新闻:数据新闻操作理论与实务 / 陈积银主编.
— 西安:西安交通大学出版社,2023.10(2024.1重印)
ISBN 978-7-5693-3394-7

Ⅰ.①融… Ⅱ.①陈… Ⅲ.①数据处理-应用-
新闻学-研究Ⅳ.①G210.7

中国国家版本馆CIP数据核字(2023)第154261号

书 名	融合新闻:数据新闻操作理论与实务 RONGHE XINWEN:SHUJU XINWEN CAOZUO LILUN YU SHIWU
主 编	陈积银
责任编辑	赵怀瀛
责任校对	王建洪
封面设计	任加盟
出版发行	西安交通大学出版社 (西安市兴庆南路1号 邮政编码710048)
网 址	http://www.xjtupress.com
电 话	(029)82668357 82667874(市场营销中心) (029)82668315(总编办)
传 真	(029)82668280
印 刷	西安五星印刷有限公司
开 本	787mm×1092mm 1/16 印张 13.5 字数 336千字
版次印次	2023年10月第1版 2024年1月第2次印刷
书 号	ISBN 978-7-5693-3394-7
定 价	69.80元

如发现印装质量问题,请与本社市场营销中心联系。
订购热线:(029)82665248 (029)82667874
投稿热线:(029)82668133
读者信箱:xj_rwjg@126.com

版权所有 侵权必究

总序 Preface

2008年春夏之交,我有一个难得的机会在北京游学。一日,刘海龙到人民日报社9号楼社科院新闻所来探望我,聊到应该举办一个属于年轻人的全国性的传播学研讨会。我们一致认为,年轻人年龄相仿,学理相近,无拘无束,容易碰撞出思想火花。回去后,海龙打电话给张志安,陈述我们的想法,大家一拍即合。中国人民大学新闻学院赞助了一笔费用,当年6月,我们便在人大新闻学院召开了第一届中国青年传播学者论坛。来自全国各地的20多位青年学者参加了会议,热烈讨论了整整一天。当时我们谁都没有想到,今天这个研讨会正在以如此有影响力的方式延续着它的生命。

应当感谢每一次会议的主办方,年轻人缺少资源,因此会议不仅不能收会务费和住宿费,而且还要补贴大家的差旅,可以说赔钱到家,投入巨大。中国人民大学、复旦大学、南京大学金陵学院、浙江大学、中山大学、清华大学、武汉大学、重庆大学、安徽大学和中国传媒大学等十所大学的相关院系先后举办了一年一度的盛会。然而即便这样,会议还是开得很艰苦。尤其对不住大家的是在南京召开的那次会议,由于金陵学院资源有限,大家都住在南京大学浦口校区招待所的套间里,一个套间的住客都可以凑出两桌麻将。由于一栋楼只有一个准时下班的服务员,曾经"贵"为中山大学传播与设计学院院长的张志安竟不得不亲自疏通厕所下水管道,这件事在他的人生经历中已经留下了不可磨灭的"阴影"。然而,似乎没有人计较这些,大家都以能聚在一起讨论学问为快事。

中山大学的那次会议一直开到晚上11点,大家仍然饶有兴趣地听李立峰和郭建斌分享他们的研究心得,我们才发现温文尔雅的中国香港名教授在宵夜店消灭啤酒和烤肉的战斗力也是相当惊人的。而此后,饿得两眼发蓝出去喝啤酒吃烧烤便成为了会议的必备程序。由于实行严格的匿名评审,会上的几乎每篇论文,均属上乘,但在点评时仍然会招来雨点般不留情面的批评,尤其是"一对一"对评的时候。尽管有些时候颜面上确实有点挂不住,但谁也没有真正把受到学术质疑看作是一种受伤。

于是,中国青年传播学者论坛渐渐成为一个精神气质上的无形学院。就是在这样的文化和共同体中,大家产生了更多的认同和包容,也产生了更为积极的学术追求,共同出品一些系列性的优秀成果,便成为一种自然而然的愿望。在2014

年的论坛上,西安交通大学出版社的年轻编辑赵怀瀛带着他的"中国新锐传播学者系列教材"来寻求合作时,自然得到了大家的热烈响应。在大家踊跃报名之下,便有了第一辑的选题和后续的更多选题。于是在赵编辑的催促之下,便有了这篇文字。中国新锐传播学者系列教材,并没有整齐划一的风格:在内容上既有方法方面的选题,也有理论方面的选题;在形式上既有传统的体系型教材,也有相对新颖的案例型教材。但总体而言,每一本教材都具有前沿性和研究性的色彩,不仅充分体现了知识的体系性,也充分彰显了每一位作者的个性和特点。可以说,这一系列的教材更多地体现出中国青年传播学者论坛那种独有的文化气质:个性张扬,兴趣广泛,敢于迎接和挑战传播的新领域。当然,它也必然是存在各种缺陷,并以开放的姿态接受各界批评的一套文本。传播学进入中国已经40余年,对于一个直到21世纪仍然极其弱小的知识领域而言,需要的便是中国青年传播学者论坛的气质:兼容并包,勇于探索。

十年就这样过去了,我、海龙和志安等这一批论坛的发起者早已人到中年,日渐发福,很快都将退出我们深爱的这个论坛。谨以此序表达我们的初衷和理想,衷心希望中国青年传播学者论坛和中国新锐传播学者系列教材能够不断成长,不断超越,为中国传播学研究的发展作出更大的贡献。

胡翼青
于南京大学

本书编委会

(排名无先后,按照姓氏首字母排序)

蔡晓艺　曹树林　陈积银　胡睿心
李　月　李晓娟　石淑捷　宋春妮
孙月琴　王　博　王　未　王资伎
吴　恒　吴俊蕊　杨　廉　曾凡齐
赵　洋

前言 Foreword

随着时代不断发展，国家提出了媒体融合战略和新文科人才培养理念。数据新闻作为融合新闻的实践形态，其重要性日益凸显。融合新闻注重新闻采编、叙事和呈现，数据新闻注重新闻来源、新闻叙事以及新闻呈现，这可以说明融合新闻是媒体融合的一个重要组成部分，而数据新闻是实现融合新闻的一个有效途径。这种新型的融合新闻实践形态，以数据传播为中心、可视化叙事为手段，制作出适合不同媒介特点的新闻信息，充分体现了融合传播的特点。国内外的一流大学，如哥伦比亚大学、密苏里大学、清华大学、中国传媒大学、复旦大学、西安交通大学等多所高校已经开设了相关课程或设置了相关专业方向。

当前，大部分传统媒体都在发展数据新闻业务（如《卫报》、《华盛顿邮报》、BBC、中央广播电视总台等国际主流媒体），把发展数据新闻业务当作是开展媒介融合的有效途径。但在与众多的从业者和高校师生的交流中，我们发现媒介融合背景下对于数据新闻的数据采集与可视化教学还有待完善。特别是国内数据新闻的精品课程较少，涵盖理论、实务与案例实操的综合教材不多。本团队在数据新闻理论研究方面，已发表6篇论文，出版2本相关教材；在数据新闻教学与培训方面，自2015年起，本团队创办了中国数据新闻大赛，举办了数据新闻工作坊（累计参与人次10余万），吸引上百所高校、数十家媒体机构和上万名选手报名，通过"以赛促教"的路径积极探索数据新闻学科新型人才培养模式；在项目支撑方面，本团队主持并完成文化和旅游部国家社会科学基金艺术学项目（大数据可视化艺术人才培养项目）、教育部产学合作协同育人项目（数据信息可视化人工智能示范中心、智能媒体实验室建设）、陕西省创新能力支撑计划项目（大数据可视化科技开发共享平台项目）等国家级、省部级项目，以期为推动媒介融合背景下的中国新闻教育转向贡献绵薄之力。

以马克思主义新闻观以及习近平新时代中国特色社会主义思想为引领，以教育部新文科建设理念为指导，基于前期的成果和实践经验，本书编者整理国内外学界和业界前沿理论,以《数据新闻入门教程》为基础,重新修订编写,切实做好价值、认知和方法三个维度的综合把握。编者从数据新闻人才培养的国际前沿与本土化建设、选题深度挖掘、数据驱动、可视化设计等方面对数据新闻加以系统阐述,旨在引领学生在作品制作中从简单的多学科知识累加向多学科知识相融转变,培养优秀的复合型融媒体内容制作人才,推动中国新闻教育适应大数据时代的要求,为国家培养新时代全球化、复合型、专家型、国际化的新型新闻人才。

基于上述背景,编者从理论和实务两个层面解析数据新闻。本书共分为九章。第1章厘清数据新闻的概念与特征,讲述数据新闻的发展历程,梳理国内外数据新闻的发展现状和数据新闻人才培养的现状、存在的问题以及应对策略。第2章主要介绍判断选题的4个基本原则、5个寻找选题的基本方法和6个选题范围。第3章主要介绍数据新闻制作过程中的数据获取环节(包括政府等官方部门公开数据、非政府机构数据、采访与问卷调查数据、众包数据、爬虫数据等),以及3种数据抓取工具(Python、集搜客、八爪鱼采集器)。第4章从数据清洗的基本原则方法、数据清洗的流程和数据清洗的工具3个方面出发,结合优秀案例介绍数据新闻的数据清洗过程,从而促进读者从理论到实践层面对数据清洗的全方位理解。第5章介绍数据新闻可视化的基本原则和美学原理,同时也介绍了技术层面的可视化工具与软件操作。第6章对静态数据新闻的概念、特点、挑战与发展趋势、呈现形式(包括数据图表、时间轴、词云图、关系网络图、数据地图)进行介绍,并结合优秀案例解读静态数据新闻在具体生产实践中的应用与呈现。第7章以理论和实例操作相结合的方式对动态数据新闻的定义、特点进行阐述,从动态数据新闻的可视化操作入手,旨在制作出视觉上更为美观、内容上更为深刻的以动态图形技术表现的数据新闻。第8章厘清交互数据新闻的概念,讲述交互数据新闻的发展脉络,继而介绍交互数据新闻的应用场景和优秀案例,以及在人工智能时代对交互性的更高期待和全方位的体验。第9章对全球数据新闻大赛概况进行阐述,对历届获奖作品进行分析,以此推动国内外的交流。

为了使读者更好地学习并掌握数据新闻的相关理论和制作技能,本书集体系完整性、理论系统性、案例丰富性为一体,通过理论与实践相结合的形式由浅入深地讲解数据新闻的基础理论与制作过程。本书具有以下特色。

(1)以马克思主义新闻观为指导,植根于中国特色社会主义伟大实践。

本教材以马克思主义新闻观为指导,将数据新闻进行融合新闻实践,选取具有中国特色的文化,并进行新闻理念、内容、手段创新,赋予中华优秀传统文化新的时代内涵和现代表达形式,推动其创造性转化、创新性发展。如案例选取中的两会报道等都体现了中国特色。

(2)与时俱进,重新修订补充。

与《数据新闻入门教程》相比,本书新增了数据新闻人才培养的国际前沿与本土化建设、可视化设计的美学原理、静态数据新闻、动态数据新闻、交互数据新闻等内容。此外,在数据新闻的选题、获取和清洗部分进行了补充。在数据获取部分的分类,较之前分类更科学、更有逻辑性;对于数据获取工具方面,之前的章节按照数据类型划分,但由于现在的工具基本都可以对不同类型的数据同时抓取,因此与时俱进,重新分类,介绍了三种不同的工具并进行实操讲解;在数据清洗部分,对了解流程再实践上手的逻辑进行调整。

(3)增添优秀数据新闻作品案例操作流程,为读者提供实践与思考的参照。

编者在理论讲解之外,以国内外优秀数据新闻作品为例,通过对不同题材下的静态数据新闻、动态数据新闻、交互数据新闻的选题策划、数据获取、可视化设计等过程的分析解读,促使读者能够深切了解数据新闻创作之道。每章都有小结和实践操作,促使读者在掌握基础理论的前提下,发挥能动性,积极动手参与数据新闻制作,从而在实践中了解数据新闻之美。

为了使读者更好地掌握本书的知识,达到良好的学习效果,建议读者合理地按照个人的基础进行适当的学习时长规划(见下表)。

各章的学习进度(时长)建议表

章节	学习时长	学习要求
第1章	4小时	在课本所列基础知识之上,对提到的优秀案例登录原网站进行学习鉴赏
第2章	4小时	了解数据新闻选题策划角度、数据采集、数据处理、数据分析及可视化的方法
第3章	6小时	了解数据获取方式,并掌握数据获取工具的实践操作
第4章	8小时	掌握数据清洗的基本原则、基本流程,以及清洗工具的实践操作
第5章	8小时	了解数据新闻可视化设计的基本原理、美学原则;掌握不同数据类型的可视化操作;学习应用相关可视化软件
第6章	8小时	了解静态数据新闻的概念、特点、挑战与发展趋势,重点掌握静态数据新闻的呈现形式,学习优秀案例,并按照实践要求制作静态数据新闻
第7章	8小时	在掌握动态数据新闻的概念、特点、数据采集和可视化操作等基础理论的前提下,学习优秀案例,并按照实践要求制作动态数据新闻
第8章	8小时	在掌握交互数据新闻基础理论的前提下,学习优秀案例,并按照实践要求制作交互数据新闻
第9章	4小时	学习大赛优秀案例,积极参与大赛

本书在撰写过程中,得到了西安交通大学出版社赵怀瀛编辑的大力支持。胡睿心、李月、李晓娟、孙月琴、王博、吴俊蕊等同学参与了相关章节的编写工作,特此表示感谢。本书参考了国内外数据新闻领域相关的研究成果和各数据新闻大赛的优秀作品,在此对其作者表示感谢。本书关于软件操作和案例中的图片仅具有示意作用,读者如需要原图,请拨打西安交通大学出版社电话 029-82668133 索取。本书难免有不足之处,真诚希望各位专家学者批评指正!

编者
写于西安交通大学

目 录
Contents

第1章 数据新闻基础 ………………………………………………… (001)
  1.1 数据新闻概述 ………………………………………………… (001)
  1.2 数据新闻的发展现状与未来走向 …………………………… (007)
  1.3 数据新闻人才培养的国际前沿与本土化建设 ……………… (010)

第2章 数据新闻的选题 ………………………………………………… (019)
  2.1 数据新闻选题概述 …………………………………………… (019)
  2.2 数据新闻的选题范围 ………………………………………… (023)
  2.3 数据新闻的选题倾向 ………………………………………… (032)

第3章 数据获取 ………………………………………………………… (037)
  3.1 数据获取概述 ………………………………………………… (037)
  3.2 数据获取方式 ………………………………………………… (039)
  3.3 数据获取工具 ………………………………………………… (043)

第4章 数据清洗 ………………………………………………………… (059)
  4.1 数据清洗概述 ………………………………………………… (059)
  4.2 数据清洗流程 ………………………………………………… (060)
  4.3 数据清洗工具 ………………………………………………… (066)

第5章 数据新闻的可视化操作 ………………………………………… (081)
  5.1 可视化操作概述 ……………………………………………… (081)
  5.2 不同类型数据的可视化操作 ………………………………… (088)
  5.3 可视化操作工具 ……………………………………………… (089)

第 6 章　静态数据新闻介绍 ··· (105)
6.1　静态数据新闻的概念与特点 ··· (105)
6.2　静态数据新闻的呈现形式 ··· (112)
6.3　静态数据新闻案例赏析 ·· (123)

第 7 章　动态数据新闻介绍 ··· (134)
7.1　动态数据新闻的概念与特点 ··· (134)
7.2　动态数据新闻的呈现形式 ··· (137)
7.3　动态数据新闻案例赏析 ·· (143)

第 8 章　交互数据新闻介绍 ··· (152)
8.1　交互数据新闻的概念与特点 ··· (152)
8.2　交互数据新闻的呈现形式 ··· (155)
8.3　交互数据新闻案例赏析 ·· (165)

第 9 章　全球数据新闻大赛简介 ·· (178)
9.1　全球数据新闻奖 ·· (178)
9.2　西格玛数据新闻奖 ·· (187)
9.3　中国数据新闻大赛 ·· (194)

参考文献 ·· (199)

第1章 数据新闻基础

数据新闻(data journalism)是在大数据技术背景下兴起的一种新型的新闻报道方式。2009年,英国《卫报》开设"数据博客",促使数据新闻逐渐引发全世界范围的关注。数据新闻作为媒介融合时代的报道典范,它不仅融合了多种媒体形态,而且促使报道体裁之间的界限逐渐消弭。但受数据新闻"以数据的驱动作用"为核心的影响,并非所有的融合报道都能称之为数据新闻[①]。数据新闻是什么?它是怎样产生的?具有怎样的特征?这些问题逐渐引发了学界和业界的思考,在复杂多样的概念界定和不平衡的发展现状中厘清数据新闻的深层内涵十分必要。此外,马克思主义新闻观的成熟与发展在媒介融合时代仍然发挥着强大的指引作用,新闻真实、群众观点与调查研究方法的重要性在数据新闻之中仍然至关重要。

本章旨在厘清数据新闻的概念,梳理数据新闻的发展脉络,阐明数据新闻的特征。在此基础上,介绍当前世界范围内数据新闻的发展现状与未来走向,并为数据新闻领域的人才培养提供思路。

学习目标

- 了解数据新闻的发展历程及其概念、特征。
- 掌握数据新闻的发展现状与未来走向。
- 了解我国数据新闻人才培养的现状、存在的问题以及应对策略。

1.1 数据新闻概述

数据新闻并不是21世纪的新生事物,它在媒体上的最早现身可以追溯至1821年,甚至更遥远的年代。只是彼时,新闻业还未使用"数据新闻"这一概念。数据新闻可以说是计算机辅助报道(computer-assisted reporting,CAR)的"后裔",它汲取了计算机辅助报道的部分内核,又吸收了21世纪迅猛发展的计算机技术的"养分",在特定的社会、经济、科技和文化等要素下孕育而生。追溯数据新闻的历史印记,不仅有助于分析数据新闻热潮背后的历史动因,也有助于理解数据新闻在当下的发展态势。

---

① 方洁,范迪.融媒时代大型赛事报道中的数据新闻:以2016年欧洲杯报道为例[J].新闻与写作,2016(8):77-80.

1.1.1 数据新闻的发展历程

1. 追溯数据新闻的发展历史

用图表展示数据,并用数据辅助报道,是新闻业由来已久的做法。1786 年,苏格兰工程师、政治经济学家威廉·普莱费尔(William Playfair)出版了《商业与政治图解集》(*The Commercial and Political Atlas*)一书,书中他绘制了 44 幅图表来解释经济统计数据①,此后由他创造的饼状图、柱状图等开始被广泛使用。图表登上报纸的版面至少可以追溯至 1821 年。根据英国《卫报》数据博客前主编西蒙·罗杰斯②(Simon Rogers)的考察,1821 年 5 月 5 日,《卫报》(当时《卫报》叫作《曼彻斯特卫报》)在其创刊号上刊登了一幅表格,列出了曼彻斯特和索尔福德地区每所学校的学生人数和平均学费,表格揭示了接受免费教育的学生人数,而这一人数与政府曾公布的数字相去甚远。表格简洁明了地展示了事情的另外一面,有利于读者进一步了解真实情况。

到了 19 世纪后期,在新闻中运用数据已变得习以为常,商业新闻、竞技赛事都大量使用数据辅助报道。1884 年,道琼斯公司开始在报纸上发布股市交易数据。数据正变得日益重要,它不仅为商业精英所用,更成为崛起的中产阶级作出各项决定的重要依据③。

20 世纪后半叶计算机技术的迅猛发展给新闻业注入了新的活力。1952 年美国哥伦比亚广播公司率先使用一台大型计算机进行统计运算,预测总统大选的结果④。计算机也扩展了记者的工具包,美国记者菲利普·迈耶(Philip Meyer)将社会调查统计方法与计算机数据分析技术相结合,创造出了一种新的报道样式——精确新闻。简而言之,精确新闻是指运用社会科学或行为科学的研究方法来报道新闻事件⑤。20 世纪 60 年代,美国洛杉矶、纽瓦克和底特律等地区相继爆发种族骚乱,当时有两种流行观点解释骚乱成因:一是认为骚乱分子经济窘迫,又无力改变现状,借由骚乱来发泄绝望的情绪;二是认为南方黑人饱受种族歧视,当他们迁徙到北方后难以融入北方文化,骚乱成为他们长期被压制的发泄口。为验证这两种流行观点,菲利普·迈耶携手两位同事,通过随机抽样的方法对居住在底特律骚乱区的 437 名黑人进行了问卷调查,并用电脑对数据进行了统计分析。结果显示,参加骚乱的人未必都来自社会底

---

① 罗杰斯.数据新闻大趋势:释放可视化报道的力量[M].岳跃,译.北京:中国人民大学出版社,2015:54.

② 西蒙·罗杰斯为数据新闻作出了开拓性的贡献。2009 年他参与创办了英国《卫报》数据博客,并任主编。2013 年开始在 Twitter 担任数据编辑,2015 年 3 月加入 Google,担任趋势数据分析师。

③ HOWARD A B. The art and science of data-driven journalism:When journalists combine new technology with narrative skills, they can deliver context, clarity, and a better understanding of the world around us[EB/OL].[2019-12-30]. http://towcenter.org/wp-content/uploads/2014/05/Tow-Center-Data-Driven-Journalism.pdf.

④ HOWARD A B. The art and science of data-driven journalism:When journalists combine new technology with narrative skills, they can deliver context, clarity, and a better understanding of the world around us[EB/OL].[2019-12-30]. http://towcenter.org/wp-content/uploads/2014/05/Tow-Center-Data-Driven-Journalism.pdf.

⑤ 迈耶.精确新闻报道:记者应掌握的社会科学研究方法[M].肖明,译.北京:中国人民大学出版社,2015:2.

层,此外其中大部分在北方长大①。迈耶据此写出了《十二街那边的人们》系列报道,并发表在《底特律自由报》上②,报道打破了人们的偏见,引起了轰动,并获得了普利策新闻奖。精确新闻这种报道样式也随之声名鹊起。

精确新闻在美国的流行并非偶然,它与20世纪美国社会科学的长足进展以及美国社会运转特点密切相关。社会科学的抽样与问卷调查方法日臻完善,这种方法也被应用于社会生活领域,民意调查成为体察社情民意的重要手段,应用广泛。公共决策也大量依据民意调查的结果,以至于美国被称作是"调查国家"(survey country)。在20世纪,民意调查已经发展成为一项潜力巨大的产业。

2. 数据新闻发展的社会背景

(1)"信息爆炸"和"大数据"时代到来。进入20世纪90年代后,信息量就呈几何级别式增长,而互联网的出现则促进了信息的传播,新网站的数目随之开始狂飙突进,每天更新的资讯不计其数,我们实在难以完全将其收入脑中。2011年存储网络世界(Storage Networking World)年会上,美国加州大学圣迭戈分校的研究人员给了我们一个数字:世界范围内服务器年处理9570000000000000000000字节,也就是9.57泽字节(1泽字节等于10的21次方字节)。这些数据到底有多少呢?具体来说,如果将地球的数据年处理量转换成书本格式,那么这些书本摞起来的厚度则高达90亿千米,这高度是地球与海王星距离的20倍③。这种信息快速增长的现象就是"信息爆炸"。"信息爆炸"使得世界上的数据快速积聚,互联网中、服务器上都充斥着海量的数据,大数据时代随之而来。大数据的力量影响着全球的许多领域、行业。Google公司利用自己所掌握的海量用户搜索数据便可预测美国哪些区域将有可能爆发流感;Forecast Pro软件通过分析海量数据便可预测顾客接下来的购买行为,进而有选择地为客户推荐相关产品。许多行业利用周围的海量数据而得到更有价值的信息,从而取得更大的利益。在大数据时代,人们不再为寻找数据而发愁,人们只需为如何开发、利用这些数据资源而绞尽脑汁。"大数据时代的预言家"迈尔-舍恩伯格认为,在大数据时代,就要拥有大数据思维。

首先,要摒弃随机抽样,而是使用全体数据。随机抽样是信息处理能力受限的时代产物。在大数据时代,技术的进步使得我们获取数据、存储数据、处理数据的成本低、易实现,人们有条件使用尽可能多的数据来分析问题,在大数据时代"样本=总体"。

其次,要放弃对精确的执着,学会接受混杂。所谓接受混杂,有两方面含义:其一是接受数据集中的错误信息,由于数据量巨大,筛选错误信息非常浪费成本与时间,而且对于海量数据而言,一些错误的信息基本可忽略不计;其二是接受数据的非结构化,因为只有5%的数据是结构化且能适用于传统数据库的,如果不接受数据的非结构化,那么剩下的95%的数据都无法被利用。

最后,应关注相关关系,而不必过于追求因果关系。在大数据时代,我们要让数据自己"发声",有些时候知道"是什么"就已足够,没必要刨根问底。同时,大数据的相关关系分析法更准确、更快,且不易受偏见的影响。

---

① 方洁. 数据新闻概论:操作理念与案例解析[M]. 2版. 北京:中国人民大学出版社,2019:15.
② 迈耶. 精确新闻报道:记者应掌握的社会科学研究方法[M]. 肖明,译. 北京:中国人民大学出版社,2015:3.
③ 全球信息大爆炸[EB/OL].[2021-04-13]. http://www.guokr.com/article/20331.

在大数据思维的影响下,许多公司开发出了对大数据导入、整理、分析的工具、软件,统称为大数据技术。这为新闻实践提供了新的思路。一方面,许多媒体自身就掌握着丰富的数据资源,但缺乏可利用的技术。另一方面,大数据技术可以发掘出大数据背后更有价值的信息,为记者提供了更多的新闻资源。总之,大数据时代的到来,成为数据新闻得以产生的一个重要驱动力。

(2)可视化技术进入新闻领域。大数据及相关技术虽然可以让记者们发现更多的新闻资源,但这种资源只具备新闻价值中的时新性,而可视化技术则可增加这些信息的趣味性、可读性,使这些资源成为真正的新闻作品。

可视化技术的概念界定有狭义和广义之分。狭义上的可视化技术就是指利用计算机技术和图形处理技术,将抽象的概念、文字、数据转化为易于理解且结构更为清晰、一目了然的图表信息;广义上的可视化技术,不只是将文字、数据转换成图表信息,还要包含人机交互性,人们可以与可视化后的信息终端进行互动。然而在可视化技术的应用上,狭义与广义的概念并没有严格区分。

数据新闻工作者将可视化技术应用于数据新闻的制作过程中,一方面由于在制作数据新闻时使用了大量的数据,简单的数据罗列,会使读者产生反感,甚至找不到自己需要的信息,而利用可视化技术时,可清晰、形象、生动地将大量数据以一些色彩明艳、生动有趣的画面形式更有效地呈现出来,让读者厘清复杂难懂的数据。另一方面,可视化技术中的交互处理技术应用于新闻呈现既实现了新闻与读者间的互动,又满足了读者的个性化、碎片化的阅读需求。

因此,将可视化技术应用于新闻实践,是数据新闻得以产生的另一个重要的驱动力。总之,大数据及大数据技术,让记者能够有效利用数据,掌握更多的新闻资源。可视化技术,可以帮助读者更好地理解数据,读懂数据新闻,甚至喜欢上数据新闻的阅读方式。这两者都是数据新闻产生的重要驱动力。

1.1.2 数据新闻的概念

大数据时代,新闻传播领域正在发生巨变,庞大的数据资源成为新闻报道的重要元素。数据是数据新闻的核心,网络的出现加速了信息的生产与传播,各种类型的信息呈爆炸式增长,为数据新闻的制作提供了便捷性。在此背景下,厘清数据新闻的概念特征便显得尤为重要。

数据新闻的理念是 2006 年由《华盛顿邮报》的软件开发人员阿德里安·哈罗瓦提(Adrian Holovaty)首次提出的,他也因此被业内人士称为"数据新闻的创立者"。但到 2010 年,数据新闻的概念才开始逐渐兴起。2010 年 8 月于荷兰阿姆斯特丹召开的会议将"数据驱动新闻"理念正式提出,业界数据新闻记者在此次会议中交流了数据新闻制作经验。一些有关数据新闻的讨论逐渐增多,这个提法在世界范围内开始广泛传播。

从前文关于数据新闻产生的脉络梳理中可以看出,数据新闻实际上是一个新的名词。从业内实践的角度来看,西方主流媒体与一些独立新闻机构专门设立相关团队生产新型的新闻应用,也就是利用各种软件进行数据的抓取、清洗、分析与呈现,在数据呈现方面积极运用可视化图表、互动图表及在线演示等手段,揭开了数据新闻实践领域的崭新篇章。

数据新闻学的奠基之作《数据新闻手册》对数据新闻并未给出明确的定义,仅描述了其价值与意义,认为数据新闻实现了传统新闻叙事能力与海量数据信息的嫁接,带来了新的可能性。该书也明确指出了这种可能性也许会出现在新闻生产的任何阶段,或出现在通过不同手段进行数据搜集的过程中,或出现在利用数据处理软件发现海量数据之间的潜在关联的过程中。在数据新闻的作品呈现过程中,记者往往致力于通过简单直观的图表呈现较为复杂的事件,令读者通过数据新闻作品愈加懂得数据新闻所反映内容与自身的相关程度。

但值得注意的是,大数据及相关技术手段更多地承担一定工具的职责,其主要任务是帮助新闻从业者从海量数据中发掘出其中的内在联系,并挖掘出更有价值的信息,但新闻的本质并未发生改变。

国内关于数据新闻的概念有以下几种。

①数据新闻是"基于数据的抓取、挖掘、统计、分析和可视化呈现的新型新闻报道方式"[1]。

②数据新闻是"信息社会中一种新型新闻形态,立足于对新近发生的事件予以数据支持,或者从大量数据中提取出可供报道的事实性信息"[2]。

③数据新闻是"基于数据分析和计算机技术的可视化新闻样式,在新闻叙事中使用数据呈现原本仅靠文字所难以呈现的内容,或者通过数据分析发现问题,并进而挖掘出新闻故事"[3]。

④数据新闻是"利用数据挖掘、数据统计分析等技术手段从海量数据中发现新闻线索,通过可视化技术呈现新闻故事的新闻报道方式"[4]。

虽然关于数据新闻的定义不一而足,但通过对定义的梳理不难发现,简而言之,数据新闻就是将数据及数据技术应用于新闻生产流程中,以可视化技术来呈现的新闻。

理解数据新闻需要注意两个方面:首先,数据新闻当中的数据主要指能够被计算机存储与处理的材料,仅包含数字并不能称之为数据新闻;其次,数据新闻注重对深层信息的分析与挖掘,若未对数据进行量化分析,只是单纯地进行数据呈现也不能称其为数据新闻。

1.1.3 数据新闻的特征

当下数据新闻的选题范围逐渐拓展,使用工具日趋便利化、"傻瓜化",作品表现形式越来越多样化。在数据新闻的传播过程中,其传播平台渐渐向移动端转变,受众的口味变得更加挑剔,对于新闻价值、交互性、图形丰富度、色彩搭配等方面的重视程度日益加深,传播的范围更为广阔。在此基础上,数据新闻呈现出以下特征。

1. 报道内容丰富

数据新闻的制作大多基于大数据技术与各类数据爬取软件进行,在其制作过程中更强调对工具的使用。这也为新闻的制作提供了极大的便利,数据采集与挖掘过程中的人力成本被极大降低。大数据技术的使用使新闻工作者在进行编辑工作时往往能够更加便捷地发现选题,更容易进行舆情研判以及更加准确地把握用户的真正需求。相比于传统的新闻,数据新闻作品能够承载的内容维度被大大拓宽。

大数据是数据新闻发展的核心驱动力。我们当下所处的大数据时代,数据资源无处不在。除官方公布的开放数据之外,一些专业市场调研公司、行业协会也会定期发布调研数据,这成为数据新闻制作者进行作品呈现的"富矿"。数据新闻报道领域并无疆界,因而其作品选题的

---

[1] 方洁,颜冬.全球视野下的"数据新闻":理念与实践[J].国际新闻界,2013,35(6):73-83.
[2] 沈浩,罗晨.数据新闻:现代性视角下的历史图景[J].新闻大学,2016(2):1-5,146.
[3] 吴小坤.数据新闻:理论承递、概念适用与界定维度[J].新闻与传播研究,2017,24(10):120-126.
[4] 朱鸿军.警惕数据新闻中的新闻伦理问题[J].传媒,2017(3):34-36.

来源将更为丰富,这也突破了传统新闻综述结论式的报道形式,不仅能够在选题时拥有更广阔的空间,还能在内容呈现上拥有愈加丰富的维度。

以 2021 年 Sigma Awards 全球数据新闻奖入围决赛的 106 个独立作品主题为例,可将其分为新冠疫情、政治、经济、战争/犯罪、社会/公共服务、环境/灾害、人口/性别、科技、城市/交通 9 类。由于 2020 年新冠疫情在全球暴发,且该届大赛着重表彰在新冠疫情报道中优秀的数据新闻作品,因此新冠疫情相关议题的作品占比最高(34.91%),但也包括涉及其他议题的作品,如政治、战争/犯罪、环境/灾害等,作品主题维度极为丰富。具体见表 1-1。

表 1-1 入围作品主题统计

作品主题	频数	百分比
新冠疫情	37	34.91%
政治	20	18.87%
战争/犯罪	14	13.21%
社会/公共服务	10	9.43%
环境/灾害	11	10.38%
经济	5	4.72%
城市/交通	5	4.72%
科技	2	1.89%
人口/性别	2	1.89%

2. 呈现形式多元化

可视化技术的运用成为数据新闻进行内容表达的一大亮点,特别是信息图表的运用,使数据信息的呈现方式更为多元。数据新闻作品能够灵活运用图表、地图、视频动画等方式进行信息的传达。另外,一些数据新闻作品的交互性极强,能够将信息数据通过个性化互动的方式传达给读者,实现更加精准的信息传播。在此基础上,还有数据新闻作品在制作过程中,可以直接让读者参与到新闻的生产环节,极大地调动了读者的积极性与主动性,这也在无形之中提高了其进行主动传播的可能性。因此,数据新闻报道形式的创新并不仅仅停留在将冗杂的数据通过可视化的手段加以呈现,更重要的是,其交互性具有更强的吸引力,能够提升阅读体验,延长用户对于数据新闻作品的关注时间,这在无形之中也增强了平台的用户黏性。

3. 舆论引导能力强

马克思主义新闻理论一直以来都十分重视新闻媒介的舆论导向作用,大数据时代舆论引导的重要性不言而喻。舆论引导是指对舆论形成和流动方向的把握和引导。数据新闻是基于数据而产生的新闻形态,数据客观性、准确性的特征为数据新闻报道的独特性提供了坚实的基础。数据新闻还能够通过可视化手段的运用,更加迅捷地进行信息的传达。因此,数据新闻也被认为是对社会热点进行追踪,进行舆论引导的重要形式。由于数据新闻需要大量数据作为其存在的基础,其主题往往较为广泛,反映社会问题的维度也会更加多元,特别是对政治、经济、文化、民生等领域的相关问题,数据新闻的呈现形式更容易被读者所接纳,因而其传播效果往往更好,在舆论引导方面的作用及功效更为显著。

另外，可视化手段的运用提升了作品的交互性，使得其能够展现数据的不同维度与侧面，将较为宏观的社会议题"降维"，提供更加独到的解读视角，满足不同读者的信息需求，对加强舆论引导、打造风清气正的网络空间大有裨益。

例如，腾讯新闻谷雨数据作品《从1984到2021，他们才是真正的中国顶流》便通过对自1984年以来中国各个项目首次获得金牌的年份、优势项目金牌数量的变化、获得金牌最多的选手等数据进行可视化呈现，展现了中国运动员的体育精神、民族气节和大国志向。该作品运用数据呈现了中国奥运竞技场上的集体记忆，唤起了中国人民的民族自豪感，打造了良好的舆论氛围。

4. 与个体的联系被强化

数据新闻中需要拥有较大体量的数据，利用这些数据反映新闻故事，而这些数据，往往来自民众本身。因此，数据新闻可以帮助个人了解宏大议题与自身的关联，从而达到对现实政策和新闻事件的关注。例如，网易数读数据新闻作品《中国大学最卷的专业，让我读上了》中，利用各专业本科就读高考状元人数、毕业生中财经类专业的人数、金融行业头部公司等数据，反映个体在财经专业中从学习到就业的竞争压力。又如，腾讯新闻谷雨数据作品《从"朋克养生"到"患癌焦虑"，年轻人不得不惜命了》，利用分年龄段癌症发病率的增减变化、癌症的标准化平均发病年龄变化、不同年龄段健康险年花费等数据，反映年轻人对于癌症的焦虑，将个人与具体事件相结合，并介绍了防癌的具体建议。

1.2 数据新闻的发展现状与未来走向

互联网、传感器、人工智能、云计算等技术不断发展，人类已经进入数字化生存的时代。个体的网络行为被数字化，并加以记录与存储，数据在新闻中的作用被不断挖掘，数据新闻已逐渐被大众所熟知。但数据新闻在业界得到广泛应用的同时，媒体所面临的生产周期长、人才缺乏、资金不足等问题开始逐步显露，这也制约着数据新闻的行业应用。

1.2.1 数据新闻的发展困境

数据新闻逐渐在中国新闻界崭露头角，经历初期的摸索发展、向西方学习借鉴之后，已经在数据采集、清理与可视化等环节有了不小的进步。然而在数据新闻的发展过程中，一些现实困境仍然存在，这直接阻碍了数据新闻事业的发展。总体而言，其现实困境表现在以下四个方面。

1. 数据新闻制作难度相对较高，相关人才缺乏

数据新闻的设计与制作需要建立在数据的丰富性与真实性的基础之上，因此制作数据新闻时需要处理与分析大量数据。其技术性难点要求数据新闻制作人员具有数据获取、分析、解读、可视化操作的相应能力，因此数据新闻的生产难度比普通新闻高。

但是国内数据新闻从业者的数据素养还需提高，对数据进行深入处理的能力还需加强，数据敏感性相对缺乏，这直接导致了很多数据新闻作品中的数据解读与分析流于表面。另外，国内媒体对于数据新闻记者的配备不足问题也值得关注，这也限制了媒体数据新闻的生产与制作。

2. 数据开放程度低，获取难度大

一个完整的数据新闻作品需要大量的数据作为支持。要依据众多数据挖掘背后隐含的真实情况，运用较为科学有效的分析方法来呈现社会现实。数据新闻的客观性需要尽可能多的数据来源相互印证、相互补充。若数据来源过于单一，那么数据之间的相互印证就较为薄弱，很难从不同维度展现事实之间的因果关系，讲好数据背后的故事。

然而与国外媒体机构、企业建立数据库并对外开放的情形不同，国内的数据开放程度相对较低，政府部门的数据提供相对滞后，媒体想要进一步获取更加翔实与个性化的数据相对困难，这为数据新闻的制作造成了巨大的阻碍。大数据技术正在纵深发展，对数据新闻的制作分析需要足够的数据作为基础。但在当前的数据新闻制作过程中，小数据新闻（统计数据不足的新闻）在国内数据新闻中占比仍然较高，其可靠性、真实性、代表性不足的情况直接影响了数据新闻的质量，阻碍了数据新闻的发展。

3. 时效性缺乏，栏目更新整体较慢

数据的采集、清洗与可视化需要花费大量的时间，媒体在进行内容生产的过程中也要思考如何将信息准确、清晰地传达给读者，这也导致了数据新闻的生产时间相对较长。如果是针对某一社会热点，则可能产生较强的滞后性，栏目的更新速度也会受到影响。

数据新闻的特性是利用长期的、大量的数据反映规律性的故事，因此时效性被大大减弱。此外，媒体技术性人才不足、资金投入不够等原因也会造成数据新闻生产的迟滞。

4. 盲目崇拜可视化，新闻价值缺失

数据可视化能够使数据新闻更加容易被公众所理解，它是对海量数据进行解读的最有效方法之一。一个优秀的数据新闻作品需要实现数据与可视化的完美衔接。当前，数据新闻报道逐渐被广泛应用，一些媒体在制作数据新闻的过程中盲目追求报道内容和形式的丰富性，使得其实用性与新闻价值相对缺乏。同时，也应当看到，数据源与可视化之间是本与末的关系，若数据不能达到精准，所呈现的内容就会存在误导性，反而对公众的认识与行为选择造成负面影响。

1.2.2 数据新闻的突破路径

在当前的传播环境中，媒体的数据新闻的业务领域正在不断拓宽，数据新闻也为整个新闻传播行业的发展注入了生机。但通过之前的论述也能清晰地了解，数据新闻在发展过程中仍然存在一定的阻碍，如何突破当前数据新闻发展的困局，探索其更为清晰明确的发展之道正被学界、业界所关注。

1. 加强行业培训，提升从业者的数据新闻素养

数据素养是大数据时代媒体从业者应当具备的基本素质。数据新闻的作品呈现需要数据新闻制作者从数据的获取到呈现全面追踪，制作者的数据采集、分析与决策等能力是其与时俱进，应对当前媒体转型的必要因素。因此，应当进一步加强行业培训，为数据新闻从业者的经验交流提供机会。例如，2016年，镝次元数据传媒实验室与中美教育基金（US-China Education Trust，USCET）联合主办了中国数据新闻工作坊，邀请了国内外学界、业界专家进行数据新闻相关议题的探讨。中国数据新闻大赛连续多年举办数据新闻工作坊，为学界、业界的参赛者提供了交流的平台。2021年10月，数可视教育公益基金以"技术驱动媒体智能：短视频时代的数据可视化——女性菁英数据工作坊"为主题,采用工作坊、沙龙和数据可视化体验"三位一体"的形式对数据新闻特定议题进行展示、交流与体验。

另外,在数据新闻的人才培养环节之中,高校也应重视数据新闻课程,大力培养数据新闻相关人才。

2. 促进数据共享,强化监管力度

数据新闻报道要赢得读者信任,首先要求其基础数据有着可靠的来源。数据来源的权威性、可靠性能够有效减少数据在处理过程中可能产生的问题,还能够为新闻叙事提供较为全面的支撑。政府、国际组织与第三方机构的公开数据在数据获取过程中相对方便,而且对于此种公开数据的运用,也能够大大增强数据新闻报道的可信度与数据的合法性。因此,促进数据的共享便显得尤为重要。

当前,《纽约时报》《得克萨斯论坛报》等国外传媒机构正在进行数据共享方面的努力。此种趋势也逐渐影响了国内媒体的探索与实践,对数据库开放程度以及可视化工具共享等方面已积极开始探索。在数据监管方面,国外媒体通过网站、专家与同行等方式进行数据把关的实践已为国内媒体提供了一定的范本。

3. 增强数据专业主义,创新人才培养模式

数据专业主义的内在表征是在数据运用准确性、内容控制自主性与报道深度等方面的提升。数据的运用使得传统新闻焕发生机,为专业性报道提供支撑,加强作品的生动性、可读性与呈现的多样性。在数据新闻的发展进程中,数据专业主义不断提升,在体现作品内容深度方面大有可为。

数据新闻作品的制作离不开专业技术人员,数据新闻整体水平的提升也离不开对人才培养模式的创新。为了跟上数据新闻在生产理念、操作方式、使用工具等方面的行进步伐,需要在课程设置、学科交叉、师资队伍等方面积极探索。

4. 打造多样化数据产品,拓展服务范围

数据新闻在媒体领域的业务空间积极拓展,具备极强的传播属性。其产品及衍生品可为政府、企业、个人提供多样化服务,市场范围十分广阔,具体可包含以下领域。首先,可提供数据咨询研究服务。此项服务专注提供智库产品,在已有数据资源的基础之上建设具有较高知名度的智库,为政府与企业提供高质量的数据产品。其次,可提供数据可视化相关服务。数据新闻的一大亮点即数据可视化,好的可视化可以帮助读者理解复杂的数据,使其更清晰地领会数据所呈现出的结果。数据可视化的发展是数据新闻的一大助力,但其并不是数据新闻的专属,数据可视化相关行业的市场尚未饱和,发展空间仍然广阔。再次,提供数据商店服务。当媒体拥有的数据资源足够丰富,其能够提供的服务会愈加多样,收益来源也随之拓展。数据新闻在制作的过程中会对原始数据进行验证与清洗,将会剔除一些"脏数据"。经过处理之后,数据的准确性会极大提升,其价值也会有所增强。因此,媒体可建立数据商店,对进行精细化处理过的数据进行出售,从而获得利润。最后,可提供一定的预测服务。媒体可利用其数据库和数据公司开展合作,建立算法技术,生成一定的预测性信息。国外已有媒体开展预测服务,在体育新闻、政治新闻等领域已经展开了相关的探索,如对选举结果、体育竞赛等方面的预测。

此种服务能够激发读者兴趣,在短期内获得极大的注意力资源①。

1.2.3 数据新闻的未来走向

数据新闻经过多年的发展,逐渐沉淀下来,朝着更加成熟与理性的方向进发。中国数据圈的不断扩张与政府在媒体融合方面的大量投入为数据新闻的发展提供了良好的外部环境。从媒体内部来说,数据新闻的制作过程与人才配备都有了较大的进步。

1. 业务范围逐步拓展

在媒体融合转型的具体实践中,数据新闻成为一种新的尝试。在传统媒体的转型进程中,面临的困难始终难以突破。成立新媒体部门是传统媒体转型发展的一项重要举措,但当前的新媒体部门的盈利模式尚不明确,因此大多出现了亏损的情况。

数据新闻为传统媒体的转型提供了新的契机,成为许多媒体的"标配"。媒体逐渐开始尝试运用数据新闻突破单一的报道形式,进行业务范围的拓展,"数据新闻+"模式逐渐显现。经过一段时间的沉淀,媒体制作数据新闻不再一味追求数据呈现方式的酷炫,而是逐渐意识到数据的核心作用,发挥其价值。已有媒体开始投入资金进行数据库建设,在为数据新闻的选题与内容提供支撑的同时,不断开发上文提及的数据咨询、数据可视化、数据商店等多种业务类型。

2. 技术水平日益进步

从可视化技术角度看,数据新闻的可视化技术已取得了较大的突破,但数据可视化在带来视觉冲击的同时,也可能会给读者带来一定的认知偏差,甚至信息阻塞。未来可以逐渐探索更加精准、易于理解和接受的可视化呈现形式,更好地实现内容的传达。

从软件开发的角度看,制作数据新闻有一定的技术门槛,制作者需要学习数据获取、清洗与可视化相关软件的操作之后才能够游刃有余地进行作品制作。未来在数据新闻的发展进程中,应当倡导政府、企业与个人参与建立数据库,提供更加多层次的数据源。相应地,在软件开发过程中,应逐渐提升制作工具的便利性,降低数据新闻的制作门槛。

从用户体验角度看,数据新闻的交互性相比于传统媒体而言已经有了很大的进步,在未来的发展中可以进一步探索数据新闻交互体验的形式,让读者能够参与到数据新闻制作之中。例如,可以探索可听化的数据新闻,或者将数据新闻与VR新闻、新闻游戏等进行结合,实现用户体验的升级。

1.3 数据新闻人才培养的国际前沿与本土化建设

数据新闻的发展迭代为新闻传播活动带来了全新的转向,其快速发展不仅丰富了新闻的内容与形式,还是一种结构性力量,对新闻传播人才培养的固有格局提出了新的挑战。

1.3.1 国际数据新闻的人才培养

数据新闻发源于欧美国家,其对于数据新闻人才培养的探索也相对较早。

---

① 吴小坤,全凌辉.数据新闻现实困境、突破路径与发展态势:基于国内7家数据新闻栏目负责人的访谈[J].中国出版,2019(20):22-28.

1. 数据新闻专业教育

数据新闻发展之初,为了满足媒介组织对于数据新闻人才的需求,欧美一些高校便开始了对人才培养的探索。在众多院校中,密苏里大学新闻学院较早做出应对,开启了计算机辅助报道,其课程设置主要围绕数据的识别、获取、评价、清洗、分析与可视化等进行,主要研究如何将具备新闻价值的数据应用于新闻报道。哥伦比亚大学研究生院开设计算机、新闻双学位,其课程设计如表1-2所示。迈阿密大学也将数据与可视化技能训练加入其课程体系之中,将可视化课程作为新闻学专业本科生与研究生的核心课程,此外还引入了交互设计与网页设计[1]。

表1-2 哥伦比亚大学研究生院计算机、新闻学课程表[2]

星期	第1周	第2周	第3周
标题	基础知识	计算机技术	文本分析
内容	了解计算机科学和新闻的交叉点;讲授数据的概念	了解数据挖掘、语言处理、机器学习、可视化以及数据算法	学习基本的文本分析技术,探讨一些被广泛运用的算法,比如搜索引擎
星期	第4周	第5周	第6周
标题	信息筛选算法	社交筛选	混合筛选、推荐和对话
内容	了解信息筛选在新闻报道中的地位,以NewsBlaster(是一款由哥伦比亚大学开发,类似Google News的新闻聚合系统)为例,学习如何用纯算法进行信息筛选	学习利用社交信息筛选和新闻传播的工具——Twitter,帮助记者找到信息来源	学习利用机器算法研究个人喜好,例如Google Web Search
星期	第7周	第8周	第9周
标题	可视化	新闻可视化表达	网络分析
内容	介绍可视化是如何帮助人们理解信息	研究如何将数据、知识进行可视化呈现	学习情报网络分析的基本技术和算法
星期	第10周	第11周	第12周
标题	根据数据得出结论	算法的信度	隐私、安全和审查
内容	对所有数据通过统计、智能分析之后,从数据中得出结论,并验证是否正确	学习如何判断算法	探讨怎样建立数据隐私安全计划
星期	第13周		
标题	追踪信息		
内容	结合社交网络中的技术,研究怎样追踪信息,例如:信息是如何在网络生态系统中流动的? 话题在社交网络中是怎样传播的?		

---

[1] 刘银娣.欧美数据新闻人才培养路径探析[J].中国出版,2016(1):49-52.
[2] 陈积银,杨廉.哥伦比亚大学新闻学院数据新闻教学的解读与借鉴[J].新闻大学,2016(5):126-133,152.

有学者对获得美国新闻传播教育评审委员会认证的100所美国高等院校提交的团队审核报告中的所有课程信息进行了分析,发现开设数据新闻同类课程的院校占比为55%,有13%的院校较为明确地以数据新闻或数据驱动新闻为名开设课程。从中也能发现,美国高校开设数据新闻专门课程的比例相对较低,但与数据新闻相关的同类课程如数字新闻(占18%)、网络新闻(占13%)、计算机辅助报道(占8%)等课程却相对较多(见表1-3)。可见多数高校将其视为同一方向进行人才培养。这主要有两个方面的原因:其一是这些高校更偏向于培养媒介融合人才,多数高校倾向于在传统课程基础上加以拓展,而非直接创立新的课程;其二是数据新闻与既有网络新闻的界限并不是泾渭分明的。美国新闻传播教育以较为谨慎的态度面对业界新闻报道方式的不断革新①。

表1-3 美国数据新闻及同类课程的开设高校数

课程名称		数量	占比/%
同类课程	数据新闻/数据驱动新闻	13	13
	计算新闻	2	2
	计算机辅助报道	8	8
	网络新闻	13	13
	精确新闻	1	1
	数字新闻	18	18
未开设院校		45	45
合计		100	100

2. 构建数据新闻学习共同体

除依托于新闻院校开设的课程之外,一些高校、媒介组织与相关机构通过提供数据新闻网络公开课、举办数据新闻工作坊(或训练营)与专业会议等方式进行数据新闻的人才培养。

(1)数据新闻网络公开课。互联网络的迅速发展促进了教学内容的公开,使得网络教育成为一种新的教学形式,拓展了数据新闻人才培养的路径,促进了数据新闻人才培养事业的发展。奈特中心自2012年起便向记者、学生及有意向从事数据新闻工作的人提供了大规模网络公开课。欧洲新闻中心主办的名为Doing Journalism with Data(利用数据制作新闻)的系列数据新闻网络公开课也是目前影响力最大的课程之一,授课内容涵盖了媒体的数据新闻以及数据获取、数据分析、数据处理、数据可视化等数据新闻制作的大致流程,课程由全球知名的数据新闻工作者担任导师,将授课内容录制为视频向全球免费开放②。波因特学院提供了极具创新性的在线新闻与媒体培训项目,其授课内容涵盖了从多媒体技术,到新闻写作、报道及其他议题。数据新闻相关议题包含了数据获取、可视化等相关方面③。数据新闻的网络教学资源为自主学习提供了便利,全球性的课程与平台整合了各种优质的资源,对数据新闻学习者拓

---

① 申琦,赵鹿鸣.审慎前行:美国数据新闻人才培养现状研究——基于美国新闻和大众传播教育认证委员会(ACEJMC)100所新闻院校的实证分析[J].新闻记者,2018(2):39-45.
② 刘银娣.欧美数据新闻人才培养路径探析[J].中国出版,2016(1):49-52.
③ 许向东.对中美数据新闻人才培养模式的比较与思考[J].国际新闻界,2016,38(10):100-110.

宽视野、提升创新意识与能力大有裨益。

（2）数据新闻工作坊（或训练营）与专业会议。密苏里大学新闻学院建立的"计算机辅助报道全国协会"（NICAR）致力于锻炼与提升记者的数字技能与数据素养，该协会对于记者的培养已从计算机辅助报道向数据新闻阶段转型。NICAR每年多次举办训练营，招募媒体从业者及相关课程教师进行授课。训练营类型主要有CAR boot camps（计算机辅助报道训练营）、coding for journalists boot camps（编程项目训练营）、statistics boot camps（统计训练营）、mapping boot camps（地图训练营）[①]。其每年举办的会议，成为全球优秀数据新闻记者的聚会。加州大学伯克利分校曾免费开设数据新闻培训，为数据新闻学习者提供了优质的学习资源。

1.3.2 我国数据新闻的人才培养

数据新闻的生产者需要在具备传统新闻生产能力的同时，掌握计算机、人机交互、大数据等技术，具备数据处理能力。在这个方面，我国数据新闻人才培养仍然任重道远。

1. 我国数据新闻人才培养的现状

（1）专业建设仍在探索阶段。当前，我国许多高校的新闻传播学院已经开设了数据新闻的相关课程，一些院系设置了数据新闻相关方向，为数据新闻的人才培养助力。很多院校已经认识到了数据新闻的重要性和发展前景。2015年中国传媒大学正式增设新闻学的数据新闻方向，2018年中山大学传播与设计学院（现新闻传播学院）正式招收大数据传播方向的专业硕士。

我国本、硕阶段数据新闻相关专业的设置与教学设计仍处在初步探索阶段，随着多所国内高校进行数据新闻"在地化"实践，数据新闻课程将逐渐覆盖理论与实践，并在具体作品制作的数据采集、分析与可视化等方面均有涉及。例如，中国传媒大学新闻学院新闻学（数据新闻报道方向）特别开设了数据新闻报道概论、可视化软件工具与应用、网页抓取与数据处理技术、数据新闻叙事等与数据新闻相关的课程。中国人民大学新闻学院新闻学专业将数据新闻基础、数据新闻可视化作为个性化选修课。华中科技大学新闻与信息传播学院新闻学专业以选修课的形式开设了数据新闻相关课程（见表1-4）。

表1-4 国内部分高校数据新闻相关课程开设情况

学院	课程开设情况
中国人民大学新闻学院	数据新闻基础、数据新闻可视化、编程语言基础、大数据与舆情分析等
中国传媒大学新闻学院	数据新闻报道概论、可视化软件工具与应用、网页抓取与数据处理技术、数据新闻叙事等
华中科技大学新闻与信息传播学院	数据新闻报道、数据挖掘、融合新闻报道、视觉新闻报道等
华南理工大学新闻与传播学院	数据素养、信息图形设计、数据新闻理论与实践、新闻算法与编程、数据挖掘理论与技术、网络舆情监测与分析等
南京大学新闻传播学院	数据新闻、融合媒体报道、数据可视化等
西安交通大学新闻与新媒体学院	数据新闻与可视化研究、Python编程语言、新媒体数据分析与应用

---

① 许向东.对中美数据新闻人才培养模式的比较与思考[J].国际新闻界,2016,38(10):100-110.

然而,由于数据新闻的制作涉及不同专业属性的合作问题,学科间的交流开始显得尤为重要,在未来的专业建设过程中,校内跨学科合作教学的模式仍有广阔的发展空间。

(2)创立跨学科、交叉学科的教学模式。数据新闻的教学模式正在不断发展与完善。早期的数据新闻课程多以理论、案例为主,但数据新闻主要以实践为导向,此种课程设置与具体实践脱轨,因此效果并不理想。在后续的发展中,逐渐走向学科交叉的教学模式,主要设置数据新闻制作方法、新闻传播基础知识、数据素养与伦理三类课程,进行多层次人才培养。例如,华南理工大学新闻与传播学院将数据新闻理论与实践课程作为专业基础课,将数据素养、新闻算法与编程作为选修课,可见数据新闻人才培养的跨学科趋势愈加明显。

数据新闻的制作过程需要一定的技术基础,其教学多采用多名教师联合授课的方式,大多补充了计算机等理工科背景的教师,这也在一定程度上弥补了单一学科背景教师授课的不足,成为数据新闻教学较为有效的模式。

2. 我国数据新闻人才培养存在的问题

(1)课程设置缺乏系统性。当前,高校进行新闻类课程设置大多以传统的采访、写作、编辑、评论为主,其人才培养以传统的记者、编辑为目标。目前多数院校对于数据新闻的课程设置尚在探索阶段,因此课程体系不成熟、定位不清晰的问题仍然明显。

在新媒体迅速崛起的大背景下,媒体对于人才的能力需求日趋多元,对于技术的掌握成为媒体人才需求的重要指标之一。数据新闻人才需要具备新闻学、统计学、计算机等多学科背景,在网页设计、社会调研、数据挖掘与数据可视化等具体操作层面具备一定的能力,才有可能呈现出更完善、层次更丰富的数据新闻作品。有学者通过问卷调查和实证研究,从专业知识、技术能力、个性特质三个维度归纳了数据新闻人才胜任力量化等级模型,可见数据新闻制作对于个人能力的倚重。但不少高校的数据新闻课程仅为介绍性课程,未建立系统性的课程体系。数据新闻人才胜任力量化等级见表1-5。

表1-5 数据新闻人才胜任力量化等级[1]

特征维度	因子等级	特征因子
专业知识	高级	计算机基础知识、大数据基础知识、人机交互学、新闻学
	中级	社会学、政治学、经济学、语言文学、网络传播学、高等数学
	一般	哲学、法学、历史地理学、心理学、逻辑学
技术能力	高级	数据挖掘能力、数据处理能力、数据整合能力、交互设计能力、数据可视化能力
	中级	新闻策划能力、新闻组织能力、融媒体传播设计能力
	一般	新闻采访能力、新闻写作能力
个性特质	高级	思辨性、主动性、创造性
	中级	批判性、探究性、诚实性
	一般	乐群性

---

[1] 郑旭军. 数据新闻人才胜任力量化等级模型构建[J]. 中国出版,2020(4):46-49.

(2)优质师资力量匮乏。数据新闻是一种跨学科的新闻生产方式,其人才的知识背景需要文理交融。数据新闻的人才培养不是一蹴而就的,需要优质的师资保证人才培养的质量。数据新闻的实践性要求数据新闻教师具备足够的制作经验,但师资力量与教学导向的不匹配制约了我国数据新闻教育的发展。

传统新闻学院的教育以文科为主,学科同质化较为严重,教师与学生的技术性知识的接受能力存在不足,而计算机等学科的师资较为缺失,具备跨学科背景或通过自身学习进入数据新闻领域的教师相对较少。这就导致了业界在具体实践过程中,数据采集、数据分析、前端工程人员的匮乏,学界与业界在人才方面难以实现对接。在业界的具体实践中,技术人才的缺失进一步影响了数据新闻的时效性,最终作品质量也因时效性的缺失大打折扣。

(3)培养方式较为单一。我国数据新闻的教学模式大多基于传统的课堂教学,并且多集中于少数高校,培养方式相对单一。此种境况实际上使得数据新闻人才培养囿于课程时长、师资力量的局限,限制了其对数据新闻的学习。我国数据新闻教育的职业机构相对较少,很难作为课堂教学的补充。

当前教学空间逐渐向网络拓展,网络空间也可成为数据新闻教育的阵地。慕课(MOOC)等综合类在线课程学习平台逐渐兴起。通过搜索课程关键词可发现,中国传媒大学开设了数据可视化课程,浙江大学开设了可视化导论课程、武汉大学开设了数据新闻实务课程……同时,在CSDN、腾讯课堂、智慧树等平台上也有与数据新闻制作相关的课程,由于限于篇幅,本章不做过多介绍。但不难发现,当前数据新闻核心课程多偏于导论性质,以数据新闻实践为导向的课程较少。由此可见,网络资源的匮乏在一定程度上限制了数据新闻教育的发展。

(4)地域差异明显。教育资源的地域差异是当前我国数据新闻教育中的一个突出问题。地域差异具体体现为高校开展数据新闻相关教学与活动的差异。对于经济发展较好的地区而言,其所在地区高校邀请学界、业界专家讲座,以及开展数据新闻相关实践的资源相对丰富,对于前沿问题的了解更为超前。而经济发展相对落后地区的高校对于数据新闻的敏感程度仍然不高,从教师到学生对于数据新闻的重视程度也相对较低。

3. 对我国数据新闻人才培养的建议

(1)革新课程模式。数据新闻的发展在业界正处于如火如荼的进程中,这对数据新闻教育提出了更高的要求,也倒逼新闻教育进行革新。近年来,高校对于数据新闻的重视程度逐渐加深,在课程设置方面的调整迫在眉睫。为应对这一问题,可以在高校之间建立"学术共同体",探讨统一的标准,也可以借鉴国外院校的经验。美国数据新闻教学改革模式有一些值得借鉴之处,例如:在初期将数据新闻作为核心课程纳入基础课程体系中,让学生初步了解数据新闻,建立对数据新闻的兴趣;将计算机技术与数据技术融入现有课程体系;开设数据新闻的专修课程,该课程主要针对专修计算新闻学与数据驱动报道的学生开设。陈积银与杨廉在对哥伦比亚大学新闻学院与我国几所主要高校数据新闻教学模式对比分析的基础上拟订了国内院校数据新闻教学规划建议,具有一定的参考价值(见表1-6)。

表1-6 国内高校数据新闻教学规划建议(仅供参考)①

第一阶段	1. 数据新闻基础(2课时),学生初步认识数据新闻 2. 计算机基础:学生掌握抓取数据的软件,如Python或者R语言(36课时);数据清洗工具,如OpenRefine、DataWrangler(36课时);数据可视化制作,如网页设计语言(HTML、CSS、JavaScript等)、设计软件(Adobe Photoshop、Adobe Illustrator、Flash等)(72课时)
第二阶段	1. 数据来源的获取(36课时),学生掌握基础的获取数据的方法及途径 2. 数据挖掘(36课时),学生寻找项目选题,完成数据挖掘
第三阶段	1. 数据分析及清洗(12课时),学生对已获取的项目数据进行清洗及判断 2. 新闻写作(18课时),学生对数据内容进行分析和文字描述
第四阶段	1. 数据可视化制作(54课时),学生用所学的技术将数据进行可视化处理,完成数据新闻的制作 2. 数据案例分析(36课时),学生进行大量数据新闻案例分析,对数据新闻进行补充完善
第五阶段	数据新闻实践(36课时),与业界结合进行数据新闻制作

(2)鼓励跨学科合作。由于数据新闻是文理学科融合的产物,因此数据新闻的课程体系当前正在踏上交叉性的道路。此种模式需要新闻传播学院联合计算机等理工类学院,补齐新闻传播学院教师存在的技术短板。当前学科分散趋势明显,在数据新闻教学层面应打破学科之间的隔阂与界限,鼓励跨学科交流合作。实际上,国内许多院校已经开设了数据新闻的相关课程,进行了不同专业背景教师授课的具体实践。在此基础上,更多院校也应加强团队合作,迸发创意,贡献其学科优势,提升生产速度,为制作出优秀数据新闻作品提供保障。

(3)加强学界与业界融合。数据新闻的实践性、专业性非常强,业界的实践领先于学界。但无论是学界,还是业界,人才匮乏的现象仍然存在。因此,联合学界与业界刻不容缓,双方都应积极提供平台,推动学界与业界的优质资源接轨,共同为数据新闻的发展蓄力。业界在具体实践中,应当积极寻求与学界的联系,向其提供数据新闻在业界实践过程中的突破与难点,共同建设作品发表的平台,学界学生创作的优秀作品也可进行发布。而对于学界而言,应当转变传统的教学观念,聘请业界专家壮大师资队伍。同时,可以通过工作坊、沙龙等形式进行培训与交流,关注数据新闻制作的核心环节,共同寻找难题的应对方案。

(4)巧用大赛机制。2012年开始设立的数据新闻奖(Data Journalism Awards)的获奖作品一直是全球范围内数据新闻的标杆,是全球数据新闻领域关注的焦点。2015年,第一届高校数据新闻报道比赛举办,该比赛由中美教育基金和中国传媒大学共同主办,主要面向全国大学生群体,引起了学生制作数据新闻的兴趣。2016年,中美教育基金与复旦大学新闻学院联合举办了第二届高校数据新闻报道比赛。2015年,甘肃省融合媒体研训基地联合中国新闻史传媒经济与管理专业委员会承办的首届中国数据新闻大赛暨数据新闻教育发展高峰研讨会引起了国内外学界、业界的广泛参与。数据新闻相关比赛通过"以赛促教"的模式不断激发数据新闻学习者进行数据新闻创作,鼓励学界与业界迸发灵感,相互碰撞。同时在人才培养方面,大

---

① 陈积银,杨廉.哥伦比亚大学新闻学院数据新闻教学的解读与借鉴[J].新闻大学,2016(5):126-133+152.

赛提供了一个数据新闻学习者交流经验的平台,为数据新闻人才的培养起到了巨大的推动作用。除此之外,马克思主义新闻理论具备与时俱进的品质,如何在数据新闻教育中紧跟时代脚步,在数据新闻实践中将马克思主义新闻观贯穿始终,利用技术优势与马克思主义新闻理论融合,引领新闻事业迎来更好发展是当前数据新闻教育面临的课题。

1.3.3 数据新闻团队的基本构成

即使数据报道可以由某个记者、自由撰稿人或研究者独立完成,但是大多数数据新闻报道是由一个团队协同合作而生产的。因此对于数据新闻的制作来说,团队合作尤为重要。经过数年的发展,国内的数据新闻团队逐渐发展壮大,具有代表性的包括澎湃新闻、南方都市报、四川日报、上观新闻、数可视等。结合国内数据新闻制作的具体实践,一个较为完整的数据新闻团队一般包含以下几种角色。

1. 团队负责人

团队负责人对于数据新闻的生产来说尤为重要,其主要负责数据新闻的整体内容设计、数据新闻报道方向的决策以及团队的管理。因此,团队负责人要熟悉数据新闻制作的整体流程,能够把控作品制作的周期、新闻价值的落脚点、最终呈现形式等具体环节。对于一个团队性的工作,如何激发团队成员的创造力、保持其积极性,如何统筹全局、实现团队整体思路的统一、促进团队内部沟通的顺畅性也是团队负责人的重要使命。

2. 数据新闻记者

新闻敏感性是一个数据新闻记者需要具备的基本能力。数据新闻基于大量的数据,如何通过数据发现具有新闻价值的数据新闻是数据新闻记者实现自身价值的关键。数据新闻记者除承担传统记者应具备的采访调查、寻求真相、形成故事、引领公众的职责外,还需要承担策划选题、处理分析数据等工作。

很多时候,数据的意涵不是显性的,而是隐性的,需要数据新闻记者善于发现,懂得传播,最终形成吸引力更强的报道,将最具价值的信息传达给公众。对于一个数据新闻记者而言,良好的数据新闻素养显得尤为重要,因为如果数据之中具有价值的信息发生遗漏,那么将会对公众形成误导。因此,数据新闻记者应具备优秀的数据新闻素养,能够抓住关键信息,正向引领公众。

3. 数据分析师

数据新闻与传统新闻最大的区别,就是它以数据为核心,其选题、制作与呈现都是围绕数据进行,数据是数据新闻制作的前提和基础。在数据采集方面,除公开数据之外,时常需要对网页、社交媒体中的数据进行爬取,综合分析其趋势;在数据清洗方面,还要对"脏数据"进行分析与剔除。这些工作都需要专门的数据分析师来进行,承担数据的采集、清洗、统计与分析等工作。因其主要承担技术性工作,对技术水平与数据分析能力有一定要求,因而需要其拥有统计学、数学、计算机等相关学科知识背景。

为了实现数据新闻拥有更好的互动效果、更佳的用户体验,需要对数据分析师进行职责划分。在动态数据新闻的制作过程中,既需要关注页面设计与交互的实现,也需要对数据进行挖掘分析,以及负责后台的维护。因此,数据新闻工程师也有前端、后端之分。

4. 可视化设计师

可视化设计师也是数据新闻制作过程中的核心人员。数据本身在呈现过程中的局限,可以利用更好的可视化手段加以弥补,甚至会增强数据的呈现水准,达到更为清晰、直观、富有冲击性的效果。

可视化设计师主要负责的就是数据新闻作品的呈现形态以及传播平台的搭建。将数据以高效、直观、美观、新颖的方式加以呈现,为作品增加互动性,与读者形成沟通也是其工作的主要内容。与读者的互动需要可视化设计师拥有读者阅读习惯以及操作行为的敏感性,需要将数据新闻与读者紧密结合。只有具备了这些能力,才能够使得数据新闻更有感染力,为数据新闻的最终呈现增光添彩。

本章小结和测试

本章小结

本章对数据新闻的发展历程、概念与特征,当前数据新闻的发展现状与未来走向,国际数据新闻人才培养的情况,以及我国数据新闻的人才培养的现状、存在的问题及应对策略进行详细介绍,总结如下。

(1)数据新闻是将数据及数据技术应用于新闻生产流程中,以可视化技术来呈现的新闻。在数据新闻的世界里,记者不仅是信息的传达者,更是意义的建构者。数据新闻具有报道内容丰富、呈现形式多元化、舆论引导能力强、与个体的联系被强化等特征。

(2)数据新闻发展过程的现实困境可概括为以下几个方面:第一,数据新闻制作难度相对较高,相关人才缺乏;第二,数据开放程度低,获取难度大;第三,时效性缺乏,栏目更新整体较慢;第四,盲目崇拜可视化,新闻价值缺失。

(3)数据新闻发展过程现实困境的突破可从以下几个方面着手:第一,加强行业培训,提升从业者的数据新闻素养;第二,促进数据共享,强化监管力度;第三,增强数据专业主义,创新人才培养模式;第四,打造多样化数据产品,拓展服务范围。

(4)我国数据新闻人才培养建议:第一,革新课程模式;第二,鼓励跨学科合作;第三,加强学界与业界融合;第四,巧用大赛机制。

本章测试

1. 以下哪一个选项不是数据新闻的发展历程?
   A. 计算机辅助报道　　B. 精确新闻　　C. 统计新闻　　D. 算法新闻
2. 以下哪个选项不是我国数据新闻人才培养存在的问题?
   A. 课程缺乏系统性　　　　　　　B. 缺乏系统性人才
   C. 教育主体、培养方式单一　　　D. 相关工具学习难度大
3. 你怎样理解数据新闻的特征?
4. 你认为开展数据新闻实践可能会遇到哪些困难?

第 2 章 数据新闻的选题

选题策划是数据新闻制作的第一个环节,关系着后续整个数据新闻的生产、制作与呈现。因此,什么样的选题适合做数据新闻,选题该如何寻找,选题的判断标准有哪些,选题倾向又是怎么发展的,都需要在"数据新闻的选题"这一环节进行探讨,这样才能保证后续工作有计划有步骤地展开,为制作一个完整的数据新闻服务。

本章主要包含三个小节内容:一是数据新闻选题概述,主要包括判断选题的 4 个基本原则和 5 个寻找选题的基本方法;二是数据新闻的 6 个选题范围;三是数据新闻的选题倾向。

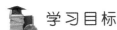
学习目标

- 掌握数据新闻选题的基本原则与基本方法。
- 了解如何寻找选题并进行选题判断。
- 学会用在选题之下选择恰当内容充实选题。

2.1 数据新闻选题概述

2.1.1 判断选题的基本原则

寻找选题是选题策划的第一步,而判断选题则是对选题的进一步深化和认识。判断一个数据新闻选题是否具有创作的可行性,一要看选题是否符合新闻性,二要看在该选题之下是否能够获得足够的数据支撑。只有这两个方面同时满足,才有形成一个完整的数据新闻的可能性。

数据新闻的本质依然是新闻,数据固然是数据新闻不可或缺的部分,但是新闻性仍旧是数据新闻所不能忽略的。无论数据新闻形式有多么丰富,呈现有多么创新,都要遵循新闻选题的一般原则。数据新闻不是数据报告,要有一定的新闻价值,要在数据的挖掘与呈现中向受众传递新闻应有的价值观,让受众能够获得新闻报道背后的精神力量。判断一个数据新闻选题是否具有新闻价值可以参考以下 4 个方面。

1. 重要性

重要性是指新闻选题本身所具有的新闻意义。一个选题是否具有重要性,主要看该选题是否具有家国情怀,是否关心国家大事、关注社会热点、体察民生民情。可以围绕国家大政方针和重大事件而开展策划,比如《中华人民共和国民法典》的出台与实施,与每一个中国公民息息相关。这类新闻选题的重要性不言而喻。

当然,重要的新闻选题不一定都具有宏大的叙事规模,也可以从社会民生的小角度出发,以小见大。比如 2020 年新冠疫情期间,疫情数据与信息的实时更新与变动始终是人们每时每刻都关注的事情,事关每个人的生命健康与安全,也事关社会的安定与和谐,第一时间更新报道相关疫情信息,就是对人民生命健康的保障。党和国家的主流媒体每天都会关注并及时报道疫情的相关信息,体现了对社会公众负责任的态度。

2. 创新性

选题策划不仅仅是确定选题方向的过程,还是探索报道方式的过程。因此,选题的创新既可以是内容角度的创新,也可以是表现形式的创新,当然如果内容和形式可以很好地融合,则会达到更好的传播效果。随着媒介传播技术的不断创新,媒体融合不断推进,新闻的表现形式愈加丰富。与单纯的图文新闻模式相比,短视频、移动直播、H5、创意互动等创新形式的新闻报道更加容易引起受众的兴趣和关注,受到越来越多受众的喜爱,进而产生更加广泛的影响。

在选题策划过程中,需要根据选题内容和相关素材选择合适的报道方式,用新颖的表达形式推出具有创新性的新闻报道。要做到人无我有,人有我优,多形式展现,多渠道传播。当然创新性不是为了创新而创新,还要与选题内容相符合,适当的创新能够增强传播效果、扩大传播影响力。比如第二十九届中国新闻奖媒体融合奖融合创新类二等奖作品《"媒体大脑"想陪你聊聊"两高"这五年》,改变了传统的报道手段,利用人工智能技术在15秒的时间里自动生成数据可视化新闻,最终获得了上千万的浏览量,在海内外引发强烈反响。

3. 引导性

我国的新闻媒体有自身的责任。新闻选题要以党和国家政策导向为标准,坚持党性原则,坚持正确的政治方向。要坚持在作品中传播主旋律,弘扬正能量,宣传党和国家的基本方针政策,与国家宣传主基调、主旋律保持一致。比如,《中国日报》外媒说栏目的数据新闻作品《大阅兵后再看这组外媒数据,忍不住又红了眼眶!》,通过对中国经济数据的动态呈现,展现了中国经济的腾飞历程,通过具有引导性的标题和内容呈现激发了广大网友的爱国热情,让人不由自主地产生作为一名中国人的自豪感,情不自禁为祖国点赞。

新闻媒体报道要积极引导社会舆论,面对错误的思想,舆论要敢于发声亮剑,及时澄清,揭露真相,帮助群众分清是非曲直。要主导议程设置,加强对社会突发事件和热点问题的舆论引导,积极主动及时回应社会关切,弘扬真善美,揭露假恶丑,引导舆论向正面积极的方向发展,促进整个社会的和谐稳定。主流媒体应自觉宣传党和国家的政策方针,避免过度娱乐化倾向,使新闻报道符合自身的平台定位;自媒体也要遵循社会主义核心价值观,紧跟党和国家的步伐,把握正确方向。

4. 服务性

新闻本身就是一种信息,可以满足大众对信息的需求。数据新闻选题同样要坚持为人民服务的原则,选择人民群众关注的热点、焦点话题,关注人民群众的现实需求,最大化挖掘并满足人民群众对各方面社会信息的需要。新闻工作者要站在受众的立场上来思考选题的角度,要了解受众的兴趣爱好,投其所好。"如果我是受众,我希望看到什么内容",换位思考是服务好广大群众的必要前提。在互联网时代,舆论往往先于新闻而产生,一个优秀的新闻工作者必须要时刻关注网络舆论,洞察人民群众真正关注的现实问题,在舆论热点中发现重要的新闻选题,更好服务广大群众。比如在电影《我不是药神》热播之际,看病贵的问题一度成为社会舆论热点,财新网及时策划了《专利药为什么这么贵?》的数据新闻,通过数据可视化解读了专利药价格高背后的故事,解答了人们心中的疑惑。

选题还要贴近人民生活实际,坚持以人民为中心的理念,关注社会的弱势群体,为人民发声,帮助人民群众解决现实问题,做社会的舆论监督者。要在满足人民群众的信息需求基础上,创作出人民群众喜闻乐见的新闻作品,进一步满足他们的心理和精神需求。要尽力洞察人民的隐性需求,发现人民的长远需求,在新闻创作中不断为人民服务。

当然,无论什么样的新闻选题,都要以真实性为最根本的原则和标准,报道要符合事实真相,要有真凭实据,无论是一般新闻,还是数据新闻,这一点是毋庸置疑的。

2.1.2 寻找选题的基本方法

数据新闻与传统新闻一样,在创作的过程中都需要从确定选题开始,而确定选题的第一步就是寻找选题。数据是数据新闻必不可少的组成部分,因此数据是我们寻找新闻选题时必须考虑的因素。先有数据,还是先有选题并不是一个绝对的问题,可以是在掌握一定数据的基础上进行新闻选题的挖掘,也可以在确定了新闻选题之后进行相关数据的搜集。然而无论是哪一种方式,都需要在创作中通过数据发现问题和分析问题。

在如此丰富的选题范围内,如果我们要制作数据新闻,又该如何寻找合适的选题呢?寻找选题不是盲目的,而是有方法、有策略的。如何寻找数据新闻的选题,有哪些方法可以帮助我们快速寻找选题,接下来我们通过相关案例来学习。

1. 从社会热点事件中寻找选题

社会热点事件是社会正在发展或已经发酵并备受关注的舆论事件,往往会产生大量的讨论,且在社会上形成了一定的或好或坏的影响。从这类事件中寻找数据新闻选题,如果能够获取丰富的相关数据,往往能产生良好的效果。

第二十九届中国新闻奖媒体融合奖融合创新类一等奖作品《每经记者11城直击小黄车寒冬:ofo迷途》[1],就是在全民关注共享单车的发展问题之下进行的选题策划。共享单车在国内短时间兴起,并迅速占领了中国的各大城市,掀起了共享经济热潮。然而好景不长,ofo资金链的断裂暴露了共享单车的运营危机,引起了公众的广泛关注。为了探究ofo在全国范围内的运营情况,每日经济新闻策划了这一组报道。报道调动了11个城市的记者,基本涵盖了共享单车企业竞争的主要城市。记者通过实地走访高峰时期主要商圈或地铁站周边的共享单车使用情况,探访当地监管机构及ofo办公地点,最后通过视频、图片的方式,多样化呈现报道内容,并结合图表,全面呈现ofo市场占有率、消费者投诉处理等。

2. 从国家重大事件中寻找选题

国家重大事件不仅受到国内广大人民群众的关注,在国际上也能引起较大反响,是天然良好的新闻选题,比如世界级的赛事、世界级和国家级的重大会议、国家颁布的重大方针政策等。然而与国家重大事件相关的新闻选题往往比较广泛,对数据新闻工作者而言,选择什么样的选题角度主要看能获取什么样的数据。

2019年是中华人民共和国成立70周年,围绕这一主题,我国主流媒体做了一系列的新闻报道,其中就有不少以数据新闻形式呈现的选题。比如《中国日报》外媒说栏目的数据新闻作品《大阅兵后再看这组外媒数据,忍不住又红了眼眶!》[2],该作品由《中国日报》与中国传媒大学团队联合策划,在耗时两个多月的时间里梳理了10万余篇《纽约时报》的报道,分析了该报头版70年间有关中国经济的稿件数量变化,见图2-1。此外,作品制作团队还以世界银行历年的各国(经济体)GDP排名作为统计对象,记录中国GDP排名逐步上升到世界第二的过程,即中国GDP从1952年到2018年实际增长了174倍。最终汇总成数据图表,通过动态短视频的形式,搭配激昂的背景音乐,直观呈现了中国经济腾飞的历程,让读者感到激动人心、热泪盈眶。该作品的总浏览量达到千万以上,产生了良好的社会效果,最终获得第三十届中国新闻奖

---

[1] 每经记者11城直击小黄车寒冬:ofo迷途[EB/OL].[2023-02-02]. http://www.nbd.com.cn/corp/20181130ofo/index.html.

[2] 大阅兵后再看这组外媒数据,忍不住又红了眼眶![EB/OL].[2023-03-02]. https://mp.weixin.qq.com/s/z_o5NsVzVoo88ML70yMX-Q.

媒体融合奖融合创新类二等奖。

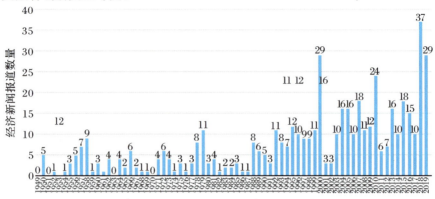

图2-1 70年《纽约时报》头版涉华经济新闻报道数量逐年变化

3. 从社会民生民情中寻找选题

改革开放以来,我国经济建设取得了巨大的飞跃,综合国力不断增强,国际地位不断提升。但在发展的过程中也始终存在着复杂的社会矛盾,面临多种多样的社会问题,如教育、医疗、住房、就业、劳工关系等民生领域,始终是国家和社会关注的重点领域。这些领域往往蕴藏着各种各样的数据,我们可以从中寻找到很多合适的选题。

4. 从互联网公开数据中寻找选题

随着互联网的普及与发展,电子政务工作不断推进,各类政府部门、社会调研机构、媒体机构等都会在其各自网站上公开一些统计数据或发展报告。在这类互联网公开数据中,我们可以利用自身的新闻敏感性,寻找到有价值的新闻选题。

澎湃新闻作品《何处安放的退休生活:左边是家庭,右边是自我》①,通过《中老年人上网状况及风险网络调查报告》、《2018年中老年互联网生活研究报告》、《代际支持对老年人居住意愿的影响研究》、中国互联网络信息中心(CNNIC)公布的数据、2013年与2015年中国健康与养老追踪调查(CHARLS)等系列公开数据分析呈现了退休后的老年人的生活现状,比如他们容易被骗、他们不容易跟上时代潮流、他们中很少人能获得自由的退休生活、他们可能会有抑郁倾向等,见图2-2,表达了对退休老年人的关注,号召子女注重对父母的陪伴和关心。

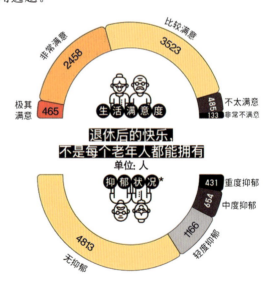

图2-2 退休老年人对生活的满意度及抑郁状况

---

① 何处安放的退休生活:左边是家庭,右边是自我[EB/OL].[2023-04-03]. https://baijiahao.baidu.com/s?id=1681494309436693357&wfr=spider&for=pc.

5. 从头脑风暴中发现选题

头脑风暴一词有不同来源，本书取其来自美国的英语词汇 brainstorm，这是 brainstorming 的动词形式，而作为名词时，它等同于英国英语的 brainwave，意为灵感、妙计。灵感是发现新闻选题的思维阶段，好的数据新闻选题离不开创造性思维。要想在复杂多样的新闻类型中选出最想探究的话题，需要头脑风暴或新闻灵感。新闻灵感有两个方面：一是发现生活中隐藏的新闻亮点，即新闻价值点；二是要有创造性的报道思路，包括新的有启发性的角度、新的吸引注意力的切入点、独特的可视化效果等。当自己没有灵感和选题头绪时，可以多与人交流沟通，在交流过程中让思维的火花尽情碰撞，或许灵感就会迸发，从而找到合适的数据新闻选题。

因此，寻找数据新闻选题一方面要靠记者对新闻的敏感性，要以记者对各种社会信息的关注为前提，眼观六路、耳听八方，从大处着眼、小处着手，从各类事件中发现具有价值的新闻选题；另一方面要有获取数据信息的能力，数据就好比数据新闻的骨骼，如果有了一个好的选题，却不能获取相应的数据，就无法制作一个有血有肉的数据新闻。

2.2 数据新闻的选题范围

与一般的新闻相比，数据新闻在呈现上具有特殊的形式，主要依靠数据的可视化来讲故事。因此，不是所有的新闻选题都可以拿来做数据新闻，数据成为数据新闻选题的一个制约因素。数据新闻既要有故事，又要有数据，这就决定了数据新闻的选题是有一定范围的，没有数据做支撑，就无法制作数据新闻。从国内外数据新闻实践来说，数据新闻的选题大致集中在时政、财经、社会、科技、环境、体育 6 个领域。

2.2.1 时政类议题

时政类数据新闻主要挖掘新近发生的或隐或显的与政治直接相关的新闻事件，并对其所反映的内容进行解读。从国内外数据新闻实践来说，时政类议题大致可以划分为五类子主题：一是政策法规类，主要包括党和国家发布的方针政策和法律法规；二是政治活动类，主要包括党和国家领导人参加的会议等相关活动；三是军事活动类，主要包括与军事力量、军事战略部署有关的新闻报道；四是国际关系类，主要包括我国与他国合作或产生纠纷的相关报道等；五是对外形象类，主要包括我国对其他国家构建自身形象的过程或其他国家对我国形象的认知等。

其中，中国两会、美国大选等属于周期性时政热点；新冠疫情、军事战争等属于突发性时政热点。在寻找选题的过程中，既要在周期性时政热点中抓关键、抓新意，又要在突发性时政热点中捋逻辑、找思路。

1. 案例 1：《数据说两会|1978 年到 2020 年政府工作报告关键词盘点》[①]

中国两会每年春季召开，两会的召开受到来自国内外媒体的关注，是重大的政治新闻选题。澎湃新闻"美数课"在 2020 年两会召开期间，从中国政府网中整理了从 1978 年至 2020 年共计 43 份政府工作报告中的关键词，并对这些关键词从不同的选题角度进行分类汇总与分析，由此形成了数据新闻作品《数据说两会|1978 年到 2020 年政府工作报告关键词盘点》。

---

① 数据说两会|1978 年到 2020 年政府工作报告关键词盘点[EB/OL].[2023-04-09]. https://www.thepaper.cn/newsDetail_forward_7492352.

其中,喇叭形词语代表的是政府工作报告中日益受到重视的词语,因其增长趋势从无到有、从少到多,趋势形似喇叭,因而被称为喇叭形词语,见图2-3。在喇叭形词语中,"疫情"和"脱贫"在2020年的政府工作报告中出现最为频繁,表明了国家对2020年的脱贫攻坚战和新冠疫情阻击战的高度重视;"创新"一词在近十年来的政府工作报告中一直都是高频词汇,则表明了国家对创新发展的重视。

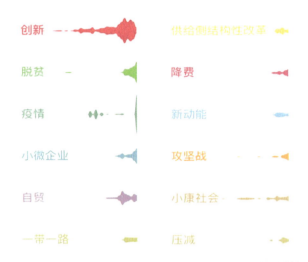

图2-3 40多年来政府工作报告喇叭形词语

常青词语是政府工作报告中长期使用的高频词语,主要有"发展""建设""改革""经济""社会""政府""工作""企业""创新""就业"10个常青词语,见图2-4。通过常青词语可以大致

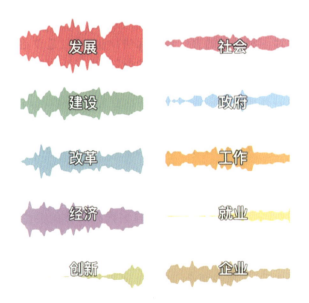

图2-4 40年来政府工作报告常青词语

了解到40多年来政府关注的社会发展的主要领域,改革、发展、建设、经济等领域一直是政府关注的重点,也从很大程度上说明了我国之所以取得改革开放伟大成就的原因。近20年来,"创新"和"就业"成为政府工作报告新的高频词语,则表明政府对创新发展的重视。

2. 案例2:《新冠肺炎如何使得100万人失去生命》(*How the World Lost 1 Million Lives to COVID-19*)

2020年席卷全球的新冠疫情成为全球媒体关注的共同话题。《海峡时报》的作者通过可视化的方式回顾了从第一名因新冠肺炎去世的患者到第100万名之间的故事。作者通过河流图记录了随时间推移,全世界每日的新冠病毒导致死亡的人数,见图2-5。其中,中国的死亡人数随着中国抗疫日见成效,得到了有效控制。2020年3月底,意大利成为新的疫情中心。4月新冠疫情席卷美国,美国每日新增死亡人数超过1000例。接着,作者通过疫情中亚洲死亡人数占总体人数的图表说明了亚洲国家的防疫工作效果显著,甚至一些国家使得感染曲线回归零点。最后,作者通过对比显示不同国家每日死亡人数——美国、巴西、印度远超其他国家,通过数据可视化反映疫情给人类生存带来的威胁与灾难。

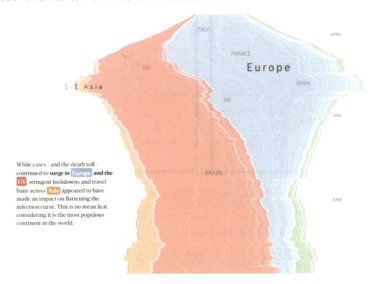

图2-5 新冠病毒导致全世界死亡人数河流图

2.2.2 财经类议题

财经领域的选题在国内数据新闻中占据比重较大,是数据新闻制作的一个重要的选题范围。财经类数据新闻的选题主要包括:宏观层面上的财经选题,如经济政策与政府决策、宏观经济(国民收入)、区域性经济(城市)、消费市场涉及的领域等;中观层面上的财经选题,主要包括公司报道、产业报道、金融市场、产业报道等;微观层面上的财经选题,即站在公众角度上的财经选题,主要包括消费市场、收入、就业、资产、理财、投资等。

1. 案例1:《数说年报|1340家公司受疫情影响,航空业平均亏160亿》

澎湃新闻"美数课"制作的数据新闻《数说年报|1340家公司受疫情影响,航空业平均亏160亿》,从A股上市公司的年报中展示了疫情给各行各业带来的影响。作者首先根据Wind

的数据,总体介绍了2020年A股年报中各行业和公司的表现。作者通过堆叠条形图对各行业的公司盈亏占比进行了展示,如图2-6所示。然后又聚焦于具体公司,作者选取在业绩预告中提及疫情,且年报业绩同比盈亏幅度最大的20家上市公司进行了分析,并通过哑铃图对比了其2019年和2020年的净利润。

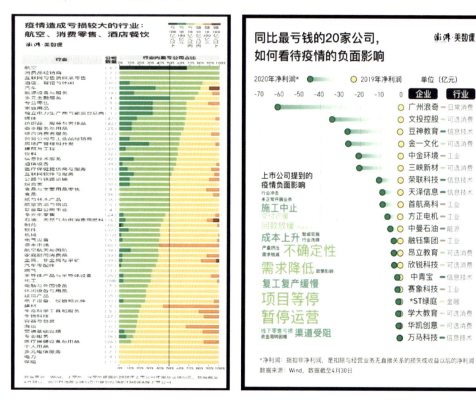

图2-6 《数说年报|1340家公司受疫情影响,航空业平均亏160亿》

2. 案例2:《海底捞涨价,我是捞不动了》

网易数读的数据新闻作品《海底捞涨价,我是捞不动了》对餐饮界"顶流"海底捞的涨价行为进行了分析。从涨价的现象、幅度、口碑,到财务状况、成本分析,再到产业发展,作者从微观到宏观进行了全面分析。首先,作者通过海底捞公布的年报数据,深挖了海底捞整体的营收情况。通过折线图可视化地展现了海底捞的人均消费数据。然后,作者对海底捞的利润焦虑进行了分析,分析对比了海底捞2019年和2020年的净利润以及成本不断上涨的原因。具体见图2-7。

图 2-7 《海底捞涨价,我是捞不动了》

2.2.3 社会类议题

在社会发展的民生领域,同样包含着大量的多种多样复杂的选题。这类新闻与人民的生活息息相关,包括社会医疗体制的建立与改革、教育发展、社会保障体系的构建等。通过挖掘就业、教育、医疗、法律、交通、社会保障等社会发展的多个方面的数据,往往能有新的发现。

1. 案例 1:《中国扶贫之路:消除 832 个极端贫困县》[①]

脱贫攻坚曾是我国重要的政治工作,也是全社会广泛关注的民生话题。CGTN 制作的数据新闻作品《中国扶贫之路:消除 832 个极端贫困县》,回答了中国是如何实现 832 个极端贫困县的脱贫。在新闻作品的后半部分,作者向我们介绍了中国特色的扶贫思路——东西扶贫协作,见图 2-8。东部沿海地区 9 个省(市)与 14 个中西部贫困地区,以及西藏自治区、新疆维吾尔自治区结成对口支援关系。通过条形图,我们可以看到帮扶结对的具体数量。广东省作为中国的经济大省,在扶贫协作中帮扶的贫困县也是最多的,投入资金也最多,这些结对帮扶省市从多领域对贫困县进行了帮扶。

2. 案例 2:《专利药为什么这么贵?》[②]

医疗话题一直是国内外新闻界关注的重要民生话题。2018 年电影《我不是药神》的上映让社会的关注点再一次聚焦到了"看病难,看病贵"这个一直以来都困扰人们的现实话题上。针对此,财新网"数字说"策划了数据新闻作品《专利药为什么这么贵?》。作者首先选取了市面上的几类专利药和仿制药,将专利药到期前的价格与同效仿制药的价格进行了对比,发现同效仿制药的价格比专利药的价格要便宜很多,基本上能节省费用 80% 以上,而最高的则可节省 99%,

---

① 中国扶贫之路:消除 832 个极端贫困县[EB/OL].[2023-04-23]. https://m.thepaper.cn/baijiahao_9635128.

② 专利药为什么这么贵?[EB/OL].[2023-05-20]. http://datanews.caixin.com/interactive/2018/patent-drug/.

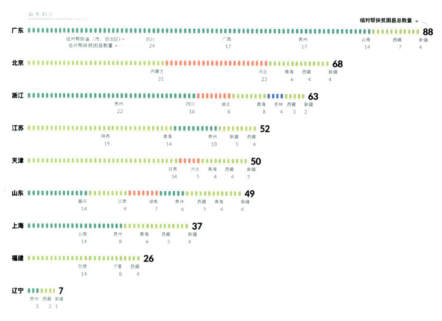

图 2-8 CGTN《中国扶贫之路:消除 832 个极端贫困县》

见图 2-9,从价格角度解释了人们愿意选择仿制药的原因,接着作者通过分析中国各大制药企业 2017 年年报,解释了专利药价格昂贵的主要原因。

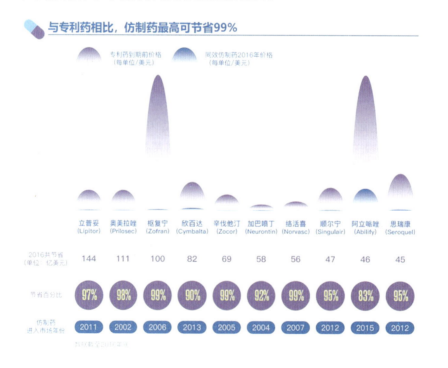

图 2-9 《专利药为什么这么贵?》

2.2.4 科技类议题

科技类数据新闻主要聚焦在超级计算机、人工智能、5G、碳中和等重大科技成果的展示，天体物理、宇宙空间等科学知识普及和技术应用于现代，以及未来人类生活情形描摹这三类子主题上。

1. 案例1：《中国全球卫星导航系统》(China's Global Satellite Navigation System)

《南华早报》通过动态可视化介绍了北斗卫星导航系统。作者首先展示了全球不同时间内，出现在各个区域的卫星数量；然后介绍了卫星是如何环绕地球旋转的。通过纵向分布的卫星图，展示了不同轨道卫星的相对距离，同时针对北斗卫星系统的三种不同的轨道卫星进行展示，说明了北斗卫星导航系统通过逐年发射的卫星构成庞大的星座，最终实现覆盖全球的导航系统网络。通过对 GPS、Galileo 和 Glonass 系统的比较，说明北斗卫星导航系统的优势，证实了中国卫星探索事业蓬勃发展的现状。具体见图 2-10。

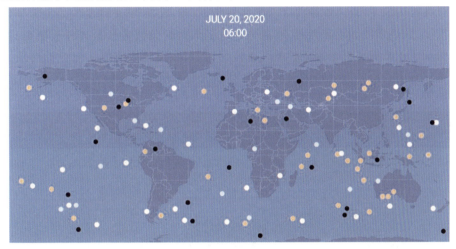

图 2-10 《中国全球卫星导航系统》

2. 案例2：《数以百万计的"隐形子弹"以 25000 公里/小时的速度在太空中飞行》

来自西班牙的团队以太空垃圾作为主题，介绍了太空垃圾的数量、质量，发生碰撞、爆炸、断裂的数量，解释了太空碎片产生的原因。另外，作者运用空间可视化的方式介绍了太空垃圾的集中区域，以及空间碎片的运行速度和运行轨迹。同时，作者也提供了欧美国家清理空间的项目，并指出其存在的局限性，渴望更明确的解决方案。具体见图 2-11。

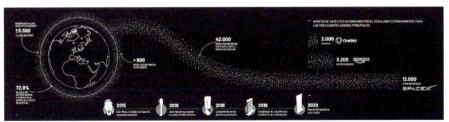

图 2-11 《数以百万计的"隐形子弹"以 25000 公里/小时的速度在太空中飞行》

2.2.5　环境类议题

目前,我国网络媒体中,环境类数据新闻的选题大致概括为三类子主题:一是环境污染,包括大气污染、水资源污染、海洋污染等;二是自然灾害,包括洪涝灾害、沙尘暴、地震等;三是环保内容,包括环保意识培养与绿色生活方式,如生态旅游、植树造林、预防极端天气、新能源汽车研发等。环境类数据新闻尽管在各媒体数据新闻报道总量中占据比重不大,但数据新闻在环境报道中的运用程度不断加深,影响程度也在不断提高,并且环境议题与我们的关联性较强,在国际上的热议程度也在进一步升温。

案例:《大火时代》(*The Age of the Mega fire*)

2021年,作者通过展示美国各地发生的大型山林火灾情况——火灾发生频率、影响范围等,佐证了气候变暖的影响,提醒读者关注气候变暖导致的火灾频发现象。在新闻作品中,作者通过河流图结合时间轴来向读者展示美国一些州近50年来最大的10场火灾。比如,俄勒冈州有史以来最大的10次火灾中有3次发生在2020年,2020年9月发生的火灾导致当地空气质量极度变差,更多的人涌入急救室,越来越多的人拨打急救电话报告呼吸困难。另外,作者用数据说明了原始森林对当地气候的调节作用,以及在避免火灾发生方面的功效。最后作者阐述了各州在面对山林大火时做出的努力,包括呼吁政府投资控制火灾、游说土地所有者对古树的保护等。具体见图2-12。

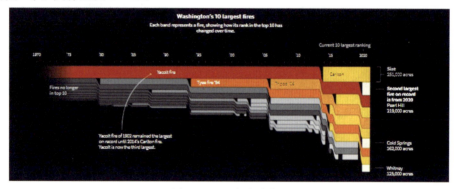

图2-12　《大火时代》

2.2.6　体育类议题

体育类数据新闻的选题大致概括为四类子主题:一是比赛内容类,主要指与体育赛事、赛制直接相关的信息;二是人物介绍类,主要介绍和剖析体育人物的比赛历程、所获奖牌的数量,以及职业发展等信息;三是前瞻及总结类,即对团队奖牌数量、获奖选手进行预测分析等;四是奥运周边信息类,包括体育赛事的意义及影响、比赛项目相关内容及运动员除参赛以外的新闻。奥运会作为全球水准最高的国际体育赛事,成为国内外体育数据新闻报道的重要题材。

案例:《高温和潮湿的奥运之夏》(*Hot and Humid Olympic Summer*)

2020年,路透社通过分析大量气象数据进行预测,从气候学的角度分析了东京奥运会的温度和湿度对赛事举办可能带来的不利影响。作者首先解释了奥运会的运行压力——最近十年间,在奥运会赛程时间里记录到的最高温度达到了39℃。作者通过东京每年夏天的中暑案例统计进一步解释,每个夏天的近千次急救呼叫中,有百余人次需要住院医治。其次,作者通过对比不同届次的夏季奥运会的平均温度说明东京奥运会的预期温度明显高于历届奥运会。除了温度,湿度也是影响体感的重要因素。作者通过具体的信息图进行了原理演示,并且介绍了多个运动协会使用的 WBGT 温度测量方法,考虑温度、湿度、风速、太阳高度角和云的遮挡情况,来衡量比赛过程中高温风险。最后,作者还讨论了东京奥运会的防疫风险。具体见图 2-13。

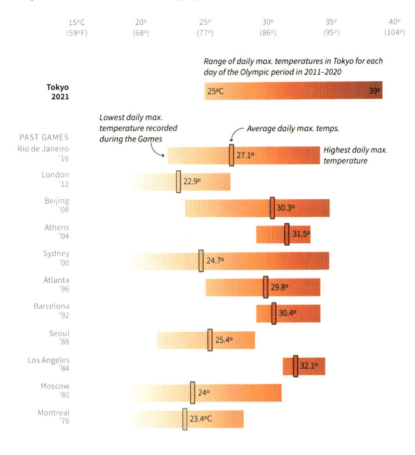

图 2-13 《高温和潮湿的奥运之夏》

2.2.7 其他议题

数据新闻的选题范围并不仅限于以上六大领域,还有很多其他领域。只要是存在数据的新闻选题领域,我们都可以通过各种方式挖掘和呈现出来,重要的是我们要有敏感的新闻神经和一双发现新闻的眼睛,以及掌握可视化呈现的技巧。

2.3 数据新闻的选题倾向

起初,传统的文字新闻配上数据图表就能叫作数据新闻,那时数据可视化只是读者理解文章的辅助手段;而如今,数据新闻已经成为一种独特的、不可替代的新闻形式,数据可视化本身已经成为数据新闻的核心组成部分,并且其在提高读者的阅读兴趣、增加读者的阅读时间、促进读者进行二次传播等方面的影响力是传统新闻难以比拟的;在未来,数据新闻的发展趋势将是更加的娱乐化、产品化、社会化和个性化。

2.3.1 娱乐化倾向

半个多世纪前,两位英国作家先后各写过一本预言性的著作:在《1984》中,乔治·奥威尔描绘了极权统治下的生活;在《美丽新世界》中,奥尔德斯·赫胥黎描绘了娱乐专制下的场景。《娱乐至死》的作者尼尔·波兹曼认为后者的预测更准:奥威尔担心书被禁,而赫胥黎担心的是没人愿意再读书;奥威尔担心真相被隐瞒,而赫胥黎担心的是真相被淹没在无聊的琐事中;奥威尔担心文化被管制,而赫胥黎担心的是文化沦丧为充满感官刺激、欲望的庸俗文化。

进入互联网时代后,世界越来越像《美丽新世界》:信息爆炸、读者面对太多的诱惑、浅阅读大行其道、标题党层出不穷、严肃新闻被避而远之……这让人不安,但不得不承认,这股潮流还在继续发展。面对这样前所未有的挑战,媒体人可以选择维持原状,并祈祷能时光倒流,回到互联网诞生前的时代;或者,也可以选择顺势而为,利用互联网的技术手段和传播规律生产新的内容,或让传统的优质内容如虎添翼。数据新闻便是对后一种选择的尝试。

数据新闻注定将在新闻界扮演越来越重要的角色。道理很简单,既然读者喜欢轻松阅读,新闻的呈现形式为什么不能娱乐一点?既然读者希望有参与感,为什么不能在新闻中加入互动?既然读者喜欢有视觉刺激的画面,为什么不能加上特效、加上声音?既然读者倾向于浅阅读、快阅读,为什么不推出"一张图看懂""一分钟看懂"系列?这些能极大提升阅读体验的措施,正是数据新闻的特质。

如果读者喜欢看什么,媒体就提供什么,那不是媚俗吗?媒体的教化、监督职责怎么体现?这样的担忧并非杞人忧天。的确,在通往"娱乐至死"的道路上,媒体应该是敲警钟者而非推手。但这些担忧不应成为排斥数据新闻娱乐化的理由,因为数据可视化只是载体,核心是其传递的信息:只要保持选题是严肃的、内容是严谨的,呈现方式花哨一些、娱乐一些,未尝不可。

而且恰恰相反,严肃新闻要想争取回读者的关注,数据新闻会是其麾下的"得力干将"之一。有一种现象越来越明显:媒体的敌人,也许并不是其他媒体。比如,有一段时间,针对出租车司机的一些广播节目收听率下降很快,后来发现,并不是因为有更好的节目出现,而是司机都在用打车软件接单而不再听电台节目了。类似地,当读者不再频繁地阅读某种报纸时,很可能并不是因为有了更优质的报纸,而是由于微博、朋友圈、网游、电视剧占据了他们的时间。

如何将离开的读者再争取回来?专注于创作出更优质的报道固然是一种选择,但很可能事倍功半。毕竟不少读者离开的原因并非是新闻写得不够好,而是他们太忙了,不管是碎片时间,还是整段时间,都被各种屏幕、各种内容挤满,有耐心看完长篇大论新闻的读者越来越少。而数据新闻或许是另一种选择:把新闻用读者喜闻乐见的形式呈现,将严肃的内容包在数据可视化的"糖衣"中,让更多的读者有兴趣开始阅读、开始思考,岂不妙哉。信息的呈现方式与信息本身同样重要。

2.3.2 产品化倾向

新闻自诞生以来,其职责便是传递事实与观点。读者通过阅读新闻来获取资讯,但因为资讯是日新月异的,一则新闻的生命力通常很有限。以前还能按天计算,现在可能只能按分按秒计算了,一过时效,便鲜被问津。

然而数据新闻的出现,使得这一现状被改变成为可能。与传统新闻不同,数据新闻是基于数据库的,而数据库可以包含大量数据,并可以持续更新。这意味着即便是同一选题,读者在不同时间看到的也是不同的内容,能常看常新。另一方面,这类数据新闻能提供更具体、更有针对性的资讯,给读者的决策提供帮助。

例如,美国非营利组织 ProPublica 收录了多家医药公司披露的信息,发布了一个名为 Dollars for Doctors 的作品。在这个数据库中,读者只需输入医生的姓名,便可查询到其与制药公司的金钱往来。如果不是在互联网时代,即使媒体或公益组织获取了这些数据,一方面很难传递给读者,另一方面读者也很难感兴趣。毕竟,数据库里记录了成千上万个医生的信息,如果是通过纸介质传播,很少有人能够关注。但对普通读者而言,其平时接触到的医生通常就几位,其余的信息都是多余的。而通过互联网技术,数据新闻能高效地为读者服务,提供给其最需要的信息,帮助其了解这则新闻与自己的联系。

《洛杉矶时报》的数据新闻产品 LA Mapping 能以地图的形式追踪洛杉矶各社区的教育、犯罪等情况。通过这个作品,研究者可以分析犯罪率区域差异的原因;而作为读者,尤其是洛杉矶居民,则能快速将整个洛杉矶的犯罪状况一览无余。这对他们选择在哪里租房、在哪里工作、在哪里买房有着很重要的参考意义。类似的还有污染地图、化工厂分布地图等。

更直接的是《纽约时报》The Upshot 栏目推出的关于应该租房还是买房的数据新闻,该作品可以根据读者输入的消费水平、财务状况,为其提供相应的建议。可以看出,优秀的数据新闻不再只是一个新闻作品,而更像是一个互联网产品,作品和产品的界限开始变得模糊。新闻不再只是一次性的,其生命周期被极大延长了。

2.3.3 社会化倾向

社会民生类的新闻与人民的生活息息相关,通过挖掘就业、教育、医疗、法律、交通、社会保障等社会发展的多个方面的数据,切中人民密切关注的现象、事实,进而发挥报道的社会价值。国内外媒体数据新闻栏目中社会民生的占比在逐年增加,重点关注了社会生活、社会事件、劳动就业、人口、生育等话题,以及儿童、青少年、老年人、残障人士等群体,体现出强烈的人文关怀。

"数字说"在《中国青少年越来越高,也越来越胖》中用数据揭示了中国青少年平均身高增长量全球第一,且青少年超重、肥胖的增长速度在不断提升的现状;《纽约时报》The Upshot 栏目在数据新闻作品《关于多少贫困会上升的悲观预测》(*A gloomy prediction on how much poverty could rise*)中对美国未来的贫困率进行了预测,文中预测美国的贫困率可能达到半个世纪以来的最高水平,其中,重点关注了受打击最大的非洲裔美国人和儿童群体。

中国数据新闻大赛获奖作品中以社会民生、公共服务为主题的比重最大,占比为21.65%。第六届中国数据新闻大赛一等奖获奖作品《童婚之境:被忽略的全球童婚事实》就关注了发展中国家的童婚问题,即童婚女性与其配偶的年龄差距、区域经济水平、受教育程度、城乡差异对童婚率的影响,以及相关法律最新进展问题,用数据可视化的方式呈现出关心人、爱护人的视角,关注人的生存状况、生存价值和人生命运,把人作为观察一切事物的中心的价值取向。另外,《纽约时报》和咨询公司 Morning Consult 合作展开了一次调查,对美国具有代表性的 615 名职场男性进行调查后,制作了数据新闻作品《我们向 615 名男性询问他们在工作中的举止》,关注的就是性骚扰话题。

2020 年新冠疫情暴发之后,疫情对经济发展、人民生活都产生了重大影响,《卫报》数据新闻作品 Data Blog 栏目重点关注了疫情对生活的改变,如通过对 700 名流行病学专家的采访,制作了数据新闻作品《700 名流行病学家现在如何生活,他们认为接下来会怎样》(*How 700 epidemiologists are living now, and what they think is next*); The Upshot 栏目关注疫情之下的就业和失业问题,例如《由选民绘制的澳大利亚冠状病毒工作流失情况》(*Coronavirus job losses in Australia mapped by electorate*)数据新闻作品中,用交互式数据地图显示了澳大利亚因新冠疫情,工作岗位损失最严重的地区。

2.3.4 个性化倾向

"一千个读者眼中会有一千个哈姆雷特",但他们读的是同一本《哈姆雷特》。而借助互联网的技术,个性化阅读时代来临,一千个读者能读到一千个版本的《哈姆雷特》。同样的新闻,不同的读者能根据自己的需求、兴趣进行交互,进而读到不同的版本、不同的部分,这样的技术在数据新闻领域也将会越来越常见。

新闻提供了全部的数据,但读者可以选择自己感兴趣的部分进行阅读和研究。每位读者的关注点可能不同,但都能通过这个作品找到自己想要的信息,比如不同读者可以选择阅读不同的版本,这便是个性化阅读的魅力所在。

读者进行选择,新闻给出反馈还有更直接的形式。2014 年 6 月,河北省交通运输厅透露称北京"七环路"将于 2015 年通车。"七环路"最远处距北京市中心足有 175 公里,一时成为网友调侃的热点。顺着这个思路,腾讯新闻发布了《你是北京几环人?》的数据新闻作品,因为七环距离六环约 145 公里,以此为单位,只要读者在"我的位置距离北京__公里"中填入距离值,系统就能自动给出读者"住在北京几环"的回复。比如距离北京 1670 公里的钓鱼岛,算是"北京十七环"。

这便是结合了娱乐化和个性化的数据新闻。在传统媒体时代,要想这样做,可能需要把全国大小城市都计算出来,然后读者按图索骥,找到自己所在的城市,这样既费时又费事,版面也很难看。然而通过数据新闻,能够做到呈现的页面简洁美观,而传递的信息丝毫不少,每位读者都能各取所需。

除了与读者进行交互,数据新闻个性化还有另一种方式——众包(crowd sourcing)。如果说交互是读者从媒体索取其所需的信息,那么众包则是读者提供给媒体其掌握的信息,媒体再经过整合,呈现出接近事实全貌的新闻。常规新闻也可以进行众包,但数据新闻天然地适合众包。公众提供的数据,能成为数据新闻的重要来源,亦是新闻二次传播的重要推手。

英国《卫报》Data Blog 里不少调查性报道便是采用众包的形式完成的,比如英国政府财政支出情况、伦敦骚乱调查、奥运会的开支等。

如果靠传统的方式,即仅依靠媒体本身,整理这些数据便会花费极多的时间,使得完成这一选题的成本高昂。而对于参与的读者而言,他们会感受选题的完成离不开自己的参与、贡献,如果缺少了自己,可能最后呈现的内容就是不一样的,这会使得参与者对这则新闻充满了归属感,也能体现出数据新闻的贴近性。

本章小结和测试

本章小结

本章主要介绍了制作数据新闻的第一步——确定选题。首先提出了寻找选题的总体方法论。判断一个数据新闻选题是否具有创作的可行性,即要同时满足新闻性、数据支撑这两大条件,然后掌握寻找选题的方法论,从社会热点事件、国家重大事件、社会民生舆情、互联网公开数据,以及与同伴的头脑风暴中确定合适的选题。其次,数据新闻的选题是有一定范围的,没有数据做支撑,就无法制作数据新闻。从国内外数据新闻实践来说,数据新闻的选题大致集中在时政、财经、社会、科技、环境、体育这六大领域。最后,阐释了数据新闻的选题倾向,即在未来,数据新闻的发展将会更加的娱乐化、产品化、社会化和个性化。

本章测试

1. 任何选题都适合做数据新闻吗?请结合实际进行分析。
2. 如何寻找数据新闻选题?请举例说明。
3. 请根据下则材料,做一个数据新闻选题策划,你将从哪些方面进行?请结合相关知识和实际情况完成。

据商务部监测,2020 年 12 月全国食用农产品市场价格环比上涨 5.7%,生产资料市场价格环比上涨 3.7%。

一、12 月份食用农产品市场价格环比有所回升

据商务部监测,2020 年 12 月份全国食用农产品市场价格环比上涨 5.7%。

从主要品种来看,36 个大中城市猪肉价格有所上涨,环比上涨 9.1%,同比下降 2.3%。牛羊肉价格不同程度上涨,环比分别上涨 3.2% 和 1%,同比分别上涨 4.1% 和 5.2%。

禽产品价格小幅上涨,鸡蛋、白条鸡平均批发价格环比分别上涨 2.1% 和 1%,同比分别下降 17.2% 和 10.5%。

蔬果价格季节性上涨,30 种蔬菜、6 种水果平均批发价格环比分别上涨 9.6% 和 3.9%,同比分别上涨 5.9% 和 2.8%。粮油价格略有上涨,食用油、粮食平均批发价格环比分别上涨 1.9% 和 0.2%,同比分别上涨 9.7% 和 2.4%。

二、12 月份生产资料市场价格环比小幅上涨

据商务部监测,2020 年 12 月份全国生产资料市场价格环比上涨 3.7%。

从主要品种来看,有色金属价格环比上涨 7.1%,铜、铝、锌价格环比分别上涨 8.7%、

5.8%和4.8%;同比上涨17.1%。

成品油价格环比上涨6.2%,0号柴油、92号汽油、95号汽油价格环比分别上涨6.4%、5.8%和5.5%;同比下降17.1%。

钢材价格环比上涨2.9%,普通中板、热轧带钢、焊接钢管、槽钢价格环比分别上涨4.1%、4%、3.2%和3.1%;同比上涨4.9%。

煤炭价格环比上涨2.2%,动力煤、二号无烟块煤、炼焦煤价格环比分别上涨2.7%、1.5%和0.7%;同比上涨2.7%。

化肥价格环比上涨1.1%,尿素、三元复合肥价格环比分别上涨1.1%和0.6%;同比上涨0.3%。

第 3 章 数据获取

在确定数据新闻选题之后,数据的获取是至关重要的一步。充足的数据是数据新闻的基石,它决定了数据新闻的制作能否进行下去以及是否具有实用价值,因此掌握获取数据的方法是制作数据新闻的必要环节。基于大数据语境下的信息提取,所需要了解的是如何获取数据,虽然数据信息的获取存在着多方面的困难。本章将介绍数据获取的基本原则与重要性、数据来源渠道以及三种数据抓取工具。

学习目标

- 了解数据新闻制作过程中数据获取的基本原则与重要性。
- 了解3~4种数据获取渠道。
- 对数据抓取工具有初步了解,至少会使用一种工具并深入实践练习。

3.1 数据获取概述

在如今这个时代,人们的社会生活很多由数据记录。数据即核心,首先需要了解数据挖掘的概念及应用。那么具体什么是数据挖掘?步入大数据时代,人们更加急切需要将存在于数据库和其他信息库中的数据转化为有用的信息,因而数据挖掘被认为是一门非常重要的、具有广阔应用前景和富有挑战性的研究领域。在计算机科学领域方面,数据挖掘一般是指从数据库的大量数据中,自动搜索隐藏于其中有价值的规律信息。基于内容信息的数据挖掘包括网络搜索技术与实体关联分析等研究内容。而数据新闻中的数据挖掘可以说是计算机学科数据挖掘领域的延伸。数据新闻讲究用事实说话,用数据说话,所以这些信息需保证是真实可靠的。总之,数据的获取在其生产过程中是至关重要的一步,数据新闻制作者需要在数据的获取和挖掘过程中找到新闻事件隐藏的价值,并揭示社会生活规律。

3.1.1 数据获取的基本原则

在资料的搜集过程中,数据是最为核心的要素,数据的来源决定着数据新闻的可信度。数据新闻的数据获取需遵循数据总量适中、数据来源可靠、数据范围全面、舆论导向正确等原则。

1. 数据总量适中

数据新闻需要一定量的数据作为报道的基本支撑,体现报道的严谨性与科学性。在数据的选取过程中,也要讲求总量适中。数据如果不足,那么数据新闻报道的说服力就大打折扣,很容易影响读者的信任感;数据如果过于庞大,那么就会对数据新闻制作者的数据处理能力提出更高的要求,如果不能在庞杂的数据中厘清其中的内在关联,或者无法较好地使用数据处理工具有效处理、剔除无效数据,那么报道的准确性就会降低,就会影响数据新闻的质量。数据的总量是数据获取过程中首要考量的因素,数据总量的确定对于数据后期的清理与分析都至关重要。因此在实践之中,需要依据选题进行判断,审慎考量数据规模、读者需求以及数据处理能力。

2. 数据来源可靠

数据新闻报道要赢得读者信任,首先要求其基础数据有可靠的来源。数据来源的权威性、可靠性能够有效减少数据在处理过程中可能产生的问题,还能够为新闻叙事提供较为全面的支撑。近些年,民众的隐私保护意识逐渐增强,数据来源的合法性如果不够,非常容易引起纠纷。政府、国际组织与第三方机构的公开数据在数据获取过程中相对方便,而且对于此种公开数据的运用,也能够大大增强数据新闻报道的可信度与数据的合法性。若不同来源的数据之间存在一定的矛盾与冲突,则一般选择权威机构的数据作为报道的支撑。

3. 数据范围全面

数据新闻的分析有赖于较为全面的数据。对于一个确定的选题,应从多方渠道、用多种方式获取相关数据,并根据选题确定数据新闻报道之中数据的范围与边界。相对理想的情况是,从不同渠道、以多种方式获取的数据能够相互印证、相互补充,提升数据的丰富度与层次感。较为全面的数据是挖掘数据新闻背后故事的必要准备,也是其后期可视化呈现的必要基础。

网易数读的数据新闻作品《一年吃掉1909亿个!国人有多爱它》,为了展现中国人对于苹果的喜爱程度,援引了多方数据。如利用国家统计局与中国海关的数据反映近年来中国人对苹果的消费量,利用网易指数、网易数读及浪潮工作室的联合调研数据,考察了不同性别对苹果的喜爱度、对口味的偏好等,还利用商务部对外贸易司《中国苹果出口指南》总结出中国主要苹果品种的分布。在该报道之中,数据范围相对全面,从不同维度展现出中国人对于苹果的喜爱。

4. 舆论导向正确

坚持团结稳定鼓劲、正面宣传为主,是党的新闻舆论工作必须遵循的基本方针,新闻舆论的各个方面、各个环节都要坚持正确舆论导向。获取数据是数据新闻制作的重要环节,因此在这一环节也需要讲舆论导向。这一环节的数据新闻工作者需要不断增强政治敏锐性和鉴别力,做到头脑清醒、立场坚定、旗帜鲜明。对于热点事件的数据新闻创作,要反映主流价值观、反映时代最强音。

3.1.2 数据获取的重要性

大数据时代,人们开始关注数据新闻,在数据新闻的制作过程中,数据获取之所以重要,有以下三点原因。

首先,大数据具有吸引性。现如今部分文字新闻枯燥乏味,大多使读者厌倦。报业也在走向滑坡,找寻自己的突围之路,即使加入数据内容,但数据量较少。在数据时代,以文字报道形式的新闻已经渐渐丧失了话语权。相比较文字,人们更关注数据,相信数据可带来真实感与震撼感。

其次,大数据具有客观性。传统的采访报道形式往往是集各家之言,呈现于受众面前,供受众自行判断,主观性较强。如今在大数据时代,以大量客观真实的数据方式呈现,新闻会更具客观性。

再次,数据挖掘具备精准性。例如,采用数据挖掘工具或技术,将用户浏览过的内容来对浏览者进行标签分类，我们几乎可以很准确地获取用户的特征、兴趣与偏好。相比于传统新闻报道，大数据新闻更加善于抓住每个个体。比如今日头条，它能更多地为每个个体进行新闻的"私人定制"，实现点对点的传播，而不再是传统的点对面的新闻传播。

在信息海量的时代，互联网中数据库中的数据信息量大幅度增加，数据多到让人们目不暇接。现如今数据新闻在国内媒体蒸蒸日上，但一些数据新闻作品只是将杂乱无章的数据呈现，并未对数据进行深层次的挖掘，找出规律及价值，甚至有些数据来源未标明，使受众对数据的真实性产生怀疑。

3.2 数据获取方式

数据新闻以数据为主要支撑，其独特性对数据本身提出了更高的要求，因而产生了较为常态化的数据获取方法，例如较常使用的搜索引擎、公开数据库、调查报告等。然而，当已有的资源无法满足数据新闻制作者更多样化和细致化的需求之时，也产生了利用大数据平台抓取网络数据这样用更多工具获取所需数据的路径。本小节将介绍五种数据来源，包括政府等官方部门公开数据、非政府机构数据、采访与问卷调查数据、众包数据、爬虫数据。

3.2.1 政府等官方部门公开数据

政府是最大的公共数据资源拥有主体，也有义务和责任公开数据资源供社会各界参考、监督和使用。因有较为可靠的数据源，此类数据往往较为权威与规范，在使用相关数据时可以在政府官方网站直接下载或提交申请从而获得所需数据。西方媒体从官方渠道获取数据进行数据新闻制作已逐渐趋于常态化，中国政府与相关机构数据公开的意识逐渐增强。新冠疫情期间，大量数据新闻作品的数据都依赖于世界卫生组织、国家卫健委等官方部门发布和更新的数据。就我国而言，《中华人民共和国政府信息公开条例》规定了我国数据新闻工作者对我国相关政府部门公开数据的申请基础。

3.2.2 非政府机构数据

非政府机构的信息和数据在日常生活中屡见不鲜。非政府机构包括在线论坛、网站、报纸、杂志、时事通讯、书籍、索引、各类数据库，也包括专业团体、监管机构、学术研究机构、商业机构等第三方数据机构。非政府机构数据存在的价值是其全面性、公正性，并能对相关报道起到补充作用。数据公信力是非官方数据的生命力。

1. 综合性数据库

DataHub 是一个基于 CKAN 数据管理系统的免费且强大的数据管理平台，包含由国家、地方政府、研究机构和其他组织收集的大量数据。DataHub 凭借其强大的搜索和分类功能，用户可以浏览和找到所需数据，并可以使用地图、表格、图表等功能。商业机构数据也逐渐成为数据新闻报道的重要数据来源，例如新冠疫情期间的百度人口迁徙数据对于分析和可视化人口流动路径作出了贡献。

2. 新闻数据库

在统计新闻报道时，由非政府机构建立的新闻数据库也可以作为数据来源。MediaCloud 由哈佛大学 Berkman Klein 互联网与社会研究中心在 2007 年创办，是一个基于爬取超链接结构的完全免费、开源和开放的数据平台,用于存储、检索、可视化和分析在线新闻。Nexis Uni 作为全球最大的新闻数据库之一,拥有 LexisNexis 的 15000 多个新闻、商业和法律资源,新闻来源包括当地、区域、国家和国际报纸,以及期刊、电视和广播、新闻通讯社和博客。Microsoft 资讯数据集(Microsoft News Dataset,MIND)是用于资讯推荐研究的大规模数据集。MIND 包含大约 16 万篇英文新闻文章和由 100 万个用户生成的超过 1500 万条映像日志。每篇新闻文章都包含丰富的文字内容,包括标题、摘要、正文、类别和实体。这些新闻数据库整合现有的新闻报道,可以为数据新闻工作者提供多样的新闻数据。

3. 地理数据库

地理位置信息是地图可视化的重要依据,获取地理位置信息数据是进行地理可视化的必要环节。GeoNames 是一个免费的全球地理数据库,其目标是把各种来源的免费数据进行集成并制作成一个数据库或一系列的 Web 服务。GeoNames 地名辞典包含了将近 200 种语言的 1100 万个地名和 200 万种别名。地理信息还详细到坐标、行政区划、邮政编码、人口、海拔和时区。GeoNames 的数据收集自美国国家测绘机构、国家统计署、国家邮政局,还有美国陆军等。

3.2.3 采访与问卷调查数据

以数据说话的数据新闻量化呈现方式,使得新闻清晰简洁、内容充实、说服性强,但这毕竟是以一种数理化方式来对新闻内容和结果进行呈现。传统新闻的精髓在于新、深、广,除了时效性,还要强调"深"和"广",以及无法量化的情感性、思维性问题,这就离不开传统的质性分析法。数据新闻通过质性分析法力透事物本质以及其内外在相关联系,使数据新闻的数据不仅能够直观展现,还能透过数据看到深层次的内容,这样的数据新闻才能称作是有品质的适应社会发展的数据新闻。

1. 采访

采访是现代新闻实务的重要组成部分,对新闻工作者来说,采访更是其不能忽视的新闻实务环节。现代新闻采访的完成,不仅需要新闻工作者拥有扎实的新闻理论,还要具有丰富的新闻采访技巧。在新闻采访过程中,新闻记者只有巧妙地运用好新闻采访技巧,才能实现新闻记者与采访对象之间的对话与沟通,才能高质量地完成任务。

然而在数据信息充斥网络的当下,几乎所有的记者、编辑每天首要的任务就是浏览全国性各大门户网站、地区地域性专项网站或其他媒体的内容,甚至从中选取新闻线索,再对其进行采访调查,难以避免地造成采访人力、物力资源的浪费。新闻信息的重复性,甚至是直接转载或抄袭,导致信息泛滥时代的原创性内容匮乏。而在传统新闻的信息线索收集方面,新闻工作者多会通过自己所负责领域内的关系网、新闻发布会、群众提供的线索,以及突发或具有重大意义的社会事件和社会现象来有针对性地进行采访调查。由于新闻工作者人际关系的复杂性、群众提供线索的针对性,以及新闻工作者对自我联系网的保护,传统的采访方式往往使稿件具有独特性和原创性。在数据充斥社会的当下,数据新闻中除将数据进行处理分析呈现外,加入个案和调查性内容,将宏观与微观视角结合,会让整个新闻作品更有深度。

2.问卷调查

问卷调查是一种有针对群体的意见调查方法,能够收集被访问者的意见、感受、反应及对某事物的认知等。在传统新闻中,问卷调查是一种可以调查受众观点、看法,收集反馈信息等获取一手资料和信息的重要途径。在数据新闻领域,问卷调查可以让数据新闻创作者依据自己想研究的问题自主设计量表和问题,有利于获取更有针对性的数据。问卷调查一般包括设计问卷、确定样本、收集调查数据、处理和分析数据这几个步骤。对其结果的统计分析,往往能够真实有效地表达新闻工作者的意图。随着互联网和信息技术的发展,问卷调查不再受地域限制,越来越多的问卷数据在线上完成和回收,这种收集第一手原始数据信息的方式仍有广泛保留和应用的价值。毕竟数据新闻以数据为其利器,数据的真实性、可靠性、全面性都需要原始数据的支撑。

3.2.4 众包数据

"众包"是《连线》杂志主编杰夫·豪(Jeff Hawe)于2006年发表的《众包的崛起》一文中提出的概念,最初它描述的是一种新的商业模式,即企业利用互联网将工作分配出去,以发现创意或解决问题。如今众包技术与思路已经融入各种应用场景,特别是时空场景,例如实时交通监控、动态物流监测等。在新闻传播领域,众包可以被理解为利用群众的力量和行动搜集和处理数据,多参与者共同完成一个新闻计划。换句话说,众包就是社会生产。数据新闻众包数据的生产与采集模式是每个人都提供自己的数据点,最终形成一个数据集供他人使用。依靠众包的方式,可以聚集某一特定群体的力量,从这个意义上讲,这对新闻从业者创作特定主题的数据新闻具有很重要的意义。

3.2.5 爬虫数据

爬虫数据即使用网络爬虫技术获取的数据。爬虫是一种形象的比喻,网络爬虫是一个自动提取网页的程序,可以免去人工拷贝粘贴的烦琐,实现快速高效获取互联网海量数据。获取数据是制作数据新闻的重要基础,也是数据挖掘与应用的原料。数据爬取有两个常用的实现路径,一是使用网络爬虫技术,二是使用API。

网络爬虫(Web Crawler),又称为网络蜘蛛(Web Spider)或Web信息采集器,是一个自动下载网页的计算机程序或自动化脚本,是搜索引擎的重要组成部分。网络爬虫通常从一个称为种子集的URL集合开始运行,它首先将这些URL全部放入一个有序的待爬行队列里,按照一定的顺序从中取出URL并下载所指向的页面,分析页面内容,提取新的URL并存入待爬行URL队列中。如此重复上面的过程,直到URL队列为空或满足某个爬行终止条件,从而遍历Web。该过程称为网络爬行(Web Crawling)。网络爬虫框架如图3-1所示。

要想对互联网数据进行爬取,首先要懂得互联网的知识,也就是网页的知识,需要具备一定的HTML(hyper text markup language)基础。HTML是用于描述网页文档的一种标记语言。一个HTML文件的后缀名是htm或html,用文本编辑器就可以编写HTML文件。我们需要了解两个关键概念,即HTML元素与HTML DOM。HTML元素是由单个或一对标签定义的包含范围。网页文档的结构和格式的定义是由HTML元素来完成的。HTML DOM即HTML文档对象模型(HTML document object model),它定义了访问和处理HTML文档的标准方法。了解网页的结构之后,可以通过分析文档结构来定位、选择内容。抓取这些节点就是抓取需要的数据或内容。网页结构如图3-2所示。

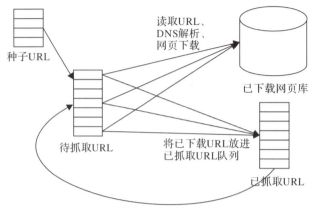

图 3-1 网络爬虫框架

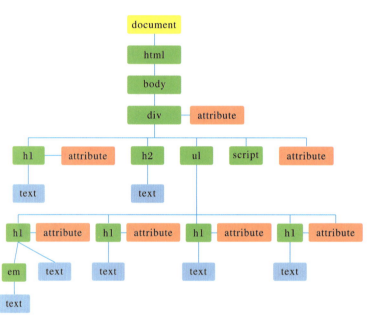

图 3-2 网页结构

另一种方法是使用软件或平台提供的 API(application programming interface)实现数据的抓取。API 即应用程序接口,是一些预先定义的接口(如函数、HTTP 接口),或指软件系统不同组成部分衔接的约定,用来提供应用程序与开发人员基于某软件或硬件得以访问的一组例程,而又无须访问源码,或理解内部工作机制的细节。各 API 返回的数据格式为 JSON 格式,不同的 API 返回的数据项在开发者文档中有详细说明,可以通过修改请求的 URL 和查询参数,获得指定数据。

3.3 数据获取工具

由于数据新闻对数据要求较高,常态化的数据搜索方法,如使用搜索引擎、下载机构和组织公开数据等有时难以获取有效的数据,因此需要使用数据获取工具。一些数据获取工具需要依赖编程语言,Python、JavaScript 等语言下都有相应的工具软件。如在 Python 语言下,使用解释器、Selenium 测试工具、urllib 库等工具可以大大减少编程时间,提高效率。此外,一些便捷的数据获取工具可以实现基本的抓取工作,表 3-1 为常见数据获取工具及相关介绍。

表 3-1 常见数据获取工具

工具名称	介绍
Python	一种解释型计算机编程语言,容易上手和维护,可提供适用于各个主要系统平台的源码
集搜客	可抓取网站文本信息、图片、图表,也可抓取移动端网站信息,可进行多模板采集存储,除爬虫外还具备数据分析功能
火车采集器	可对网页数据进行抓取、处理、分析,支持文本、图片等文件的抓取、清洗、过滤、存储
八爪鱼采集器	专业数据采集工具,可整合网页数据采集、移动互联网数据和 API 接口服务,提供多种采集模板和数据采集方法
后羿采集器	面向无编程基础的数据分析人员,可对网页数据进行自动化采集和清洗,分为智能采集和按照规则采集两种模式
小帮软件机器人	主要完成批量重复的数据采集和录入工作,包括数据监控、下载、上传、批量采集录入等

3.3.1 Python

Python 是一种面向对象的、解释型的交互式计算机程序设计语言,由荷兰数学和计算机科学研究学会的吉多·范·罗苏姆(Guido van Rossum)于 1989 年发明,第一个公开发行版发行于 1991 年。Python 能够支持从简单的文字处理,到浏览器,再到游戏等广泛的应用程序开发。Python 官网界面如图 3-3 所示。

本书以 Python 3.9.1 为例进行讲解。根据不同系统,选择 Windows 系统、Mac OS X 系统、Linux 系统等进行下载。这里以 Windows 系统为例。根据系统是 32 位还是 64 位,需要相应地安装 XP86 版(32 位)或 XP86_64 版(64 位)。在下载目录中,你将会得到一个名为 python-3.9.1-webinstall.exe 的文件。下载好安装包后双击打开,进入选择安装用户界面。可以选择默认安装,也可以自定义安装。自定义安装选项界面中,可以更改 Python 安装路径。如果之前安装过 Python,可能需要先将其删除(可以手工删除,也可以使用控制面板中的"添加或删除程序"功能)。

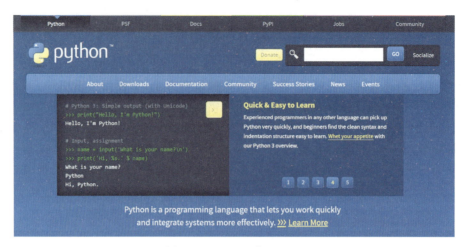

图 3-3 Python 官网界面

Python 作为一种计算机程序设计语言,需要一种集成开发环境(integrated development environment,IDE)以更高效地编写、运行、调试代码。PyCharm 具备语法高亮、智能提示、项目管理等多项功能,并对新手较为友好,因此本书将介绍 PyCharm 的安装和基本功能。在官网找到 PyCharm 2022.1.2 版本(见图 3-4),选择相对应的电脑系统进行安装,下载时有 Professional(专业版,收费)和 Community(社区版,免费)两个版本可供选择。个人用户选择社区版即可满足日常代码编写需求,本书以 PyCharm 2020.3.5 版本为例进行讲解。

图 3-4 PyCharm 官网界面

下载完成后可自定义安装路径并根据提示完成软件配置,PyCharm 提供个性化主题定制,用户可根据个人喜好进行界面调整。打开软件后界面如图 3-5 所示,最上方为主菜单栏,左侧是项目列表,右侧为代码编写区域,下方是运行后结果显示区。

在对界面有大致了解后,就可以创建简单的 Python 项目了。打开软件,在上方菜单栏点击 File,点击 New Project,弹出 Create Project 窗口。注意这里的项目不是单独的 Python 文件,所有 Python 代码都由文件保存,所有文件又保存为项目,一般项目不止由一个文件组成。新建项目功能如图 3-6 所示。

图 3-5　PyCharm 主界面

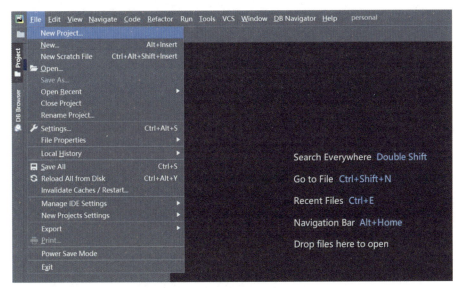

图 3-6　新建项目功能

在 Create Project 窗口 Location 处需要自定义存储路径,本书以 PythonTest 命名并存储于 D 盘。接下来要配置编译器(interpreter),我们一般选择 Previously configured interpreter,找到编译器路径,即之前安装的 python.exe 的位置,下方 Create a main.py welcome project 可选,亦可不选,最后点击 Create 完成项目创建。创建项目和配置编译器如图 3-7 所示。

完成项目创建后还需创建 Python 文件,在左菜单栏会发现新增了刚创建好的 PythonTest 项目,右击该项目弹出菜单,点击 New 出现次级菜单,再点击 Python File(第五个),自定义命名后即可完成 Python 文件创建。也可以使用快捷键方法,鼠标单击项目后,敲击键盘 Alt+Insert 即可出现次级菜单栏,更为快捷地创建文件。创建 Python 文件如图 3-8 所示。

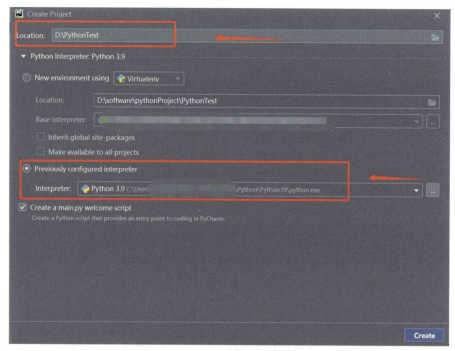

图 3-7 创建项目和配置编译器

图 3-8 创建 Python 文件

在完成文件创建后,就可以进行代码编写了,我们以打印输出"你好 Python!"为例。使用 print 函数,即 print("你好 Python!")。完全不需要了解太多编程知识,就能够猜出它的作用。PyCharm 具备智能提示功能,当打出"p"就会出现相关函数,因此十分方便。print()函数用于显示文本(就是在那对圆括号中用引号括起来的那些内容)。如果圆括号中没有任何内容的话,就会输出一个空行。注意,Python 是大小写敏感的。一般来说,函数名是小写的。因此,print("你好 Python!")是对的,而 Print("你好 Python!")和 PRINT("你好 Python!")则是不对的。

代码输入完成后,右击鼠标,选择绿色三角图标选项,或快捷键 Ctrl+Shift+F10,代码开始运行,运行结果会在 PyCharm 界面下方自动弹出。输入代码并运行如图 3-9 所示。

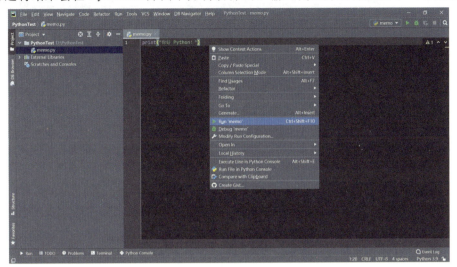

图 3-9 输入代码并运行

函数(function)就像是一个能够执行某种特殊任务的迷你程序。print()函数的任务就是显示一个值(或一组值)。在这个例子中,"你好 Python!"叫作 print()函数的值[也叫作参数(argument)],它们要放在圆括号里面。在这第一个程序中,向 print()函数传递了参数"你好 Python!"(这个函数就是用它来显示"你好 Python!"的)。代码运行结果示例如图 3-10 所示。

图 3-10 代码运行结果示例

计算机是由逐个字符获取信息的,如果拼错了函数名(哪怕只是一个字母),计算机就不会明白用户的意图,就会生成错误。例如 print 错写为 primt,解释器就会报错,消息解释器不认识 pirmt。

尤其需要注意的是,Python 的代码要在英文状态下编辑,因此程序中的符号(逗号、冒号、括号、引号等)要在英文状态下输入,不然就是另一种编程错误。

基本代码编写需要掌握一定的编程语言知识,下面将介绍一些基本的操作符。

(1)算术操作符(+、-、*、/、%、**、//)。通过使用"+",我们可以打印更复杂的内容。"+"可把数字加起来。但如果是字符串,"+"使得一个字符串依次被打印。

print(123)、print(123+456)、print("123")、print("123"+"456")代码运行结果如图 3-11所示。

图 3-11 代码运行结果

Python 里有的地方空格很重要，有的地方空格则无所谓。在该程序里"+"左右的空格无关紧要，可以被删掉。但如果把空格放在引号里（即字符串里），这个空格将会被打印出来。

a+=1，即 a=a+1；b-=2，即 b=b-2；同理，c*=10，即 c=c*10；d/=5，即 d=d/5。以上运算符对于我们来说不难掌握。但请再看下一条计算，即 17%3。"%"这个数学运算符对于我们来说可能有点陌生，这里的百分号是求模运算符，它用于求取整数除法表达式的余数。因此，17%3 将会得到 2，即 17 除以 3 的余数。"**"是幂运算操作符。例如，2**3，即 2 的 3 次幂，结果是 8。

下一条计算是 17//3。这里的两个正斜杠"//"表示的是整数除法，即除法的结果永远是整数（任何小数部分都会被忽略），它不同于真除法（true division，即使用"/"运算符的除法）。所以，17//3 的结果是 5。

算术运算符示例如表 3-2 所示。

表 3-2 算术运算符示例

运算符	说明	范例	求值结果
+	加法	17+3	20
-	减法	17-3	14
*	乘法	17*3	51
/	除法（真）	17/3	5.666666666666667
%	求模	17%3	2
**	幂运算	17**3	4913
//	除法（整数）	17//3	5

（2）比较运算符（<、<=、>、>=、==、!=）。条件通常是通过对值进行比较的方式而构建出来的。使用比较运算符即可对值进行比较。这里需着重说明的是，"等于"的比较运算符，写作"=="，即连续的两个等号。在条件表达式中只用一个等号表示的是赋值运算符。因此，a=8 是一条赋值语句，它进行的是赋值操作。而 a==8 则是一个条件，它最终会得到 True 或 False。

利用比较运算符，可以在整数之间、浮点数之间、整数与浮点数之间进行比较，甚至还可以对字符串进行比较，而比较结果是基于字母顺序的。除"等于"之外，还有一些其他的比较运算符，如表 3-3 所示。

表 3-3 比较运算符示例

运算符	说明	范例	运算结果
<	小于	7<14	True
<=	小于等于	7<=7	True
>	大于	7>14	False
>=	大于等于	7>=14	False
==	等于	7==7	True
!=	不等于	7!=14	True

(3) 逻辑运算符(not、and、or)。在 Python 中,把 not 放到某个条件之前就会得到一个新的条件,其计算结果与原条件相反。也就是说,当 teacher 为 True 时,not teacher 就为 False。需注意的是,数字 0 在 Python 中解释为 False,非 0 的整数值解释为 True。

与英语一样,and 表示"而且"。例如:"7<14 and 13>5",and 两边的简单条件都为 True 的时候,这个复合条件才为 True;否则就为 False。

or 的意思是"或",所以只要有一个条件为 True,复合条件就为 True,例如:"7<14 or 7<5",or 两边的简单条件一真一假,所以这个复合条件为 True。对于由 or 建构的复合条件,两假才为假。

(4) 类型转换。"+"可加数字,也可以把字符串连接起来。但如果把一个数字和一个字符串加起来,就会出错。要解决这个问题可以使用 int()把一个字符串改为数字,或者使用 str()把数字改为字符串。int 的意思是整数(包括正数和负数)。表 3-4 列出了几个能将值转换成指定类型的函数。

表 3-4 部分类型转换函数

函数	说明	范例	返回值
float(x)	返回通过 x 转换出来的浮点数	float("10.0")	10.0
int(x)	返回通过 x 转换出来的整数	int("10")	10
str(x)	返回通过 x 转换出来的字符串	str(10)	'10'

(5) input()函数。input()函数用于从用户那里获取一些文本。当用户按下运行键之后,它就会以字符串的形式反馈用户输入的全部内容。

编写下面这个程序:

name=input("What is your name?")
age=input("How old are you?")
print("Hello"+name+",you are"+age+"years old.")
nextAge=str(int(age)+1)
print("Next year you will be"+nextAge+"years old.")

input()函数的应用输出结果如图 3-12 所示。

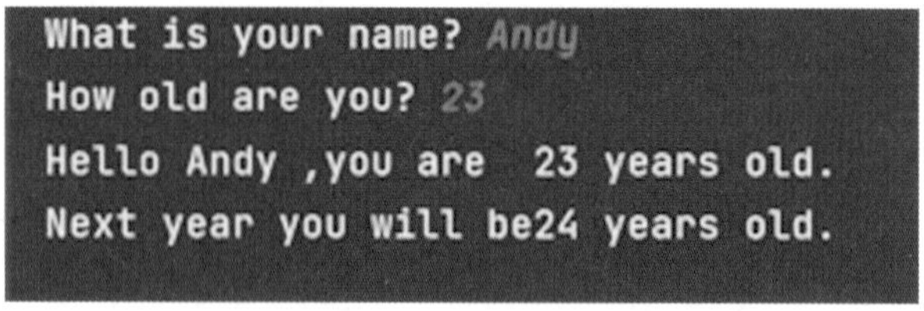

```
What is your name? Andy
How old are you? 23
Hello Andy ,you are  23 years old.
Next year you will be24 years old.
```

图 3-12　input()函数的应用输出结果

(6)if 语句。由 if 语句可知 Python 选择哪件事：当条件为真时做一件事，当条件为假时做另一件事情。if 语句条件为 True 时执行 if 条件，条件为 False 时执行 else 条件。

age=int(input("How old are you?"))
if age<90：
　　print("Wow,you are just a baby.")
else：
　　print("You are very,very old!")
print("This program is finished.")

(7)for 循环。根据一个序列反复执行，简而言之，就是重复做某事，使用 for 循环。

for i in range(1,10)：
　　print(i)
for i in range(10,20)：
　　print(i)

这个程序只输出 0~9 十个数字，不包含 10。如果要找到从 1 到 10 的数字总和，则需在 range 结尾用 11。

total=0
for i in range(1,11)：
　　total=total+i
print(total)

(8)Python 可以存储列表。创设列表，使用其中单个元素，添加元素，找到列表长度，并做其他运算(注：♯后的内容一般表示注释，此后的所有内容都会被电脑忽略。注释会告诉其他读程序的人和程序员本人程序的运行情况)。

♯创建一个普通列表，输出整个列表，找到列表长度
member=["星期一","星期二","星期三","星期四"]
print(member)
print(len(member))
♯创建一个混合列表，输出第一、第二个元素，输出最后一个元素
mix=[1,"星期一",3.14,[1,2,3]]
print(mix[0])
print(mix[1])
print(mix[-1])
♯创建一个空列表

```
empty=[]
#向列表添加一个元素
member.append("星期五")
#append()函数一次只能向列表里添加一个参数
print(member)
print(len(member))
#向列表添加多个元素
member.extend(["星期六","星期日"])
#extend()函数是用一个列表扩展另一个列表,参数要是一个列表
print(member)
print(len(member))
```
注释:append()和extend()函数向列表添加元素都是自动追加到列表的末尾。
```
#把一个参数添加到列表中第三个位置
mix.insert(2,"太阳")
print(mix)
```
注释:insert有两个参数,第一个参数代表在列表中的位置,第二个参数表示要添加的元素。特别注意,顺序索引是从0开始的。
```
#从列表中删除元素
member.remove("星期一")     #remove()函数必须知道参数的具体名字
print(member)
del member[1]      #del语句不是函数不用括号,没有".",须知道参数位置
print(member)
#将整个列表中元素的顺序颠倒后再输出
member.reverse()      #reverse()函数默认没有参数
print(member)
```
(9)for循环与列表结合。把for循环与列表结合起来,对列表中的每个元素进行处理。
```
member=['星期一','星期二','星期三','星期四','星期五']
for i in range(0,len(member)):
print('Member number'+str(i)+'is named'+member[i])
```
这个方法从0算起,一直到member列表的总长减去1。0是第一个元素的标识,总长减去1是最后一个元素的标识。i是变量名。如果不需要有变量名,对清单中每个元素做一次处理的更简单办法如下:
```
member=['星期一','星期二','星期三','星期四','星期五']
for c in member:
    print(c)
```
(10)小数计算。到现在为止我们着重学习了整数和字符串,但Python也可以对小数进行计算。前面提到过,小数叫作float(浮点数值)。下面的程序计算利率为12.5%时一年的本息和:
```
cash=1000
rate=12.5
```

```
factor=1+rate/100
nextYearCash=cash * factor
print(nextYearCash)
```

把以上所有内容综合起来,可以写出以下计算简单复利的程序:

```
cash=float(input('How much money do you have?'))
rate=float(input('What is the interest rate in percent?'))
years=int(input('How many years will you wait?'))
totalCash=cash
for i in range(1,years+1):
    totalCash=totalCash * (1+rate/100)
print('After'+str(years)+'years you will have'+str(totalCash))
```

以上介绍的仅仅是 Python 语言最基本的操作符和函数,有兴趣深入学习 Python 的读者可以参考埃里克·马瑟斯(Eric Matthes)编写的书《Python 编程:从入门到实践》,或在中国大学 MOOC 网站学习 Python 语言程序设计相关课程。对于 PyCharm 的进阶操作也可以在 B 站查找相关教程。这里提供给大家较适宜的学习资料,如表 3-5 所示。

表 3-5 Python 学习资料列表

名称	类型	介绍
Python 语言程序设计	视频课程	中国大学 MOOC 国家精品课程,由北京理工大学嵩天老师讲解,适合于入门者,讲解生动有趣
用 Python 玩转数据	视频课程	中国大学 MOOC 国家精品课程,由南京大学张莉老师讲解,面向非计算机专业的软件开发爱好者,包括基本语法、数据获取、数据处理和可视化数据等
Python 网络爬虫与信息提取	视频课程	中国大学 MOOC 国家精品课程,由北京理工大学嵩天老师讲解,该课程面向有一定编程基础的开发者,讲解利用 Python 语言爬取网络数据,并提取关键信息的技术和方法
Python 编程:从入门到实践	书籍	作者埃里克·马瑟斯,该书是针对 Python 新手而作的入门书,浅显易懂,思路清晰,特别是详细地讲解了各个平台的环境配置
流畅的 Python	书籍	作者卢西亚诺·拉马略,本书主要介绍 Python 进阶版知识,例如数据结构等,适合中高级 Python 软件开发人员阅读参考
GitHub	网站	该网站是一个基于 git 的代码托管平台,也是世界上最大的程序员交流社区,可以在该平台下载公开代码并运行
菜鸟教程	网站	内容包括 HTML、CSS、JavaScript、PHP、Python 等各种基础编程教程,结合实例进一步强化实操

3.3.2 集搜客

集搜客网络爬虫是由服务器和客户端两部分组成。服务器用来存储规则和线索(待抓网址),MS谋数台用来制作网页抓取规则,DS打数机用来采集网页数据。集搜客网站首页和爬虫组成如图3-13和图3-14所示。

图 3-13 集搜客网站首页

图 3-14 集搜客网站爬虫组成

使用集搜客爬取数据的步骤如下。

(1)制作规则。用MS谋数台制作好规则后,规则会保存在集搜客的服务器中,同时会把样本网址作为一条线索(待抓网址)也保存在服务器中。

注:规则虽然保存在服务器中,但是随时都可以查看修改。集搜客网页界面如图3-15所示。

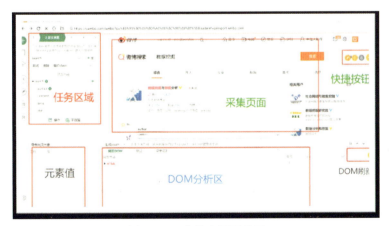

图 3-15 集搜客网页界面

(2)保存规则、线索。用DS打数机采集数据,就是用做好的规则采集待抓网址的网页数据的过程,如图3-16、图3-17所示。

图3-16　定义采集步骤(1)

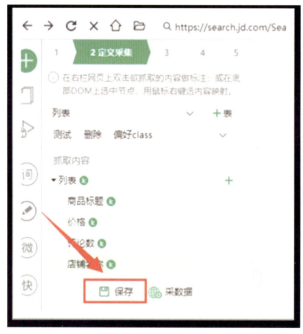

图3-17　定义采集步骤(2)

(3)采集数据。如果采集成功,就会在本地文件夹DataScraperWorks中生成结果文件,如图3-18、图3-19所示。

图 3-18 采集数据选项

图 3-19 启动采集

(4)结果文件。如果是层级规则,除了生成结果文件,抓到的网址作为下一级规则的待抓网址,会被储存在服务器中,采集数据时就会按顺序执行。规则的待抓网址也可以人工添加。结果文件界面如图 3-20 所示。

图 3-20 结果文件界面

在集搜客里要建一个"箱子",相当于工作台。在工作台定义了抓取规则之后,根据不同目的划分为多个页签窗口。将网页在 MS 谋数台中打开后,直接在网页上将想要抓取的内容进行标注,就可以将数据采集下来。另外,也可以采用数据高精准的方式,在 DOM 窗口用 @class 和 @id 进行定位标志映射。

3.3.3 八爪鱼采集器

八爪鱼采集器是一款能够在较短时间内从网页或网站上采集数据的软件,可以借助云平台实现定时、离线的大量数据的采集,并可以以预设的格式规范化输出。它具有操作简便、可进行图文转换、采集方式灵活、可进行定时采集和云采集、应用领域广泛等优势。

目前八爪鱼采集器已应用于电商、外贸、互联网金融、房地产、汽车、政府电子政务、招聘、社交网络等领域。它主要应用于以下方面:发现和收集潜在客户信息;监控各大社交网站、博客,自动抓取企业产品的相关评论;对金融数据,如季报、年报、财务报告的自动采集;采集行业网站的产品目录及产品信息;监控竞争对手最新信息,包括商品价格、库存,以及收集职场招聘信息等。本小节将以八爪鱼采集器 8.5.1 版本为例进行讲解。

1. 下载与安装

在八爪鱼官网中下载 Windows 客户端或 Mac 版客户端安装包,自定义安装路径后,按照操作提示进行软件安装。八爪鱼软件安装界面如图 3-21 所示。

图 3-21　八爪鱼软件安装界面

2. 界面介绍

八爪鱼采集器主界面主要分为四大部分。导航菜单区(左栏)有任务、定制、工具和设置等,右栏三个区域分别为搜索区(输入采集的目标网址、网站名称)、采集模板区(包括天猫、京东、百度、豆瓣等各大网站门户数据采集模板)和教程区,具体如图 3-22 所示。

图 3-22　八爪鱼采集器界面版块

在导航菜单区,"新建"标签下有自定义任务、模板任务、导入任务和新建任务组四个选项;"任务"包含已经完成的任务和正在进行的任务;"协作"可供平台管理员组建团队,统一管理自己和所有团队成员,促进团队协作,提升采集效率;"定制"提供专家指导和个性化服务;点击"客服"按钮后,可与专属客服对接沟通;"工具"目前有正则表达式工具和定时入库工具可用;点击"教程"按钮会弹出新网页,网页包括图文教程、视频教程和常见问题;此外左侧工具栏还有"云监控""关于"和"设置"功能。

3. 模板任务案例

点击"新建"中的"模板任务"选项,出现以下采集模板界面,如我们选择"豆瓣"中的"豆瓣图书爬虫"模板,拟采集豆瓣的图书,获取某图书的详细信息,如目录、ISBN、豆瓣评分等。新建任务并选择采集模板如图 3-23 所示。

图 3-23 新建任务并选择采集模板

点击"立即使用"后,进入参数配置界面。输入任务名称,选择任务组,复制想要抓取的图书网址。本书以《理解媒介:论人的延伸》《消失的地域:电子媒介对社会行为的影响》和《传播的偏向》三本书的对应网址为例进行抓取。点击"保存并启动"按钮,选择本地采集或云采集任意一种采集方式均可。采集参数配置如图 3-24 所示。

图 3-24 采集参数配置

等待采集完成后,数据列表将会出现抓取的相关数据,例如采集时间、图片地址、作品链接、作品名称、作品ID、出版社等属性信息。点击右侧"导出数据"按钮,自定义存储路径即可完成数据导出。至此豆瓣图书爬虫模板采集就完成了,具体如图3-25所示。

图3-25 采集完成与数据列表显示

除模板采集之外,"采集规则"功能是八爪鱼采集器的核心,是整个采集工作运行的必需条件,也是用好采集器的关键所在。在这一栏中,有"规则市场",用户可以用八爪鱼积分从规则市场中换取现成的采集工作流程设置。所换得的采集规则在"我的下载"中呈现。此外,用户不仅可以换取规则,也可以在工作流程中设计环节,对现成的规则根据自己所需进行更改编辑,还可以直接按需编写规则,分享到规则市场中用以换取积分或供大家无偿使用。所分享的规则在"我的分享"中显示。

本章小结和测试

 本章小结

我们生活于数据的海洋中,同时我们的生活也成为海量数据的一部分。在这个时代,数据成为核心的竞争力,并以数据为核心产生了这个时代的新型产物——数据新闻。本章主要介绍了数据新闻制作过程中的数据获取环节,包括数据获取的基本原则与重要性、数据来源渠道(包括政府等官方部门公开数据、非政府机构数据、采访与问卷调查数据、众包数据、爬虫数据等),以及三种数据抓取工具(包括Python、集搜客、八爪鱼采集器),让初学者在理论结合实操案例的讲解中逐步掌握数据获取的核心和过程。

 本章测试

1. 以下哪一个选项不是数据获取的基本原则?
A. 数据总量适中　　　　　B. 仅使用权威数据
C. 数据来源可靠　　　　　D. 数据范围全面
2. 以下哪个软件可进行数据爬取?
A. Excel　　　B. 集搜客　　　C. Echarts　　　D. Tableau

第 4 章 数据清洗

数据新闻制作成功的基础和前提是具备准确完整的数据。只有真实有效的数据才能运用于数据分析和可视化,得出具有参考价值的结论。然而通过搜索引擎查找、编写代码、爬取等途径获取的数据往往含有我们不需要的数据,也存在着数据遭篡改、数据不完整、数据不一致、数据重复、数据错误和数据异常等问题。另外,对不符合马克思主义新闻观的数据也要进行清洗。对我们不需要的数据进行清洗的效果如何,将影响数据分析与可视化的准确性和数据新闻作品的科学性。因此,如何发现和清洗掉"脏数据"就成为数据新闻制作中必须要面对的问题。

本章将从数据清洗的基本原则方法、数据清洗的流程和数据清洗的工具三个方面,结合优秀案例介绍数据新闻的数据清洗过程,从而促使读者对数据新闻的数据清洗从理论到实践有全方位的理解。

学习目标

- 了解数据清洗的流程。
- 了解数据清洗的相关理论。
- 熟练掌握使用各种工具进行数据清洗的方法。

4.1 数据清洗概述

数据清洗(data cleaning)顾名思义,就是把"脏数据"清洗去除,在数据回顾和检查的过程中,去除重复信息,纠正错误。一般来说,数据清洗包括数据一致性检查,对缺失值、异常值和无效值的处理等[1]。

数据新闻创作中所使用的数据通常都是针对一个新闻主题收集到的数据。这些数据从不同的渠道收集而来,并且数据中可能存在旧数据,所以有些数据中存在错误,数据与数据之间存在冲突都是非常常见的现象。这些旧数据、错误的数据和其中存在冲突的数据都是我们不期望看到的,于是我们称之为"脏数据"。这些"脏数据"是需要剔除、删减的,这个剔除、删减的过程就是数据清洗。需要去除的就是不期望看到的数据,主要有缺少的数据、不正确的数据和重复出现的数据三大类。

---

[1] 廖书妍.数据清洗研究综述[J].电脑知识与技术,2020,16(20):44-47.

4.2 数据清洗流程

数据清洗的步骤分为五步:探索性分析、缺失值处理、异常值(离群点)处理、去重处理、噪声处理[①]。

4.2.1 探索性分析

探索性分析,顾名思义,在此之前我们并没有对数据有过多的了解,需要通过这一步骤认识数据,以探索的目光对数据的整体进行一次观察。许多数据处理软件都可以帮助我们进行这一步,这里主要讲解 Python。Python 中的科学计算库可以让我们清晰地观察数据的类型、数据量的大小、是否具有缺失值等明显特征。另外,Python 重点第三方绘图库可以帮助我们将数据进行可视化,方便我们对数据进行更加直观的观察。

4.2.2 缺失值处理

数据的缺失在大部分数据集中并不是罕见现象,最终模型是否建立准确和分析结果是否可靠都深受缺失值的处理情况影响。处理缺失值的方法不是一概而论的,而是需要分类讨论。根据在数据集中缺失值的多少和该数据的属性重要程度,分为三类情况,在下文中分类介绍这三种情况的缺失值处理方式。

(1)在缺失值少并且该数据的属性重要程度低的情况下,我们可以选择一个合适的数据对该缺失值进行填补。比如:数据集中的平均值可以用来填补数据分布均匀时的缺失值;数据集中的中位数可以用来填补数据分布倾斜时的缺失值。以上探讨的是缺失值为数值型数据时,有时缺失值表示的是一个类别,此时可以使用全局常量"Unknown"来填补。

(2)在缺失值多并且该数据的属性重要程度低的情况下,说明这个数据的属性在整个数据集中并没有什么作用,我们可以选择将该数据所属的属性直接删除。

(3)当缺失值多并且该数据的属性重要程度高的情况下,直接删除该属性会对算法带来负面的影响。我们主要使用插补法与建模法来处理这种情况。

数据集中的一些数据是具有代表性的,插补法就利用了这一点,它的主要任务是在数据集中挑选出这部分具有代表性的数据,随之利用这些数据对缺失值进行填补,主要有随机插补法、多重插补法、热平台插补法,以及拉格朗日插值法与牛顿插值法。

1. 随机插补法

顾名思义,对代表性数据的选择是随机的。

2. 多重插补法

可以通过计算预测出缺失数据的值。可以通过对这些生成的数据集进行比较分析,最后得出可以用来插补的缺失值。

3. 热平台插补法

可以找到一个和需要处理的数据集相似的数据集,这个寻找到的数据集在缺失值存在的

---

① 赵一凡,卞良,丛昕.数据清洗方法研究综述[J].软件导刊,2017,16(12):222-224.

位置是完整的。通过对比两个数据集,可以找到缺失值的插补值。这个方法不但操作简易,而且较为准确。但是相似数据集却不是那么容易寻找,尤其是当变量较多时,通常很难找到相似数据集。

4. 拉格朗日插值法和牛顿插值法[1]

拉格朗日插值法和牛顿插值法的基本原理很相似。由于我们需要处理的数据一般是离散的,这两种方法可以构建实际函数 $F(x)$ 的近似连续函数 $P(x)$,这样代入函数 $P(x)$ 就可以计算出缺失的数值了。

在解决实际问题的过程中,用这两种方法得到的结果是相同的。在给定节点数较少,没有大的改变的情况下,用拉格朗日插值法就可以找到需要插入的值。但是有时候节点不但很多,而且还在不断增多,在这种情况下,想要得出需要插入的值,就必须每次都重新计算插值函数每一项的系数,这种方法过于烦琐。在这种情况下,可以考虑使用牛顿插值法。在利用牛顿插值法时,在原来插值函数的基础上插入新的项即可。在这两种插值方法的处理中,节点越多,插值多项式的精确逼近程度就越高,但是高次插值的逼近效果却往往不如想象的那么理想,可能是因为随着插值多项式的次数不断提高,计算量不断增大,计算误差会越来越多地积累,所以效果不太理想,稳定性也得不到很好的保障。

总而言之,对数据缺失值的处理没有统一规定的范式,需要我们通过对数据的观察和分析得出缺失值处理的最优方案。在缺失值处理的过程中,除了删除缺失值和简单地填充缺失值以外,更多情况下我们采用的是利用建模法预测缺失值,再加以填充。因为建模法的基本逻辑是用已知预测未知,较为准确,所以属性之间的相关性也可能由于建模法变大。

4.2.3 异常值(离群点)处理

1. 异常值(离群点)的判定

当一个数据对象非常明显地区别于别的数据对象时,我们称它为异常值或者离群点。

一般来说,异常值(离群点)可以分成三种:全局异常值(离群点)、情境异常值(离群点)和集体异常值(离群点)。

(1)全局异常值(离群点)。在已知的数据对象中,如果一个数据非常明显地偏离所有数据集的其他数据,那么它就是全局异常值(离群点)。全局异常值(离群点)是最简单,也是最好判定的一类异常值。对异常值(离群点)的判定大多数也是在寻找全局异常值(离群点)。

(2)情境异常值(离群点)。在已知的数据集中,如果某数据在某特定条件下,非常显著地偏离数据集的其他数据对象,那么称这个偏离数据为情境异常值(离群点)。情境异常值(离群点)又称条件异常值(离群点)。一般来说,在情境异常值(离群点)的检测中,所考虑的属性可以分为两种。

①情境属性。情境属性是指数据对象的一种条件、一种状态、一种分类、一种情境,一般都是静态属性变量。比如在新媒介的创新扩散调研中,不同年龄、不同地区,甚至不同性别的人对新媒介的接受使用程度都是不同的,所以我们先按照情境属性将调研对象大致分类,再检测每一个类别的异常值(离群点),会得到更准确的结果。

---

[1] 赵莉,孙娜,李丽萍,等.拉格朗日插值法在数据清洗中的应用[J].辽宁工业大学学报(自然科学版),2022,42(2):102-105,117.

②行为属性。行为属性是指数据对象的一种特征,比如新媒介的创新扩散调研中,行为属性可以是新媒介的使用时长、使用频率等。行为属性也可以用来衡量数据对象是否为情境异常值(离群点)。

情境异常值(离群点)的提出使对异常值(离群点)分析和判定更加灵活,研究人员可以在不同情境下考察,这使许多研究变得有意义。

(3)集体异常值(离群点)。在已知数据集中,如果一个子集整体都非常显著地偏离于数据集的其他数据子集,那么这个子集就是集体异常值(离群点)。比如一家网红淘宝店,每天处理100个订单并出货。如果某一天有一个订单的出货被延误了,那可能是库房有特殊原因,因此这不算集体异常值(离群点)。但是如果某天有20个订单的发货被延误了,就必须引起注意。虽然这20个订单的发货时间是一样的,从单个考虑它们都不算异常,但是如果把这20个订单看作一个整体,那么这20个订单就是一个集体异常值(离群点)。

针对全局异常值(离群点)和情境异常值(离群点)所考虑的都是单个数据对象,但是针对集体异常值(离群点)不仅要考虑单个数据对象,还要考虑整体数据对象。所以要想准确地检测出集体异常值(离群点),还需要了解数据对象之间的联系和背景知识。

在数据量并不是很大的时候,我们可以通过数据可视化的方法观察得出数据集的异常值,但是在数据量较大的时候,可视化方法并不能非常直观地帮助我们寻找到数据集的异常值,这就需要我们用到许多基于统计学原理的方法,下面将一一介绍。

(1)简单的统计分析。简单的统计分析可以使用EDA进行,EDA中pandas里的describe可以实现对数据集的描述性统计分析。通过这些描述性统计分析,就可以发现数据集中不合理的值,从而对实现异常值(离群点)的简单判定。

(2)3σ原则——基于正态分布的离群点检测。如果已知数据集服从正态分布,那么距离平均值3σ之外的值出现的概率为$P(|x-\mu|>3\sigma)<=0.003$,这属于极个别的小概率事件,所以在测量值与平均值的偏差大于标准差的3倍时,这个值为异常值(离群点)。即使数据集不服从正态分布,也可以用测量值偏离平均值的x倍标准差来分析和判定。

(3)基于模型检测异常值(离群点)。首先根据已知的数据集建立一个合理的数据模型,那些不能和已建数据模型完美拟合的数据对象为异常值(离群点)。

(4)基于距离检测异常值(离群点)。数据对象之间可以定义邻近性度量(距离、相似度),异常点(离群点)就是与其他数据对象距离较远的数据对象。基于距离的检测较为容易操作,但是只适用于数据集适中的情况,在数据集较大时,对参数的选择较为敏感。这种方法使用的是全局阈值,处理不了数据密度变化的情况,当数据集有不同密度区域时,基于距离的检测并不适用。

(5)基于密度检测异常值(离群点)。当已知数据集均匀分布时,如果一个数据对象的局部密度非常显著地低于它周围的邻近数据时,这个数据对象被判定为异常值(离群点)。这种方法的具体操作过程如下:

①计算每个对象与其他对象的欧几里得距离;
②对欧几里得距离进行排序,计算第k距离以及第k领域;
③计算每个对象的可达密度;
④计算每个对象的局部离群点因子;
⑤对每个点的局部离群点因子进行排序、输出。

基于密度的判定方法与基于距离的判定方法相比,非常明确地对异常值(离群点)进行了定量度量,而且即使数据集中有不同的密度区域,这种方法也能很好地处理。这种方法的不足点为不容易选择参数。

(6)基于聚类检测异常值(离群点)。聚类分析本来是用来发现具有局部强相关的数据对象,而异常检测一般被用来发现不和其他数据对象相关的对象。异常检测的目的刚好与聚类分析相反,因此聚类分析可以用来检测数据集中的异常值(离群点)。在这里介绍两种运用聚类分析检测异常值(离群点)的方法。

①丢弃远离其他簇的小簇。这种方法可以结合所有其他聚类方法一起使用,一般操作过程为丢弃小于某个最小阈值的所有小簇。这种聚类方法对簇的个数选择要求非常高,所以使用这种方法很难将异常值(离群点)的得分附于对象上面。

②基于原型的聚类。这种方法的操作一般是先聚类所有数据对象,再评估数据对象属于簇的程度(异常值/离群点得分),数据对象属于簇的程度可以用该数据对象到簇中心的距离来衡量。除此之外,如果删除一个数据对象,聚类效果得以明显改进,那么这个被删除的数据对象可以被看作是异常值(离群点)。

基于聚类检测异常值(离群点)的优点如下:

①基于聚类检测异常值较为有效和准确;

②因为异常值的定义刚好是簇的相反面,也就是簇定义的补集,所以通过聚类分析时,可以达到在发现簇的同时发现异常值(离群点)的效果,一举两得。

基于聚类检测异常值(离群点)的缺点如下:

①检测出的异常值(离群点)非常依赖选择的簇的个数,使得簇个数的选择非常困难,而且这种分析假定了一定有异常值(离群点)存在,并没有考虑不存在异常值(离群点)的可能性;

②因为聚类分析非常依赖簇,所以异常值(离群点)判定的质量很受簇的质量的好坏影响。

2. 处理异常值(离群点)的方法

在检测出异常值(离群点)后,通常采用如下这几种方式进行处理:

(1)在异常值(离群点)较少而且非常明显的情况下,可以将该数据对象直接删除;

(2)如果后续所采用的算法或者对数据的运用与该异常值(离群点)关系不大,那么对该异常值(离群点)可以不处理。

(3)和处理缺失值一样,可以将异常值(离群点)用数据集的平均值代替,这种方法的信息损失量小,而且操作简单。

(4)异常值(离群点)和缺失值一样都是数据集中的单个或者群体数据对象,具有一定的共性,所以在很多情况下可以采用处理缺失值的方法来处理异常值(离群点)。

4.2.4 去重处理

和异常值(离群点)的处理一样,要想进行去重处理,首先要找到数据中的重复部分。一般而言,我们首先将数据进行排序,排序的规则是根据数据集的特点自行选定的。在这之后,计算每个数据对象和排列在它左右的数据的相似度,如果相似度达到了一个阈值,那么判定该数据对象为重复数据。对于数据集中的重复部分,一般选择删除。

4.2.5 噪声处理

研究中被测变量的方差或者随机误差,称之为噪声。由于噪声(noise)=观测值(measurement)-实际数据值(true data)。部分读者可能会将噪声和异常值(离群点)混为一谈,但实际上噪声和异常值(离群点)是有区别的。异常值(离群点)是我们观测得到的数据,噪声可能产生异常值(离群点),实际的数据值也可能产生异常值(离群点),只要某数据对象与其他数据对象明显不同,那么它就是异常值(离群点)。而错误的数据和偏离我们期望的孤立异常值(离群点)都属于噪声数据。但是将异常值(离群点)武断地划分到噪声里也是不合理的,因为在某些研究中,异常值(离群点)是不可以像噪声一样被丢弃的,异常值(离群点)具有它独特的研究价值,研究者会做异常值(离群点)分析或者异常数据挖掘等研究。

噪声处理的方法主要有分箱法和回归法两种。

1. 分箱法

分箱法是一种简单常用的预处理方法,即通过考察相邻数据来确定最终值。分箱法顾名思义就是首先将数据集根据属性分为若干个子区间,就像一个又一个箱子,然后分析某属性处于哪个子区间,并将它放入它属于的那个子区间,就像放入一个又一个的箱子,再分别对这些"箱子"中的数据进行处理。因此在使用分箱法进行数据预处理时,要考虑的两个核心问题就是按照什么原则来分箱,分箱之后采取什么方法对每个"箱子"里的数据进行处理。

一般而言,主要的分箱原则有三种:等深分箱法、等宽分箱法和用户自定义区间分箱法。

(1)等深分箱法就是给每个箱子(区间)设置统一的深度,也就是每个区间内数据的个数相同,这是最简单的一种分箱法。

(2)等宽分箱法是使每个区间的范围一样大,换言之,每个箱子的区间都是固定的,称为箱子宽度。

(3)用户自定义区间的意思是按照研究者的意愿对箱子区间的划分设定条件。但是这种条件的设定并不是随意的,一般都是在对数据进行观察之后,或者为了满足研究者的某种需求。

例:员工收入属性(income)按照升序排列后的值(人民币):900、1100、1300、1400、1600、1800、2100、2400、2800、3500、3800、3900、4000、4000、4500、5000,按照不同方法进行分箱的结果如下所示。

(1)等深分箱法:设定权重(箱子深度)为4,分箱结果如下。

箱1	900	1100	1300	1400
箱2	1600	1800	2100	2400
箱3	2800	3500	3800	3900
箱4	4000	4000	4500	5000

(2)等宽分箱法:设定区间范围(箱子宽度)为1000元人民币,分箱结果如下所示。

箱1	900	1100	1300	1400	1600	1800
箱2	2100	2400	2800			
箱3	3500	3800	3900			
箱4	4000	4000	4500	5000		

(3)用户自定义区间分箱法:如将客户收入划分为(0,1000]、(1000,2000]、(2000,3000]、(3000,4000]、(4000,5000]这几组,分箱结果如下所示。

箱 1	800				
箱 2	1100	1300	1400	1600	1800
箱 3	2100	2400	2800		
箱 4	3500	3800	3900	4000	4000
箱 5	4500	5000			

在按照一定的规则将数据放入不同的箱子之后,对于每个箱子中的数据需要根据实际情况进行处理,一般的处理是对箱子中的数据进行光滑处理。进行光滑处理的方法有如下三种。

(1)先计算出箱中数据的平均值,然后用平均值代替箱子中的数据。
(2)先计算出箱中数据的中位数,然后用中位数代替箱子中的数据。
(3)找出箱子中的最大值和最小值,将箱子中的每一个数据用距离它最近的最值代替。

2. 回归法

回归法分为单线性回归和多线性回归两种,思路都是利用函数绘制图像,从而达到光滑处理的效果。单线性回归就是通过拟合找到两个变量的最佳关系曲线,从而根据一个变量来预测另一个变量的发展。多线性回归顾名思义就是有多个变量,通过拟合将多变量拟合到一个多维面,实现预测。使用回归法,找到合适的回归方程,可以有效地消除噪声。

4.2.6 数据清洗的评价标准

在进行完数据清洗的步骤后,我们要对清洗过的数据做检测,来判断数据清洗的质量。一般来说,数据清洗的评价标准如下。

1. 可信性

数据清洗的可信性是指数据清洗后值得信赖的程度,包括五个指标。
(1)精确性:用来衡量数据是否与现实的客观特征一致。
(2)完整性:用来衡量数据被清洗后是否清洗了有用数据或字段,数据是否完整。
(3)一致性:用来衡量数据被清洗后同一客体、同一属性的值在不同的系统是否还一致。
(4)有效性:用来衡量清洗过后的数据是否还在需要的区间范围内。
(5)唯一性:用来衡量去重处理是否到位,是否还存在重复数据。

2. 可用性

数据清洗的可用性是指数据被清洗后数据可以使用的量度,包括两个指标。
(1)时间性:用来衡量清洗过后的数据是目前的数据,还是历史数据。
(2)稳定性:用来判断清洗过后的数据是否可以被稳定使用,是否还在有效期内。

4.2.7 数据归一化

1. 数据归一化的原因

在数据新闻的制作过程中常常涉及不同指标之间的比较问题。评价指标的不同往往意味着量纲的不同。比如评价某个新媒体的使用状况,我们需要考虑的是使用时长、使用频率等,评价某个人的身体状况时,我们需要考虑的是身高、体重、心率、血压等指标。这些指标往往也有不同的单位,比如:使用时长和使用频率的单位一般是小时(h)、分钟(min)和次/天、次/月等;身高、体重、心率、血压的单位为米(m)、千克(kg)、次/分钟、毫米汞柱(mmHg)。因为单位的不同,所以无法比较,为数据分析带来了一定困难。为了让这些数据可以放在一起进行分析,应该对这些数据进行标准化处理,使数据基本处于一个数量级,方便分析研究①。

2. 数据归一化的方法

这里介绍最值归一化方法和 Z-score 归一化方法。

(1)最值归一化方法。

①思路:消除量级的差距,将所有数据映射到区间[0,1]中。

②公式:

$$x_{\text{scale}} = \frac{x - x_{\min}}{x_{\max} - x_{\min}}$$

x 为数据集中每一种特征的值,将数据集中的每一种特征都做映射。

③特点:多适用于分布有明显边界的情况,如考试成绩、人的身高、颜色的分布等,都有范围;而不适用于没有范围约定,或者范围非常大的数据。

(2)Z-score 归一化方法。

①思路:把所有数据归一到均值为 0、方差为 1 的分布中。

②公式:$x_{\text{scale}} = (x - x_{\text{mean}})/\sigma$

x_{mean}:数据的平均值;

σ:每组特征值的标准差;

x:每一个特征值;

x_{scale}:归一化后的特征值。

归一化后,数据集中的每一种特征的均值为 0、方差为 1。

从公式可以分析得出,最值归一化方法不但没有消除量纲对于数据协方差和方差的影响,反而使其成倍增长或减少了,Z-score 归一化方法对数据的方差也进行了归一化处理,这就意味着每个维度都服从标准正态分布,所以可以说每个维度的量纲是等价的。我们在进行数据分析时可以不用考虑量纲的影响,也同时避免了不同量纲选取对距离计算产生的巨大影响。

4.3 数据清洗工具

4.3.1 使用 Excel 进行数据清洗

读者没有必要将数据清洗看得非常复杂,我们日常用的 Windows 软件 Excel 就可以用来进行简单的数据清洗。在前面我们介绍了数据清洗的基本步骤,根据这些基本步骤我们知道,用 Excel 进行数据清洗的基本步骤与上述步骤相仿,仅多了第一步调整样式,下面将根据各个步骤中经常出现的问题进行说明和介绍。

1. 调整样式

有时我们获得一组数据,用 Excel 打开后发现是乱码。我们在编程时也经常遇到乱码的

---

① 王剑. 关于网络数据归一化处理探讨[J]. 信息系统工程,2015(12):60.

问题,造成这两种情况的原因是一样的。众所周知计算机会对文字、数字进行编码,常用的编码的方式有 UTF-8 编码、ASCII 编码、GB2312 编码等。当导入的表格不是 UTF-8 编码时就会显示为乱码。我们需要做的就是将其他编码格式调整成为 UTF-8 编码。Excel 的菜单栏"数据"选项中有一个是自文本,接下来按照软件的指导就可以完成编码格式的转换,从而消除乱码。

除了乱码之外,我们还需要注意表格的美观性,要让表格变得易读。"自动换行""合并""隐藏列"等表格工具可以帮助我们做到。

2. 处理缺失值

用 Excel 处理缺失值和上面章节讲到的处理缺失值的方法异曲同工,有以下几种方法。

(1)删掉整行,丢弃数据。

(2)计算出数据的平均值,用平均值进行填补。

(3)运用已知的数据,通过建模、随机插补、多重插补、拉格朗日插值法和牛顿插值法等尝试对缺失值进行填补。

3. 一致化处理

利用 Excel 进行一致化处理的步骤如下。

(1)对数据分列。在 Excel 菜单栏中选择"数据",然后选择"分列"。分列的时候要注意的是"分列"会覆盖掉后面的一列,因此需要把要分列的那一列复制粘贴到表格最后一列,再把原来的列隐藏,对新的列全选,再进行分列操作。

(2)一般情况下,一列就代表一个属性和特征。如果要对每一列进行标准化处理,就要对每一列带入标准化公式,首先要将待处理的列改为数字格式,然后点击 Excel 菜单栏的"公式",之后点击"插入函数"。输入函数后把鼠标移到框的右下角,当出现十字时双击。

(3)有些表格中的内容不是我们马上就可以使用的,比如某学校学生的身高这一栏,可能是1.72m、1.80m 等这样的内容,我们只需要使用 1.72 和 1.80 这两个数据,而不需要后面的单位 m,所以我们需要运用一个函数将数字截取出来。我们选择的是 left 和 find 这两个函数。具体用法为=left([@ELEMENT],find("CHARACTER",[@ELEMENT])-1)。通过例子说明这两个函数的用法:=left([@身高],find("k",[@身高])-1)。在上述公式中,left 函数先帮我们定位身高这个字段,查找到了 k 这个字符,然后截取长度为从 k 开始的字符长度"-1"。再比如:=mid([@身高],find("m",[@身高])+1,1)这个公式表示从身高这个字段的中间开始查找 m 这个字符串,然后选取起始位置是在 m 之后的,所以是"+1"。mid 这个函数就是指要从字符串中间开始起算,所以需要起始位置和求取长度两个参数;left 就是默认起始位置是从最左边开始的,所以只要查找字符串和截取长度;使用 find 函数的原因是为了让截取长度变得动态,可以根据字符串长度调整。

(4)点击 Excel 菜单栏"数据",然后点击"自动筛选"。这个方法可以筛选出错误值或者无效值,这是因为公式可能没有完全涵盖,或者特征属性的大小写不敏感。在这个步骤反复进行多次后,我们可以得到一组处理干净的数据。

(5)在上述步骤都进行完毕后,我们会发现表格中的是文本格式,而不是数据格式。我们选择复制整列,然后在表格的尾部增加新的列处理它。全选此列,单击 Excel 菜单栏的"数据"选项,再单击"分列"选项,之后去掉所有分隔符,这样我们就将文本格式转换为数据格式。

4. 找出异常值

对异常值的查找需要用到 Excel 的数据透视表。数据透视表可以将部分数据从数据集中拿出来进行统计分析。具体操作方法是单击 Excel 菜单栏中的"插入",单击"数据透视表",再选择其中的数据透视功能,选择需要分析的项目。接着对选出来的数据进行排序,会发现有一些数据是明显不符合要求的,但数量不多,这些就是需要找出的异常值。

用 Excel 寻找异常值的另一个方法就是用上文中提到的 find 公式,将需要寻找的字段用 {} 括起来,然后用逗号分隔,在这里不作详细讲解,感兴趣的读者可以自行查阅资料。

4.3.2 使用 Python 进行数据清洗

Python 作为一种功能强大的编程语言,可以基本实现全部数据清洗的过程。本书主要介绍重复值处理、缺失值处理和噪声值处理三个步骤。

1. 重复值处理

在研究者进行数据的录入和整合分析时都有可能使数据重复。在以上内容中我们提到处理重复数据的方式大多是删除,在 Python 中,使用 pandas 可以直接查看和处理重复数据,使用的是 duplicated 和 drop_duplicates 这两个函数。下面是一个例子。

```
dic={'group':[1,1,1,2,1,2],'id':[1,1,1,3,4,5]
     'name':['May','May','Rose','Linda','David','Eric'],
     'score':[98,98,88,76,73,np.nan]}
sample=pd.DataFrame(dic)
```

	group	id	name	score
0	1	1	May	98.0
1	1	1	May	98.0
2	1	1	Rose	88.0
3	2	3	Linda	76.0
4	1	4	David	73.0
5	2	5	Eric	NaN

函数 duplicated 可以帮助我们直接筛选出重复数据,省去许多人为筛选的时间,比如在上面的例子中,"1 1 May 98.0"为重复数据。下面是具体操作指令:

```
>sample[sample.duplicated()]
```

	group	id	name	score
1	1	1	May	98.0

drop_duplicates 函数可以帮助我们完成数据的去重。

```
>sample.drop_duplicates()
```

	group	id	name	score
0	1	1	May	98.0

2	1	1	Rose	88.0
3	2	3	Linda	76.0
4	1	4	David	73.0
5	2	5	Eric	NaN

drop_duplicates 函数还提供了一种按照某列去重的方法,比如在上述例子中,可以实现去除 id 这一列重复的数据行。

＞sample.drop_duplicates('id')

	group	id	name	score
0	1	1	May	98.0
3	2	3	Linda	76.0
4	1	4	David	73.0
5	2	5	Eric	NaN

2. 缺失值处理

在使用 Python 进行数据清洗时,缺失值通常由 NaN 表示。缺失值的处理方式有许多种,缺失值的填补方式也有很多种,我们要根据实际情况来选择合适的方法。

当我们拿到一组数据时,首先要根据业务经验来考虑缺失值是怎么出现的,是随机产生的缺失值,还是人为产生的缺失值,判断之后再进行填补。当缺失值少于五分之一时,如果数据为连续变量,那么缺失值可以使用平均值或者中位数来进行填补;如果数据是分类变量,则不需要进行填补,可以单独算成"缺失"这一类,也可以考虑用数据的众数对缺失位进行填补。当缺失值在五分之一到五分之四之间时,可以采用同样的填补方法。值得一提的是,我们可以将每个包含缺失值的变量生成一个指示哑变量参与建模。哑变量是人为设立的虚拟变量,一般情况下取值是 1 或者 0,哑变量的引入可以提高模型的精确度。当缺失值多于五分之四时,就要全部使用原始变量生成的哑变量,不再使用原始变量。具体过程如图 4-1 所示:

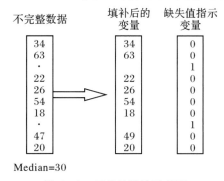

图 4-1 哑变量填补示意图

pandas 中的函数 fillna 可以直接替换缺失值的数据,它和 replace 函数有些类似。比如上文中提到的数据,在这里也可以作为一个例子出现。

>sample

	group	id	name	score
0	1.0	1.0	May	98.0
1	1.0	1.0	May	NaN
2	NaN	1.0	Rose	88.0
3	2.0	3.0	Linda	76.0
4	1.0	4.0	David	73.0
5	NaN	NaN	NaN	NaN

(1)查看缺失情况。上文中提到,缺失值的具体处理方法要根据缺失值在数据集中所占比例的多少进行判定。所以在我们进行缺失值处理之前一定要大概了解缺失值的情况。为了了解缺失值的情况,我们可以使用Python构造一个lambda函数。在lambda函数中,sum(col.isnull())表示当前列有多少缺失,col.size表示当前列总共多少行数据。

>sample.apply(lambda col:sum(col.isnull())/col.size)
group   0.333333
id   0.166667
name   0.166667
score   0.333333
dtype: float64

(2)以指定值填补。pandas数据库中的fillna函数可以完成填补缺失值的操作。继续使用上文中提到的分数例子,如果用平均值进行填补,那么Eric的得分为86.6。

>sample.score.fillna(sample.score.mean())
0   98.0
1   98.0
2   88.0
3   76.0
4   73.0
5   86.6
Name:score,dtype:float64

如果使用中位数进行填补,那么Eric的得分为88.0。

>sample.score.fillna(sample.score.median())
0   98.0
1   98.0
2   88.0
3   76.0
4   73.0
5   88.0
Name:score,dtype:float64

(3)缺失值指示变量。pandas 数据库中的 isnull 函数可以产生缺失值哑变量,举例如下。

＞sample.score.isnull()

0　False
1　True
2　False
3　False
4　False
5　True

Name:score,dtype:bool

若想将 True 和 False 转化为数值型的 0 和 1,可以采用函数 apply,举例如下。

＞sample.score.isnull().apply(int)

0　0
1　1
2　0
3　0
4　0
5　1

Name:score,dtype:int64

3. 噪声值处理

噪声的定义前文讲过,这里不再赘述。对于大多数模型来说,噪声会干扰模型建立的精准程度,使结论不再真实。

噪声的处理方法在前面介绍过分箱法和回归法,这里详细介绍如何使用 Python,采用分箱法去除噪声。

分箱法通过将数据放入不同的"箱子"中,再对每个"箱子"中的数据进行平滑处理来除去噪声。前文讲到过分箱法包括等深分箱法、等宽分箱法和用户自定义区间分箱法,在这里也不再赘述。下面再提供一个例子。

一批产品的价格根据升序排序以后为:4、8、15、21、21、24、25、28、34(元)

将其划分为(等深)箱:

　　箱 1:4　8　15
　　箱 2:21　21　24
　　箱 3:25　28　34

将其划分为(等宽)箱:

　　箱 1:4　8
　　箱 2:15　21　21　24
　　箱 3:25　28　34

Python 中 pandas 数据可得 cut 函数,可以直接实现数据的分箱,下面根据案例介绍如何实现。

①等宽分箱。cut 函数在实现等宽分箱时需要 2 个参数,即分箱个数和参与分箱的列。在下面的例子中,sample 数据的 int 列为从 10 个服从标准正态分布的随机数:

＞sample＝pd.DataFrame({'normal':np.random.randn(10)})
＞sample
normal
0   0.065108
1   －0.597031
2   0.635432
3   －0.491930
4   －1.894007
5   1.623684
6   1.723711
7   －0.225949
8   －0.213685
9   －0.309789

例子中一共有 10 个数据,将它们分为 5 个箱子。cut 函数会自动选择小于列最小值一个数当作箱子的下限,把列中数据的最大值当作上限,等分为五份。

如下所示:
＞pd.cut(sample.normal,5)
　　0　　(－0.447,0.277]
　　1　　(－1.17,－0.447]
　　2　　(0.277,1.0]
　　3　　(－1.17,－0.447]
　　4　　(－1.898,－1.17]
　　5　　(1.0,1.724]
　　6　　(1.0,1.724]
　　7　　(－0.447,0.277]
　　8　　(－0.447,0.277]
　　9　　(－0.447,0.277]
Name:normal,dtype:category
Categories(5,interval[float64]):[(－1.898,－1.17]＜(－1.17,－0.447]＜(－0.447,0.277]＜(0.277,1.0]＜(1.0,1.724]]

这里也可以使用 labels 参数指定分箱后各个水平的标签,如下所示,此时相应区间值被标签值替代。

```
>pd.cut(sample.normal,bins=5,labels=[1,2,3,4,5])
0    3
1    2
2    4
3    2
4    1
5    5
6    5
7    3
8    3
9    3
Name:normal,dtype:category
Categories(5,int64):[1<2<3<4<5]
```

标签除了可以设定为数值,也可以设定为字符,如下所示,将数据等宽分为两箱,标签为 bad 和 good。

```
>pd.cut(sample.normal,bins=2,labels=['bad','good'])
0    bad
1    bad
2    bad
3    bad
4    bad
5    good
6    good
7    good
8    good
9    good
Name:normal,dtype:category
Categories(2,object):[bad<good]
```

② 等深分箱。在进行等深分箱的过程中,每个"箱子"可能拥有不同的宽度,但是频数一般是相等的,所以可以用列中数据的中位数进行分箱。我们依然采用之前 sample 数据作为例子,将它们分为等深度的 2 个"箱子"。

```
>sample.normal.quantile([0,0.5,1])
0.0    0.0
0.5    4.5
1.0    9.0
Name:normal,dtype:float64
```

在 bins 参数中设定分位数区间,如下所示完成分箱,include_lowest＝true 参数表示包含边界最小值包含数据的最小值:

```
>pd.cut(sample.normal,bins=sample.normal.quantile([0,0.5,1]),
    include_lowest=true)
0    [0,4.5]
1    [0,4.5]
2    [0,4.5]
3    [0,4.5]
4    [0,4.5]
5    (4.5,9]
6    (4.5,9]
7    (4.5,9]
8    (4.5,9]
9    (4.5,9]
Name:normal,dtype:category
Categories(2,object):[[0,4.5]<(4.5,9]]
```

此外也可以加入 labels 参数指定标签,如下所示。

```
>pd.cut(sample.normal,bins=sample.normal.quantile([0,0.5,1]),
    include_lowest=true)
0    bad
1    bad
2    bad
3    bad
4    bad
5    good
6    good
7    good
8    good
9    good
Name:normal,dtype:category
Categories(2,object):[bad<good]
```

4.3.3 使用 SPSS 进行数据清洗

SPSS 可以实现的数据清洗功能,主要是数据去重、数据分组和数据归一化。

1. 数据去重

在菜单栏中点击"数据",再点击"识别重复个案",可以将重复数据找出并且标记。然后把数据根据是否重复标记顺序并排序,这样重复数据都被排在了一起,最后统一删除,见图4-2。

图 4-2 数据去重(1)

将所有变量都放入"定义匹配个案的依据",其他默认,见图 4-3。

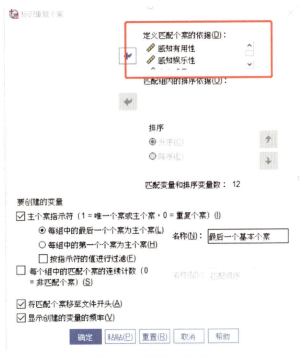

图 4-3 数据去重(2)

会出现一个"最后一个基本个案"的变量,0 代表重复个案,1 代表唯一个案或主个案。

2. 数据分组→可视分箱→等距分组

点击菜单栏中的"转换",再单击"可视分箱",之后选择分组变量,见图 4-4。

根据分布图,来确定下一步骤,见图 4-5。

图 4-4 操作示意图(1)

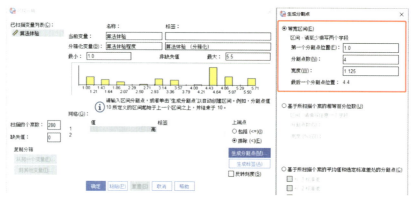

图 4-5 操作示意图(2)

点击"生成标签",见图 4-6。

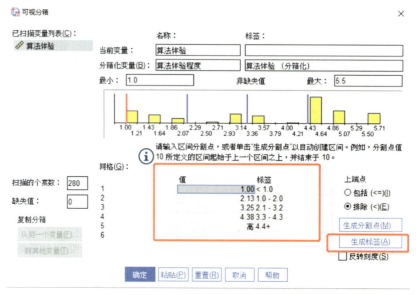

图 4-6 操作示意图(3)

3. 数据分组→重新编码→不等距分组

单击菜单栏中的"转换",再单击"重新编码为不同变量",见图 4-7、图 4-8 和图 4-9。

图 4-7 操作示意图(1)

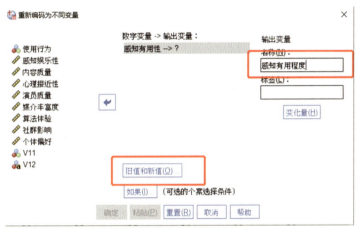

图 4-8 操作示意图(2)

图 4-9 操作示意图(3)

在这之后单击"继续",再单击"变量化",最后单击"确定"。

4. 最佳标准化

数据归一化的原理以及为什么要进行数据归一化,我们在4.1中有详细的介绍,这里不再赘述。使用SPSS可以很轻松地实现数据归一化。首先介绍最大最小值归一化方法的操作,公式如下:

$$x=(x-\min)/(\max-\min)$$

首先点击菜单栏中的"转换",再单击"感知有用性",最后在方框中输入最大最小值归一化的公式即可,见图4-10。注意这里的max和min都要替换成该变量的最大最小值。

图4-10 最佳标准化

5. Z-score 标准化

公式如下:

$$x_{scale}=(x-x_{mean})/\sigma$$

首先,点击菜单栏中的"分析",再单击"描述统计"中的"描述",见图4-11。

在表格中标准化后的变量这一列用右键单击"升序排序",选中0的个案,右键"清除"即可,见图4-12。

图 4-11 Z-score 标准化(1)

图 4-12 Z-score 标准化(2)

本章小结和测试

 本章小结

本章主要介绍了数据清洗的目的:①删除重复信息;②纠正存在的错误;③检查数据一致性;④处理无效值和缺失值。

进而介绍了数据清洗的一般流程:①探索性分析;②缺失值处理;③异常值(离群点)处理;④去重处理;⑤噪声处理。

同时简要介绍了如何通过 Excel、Python 和 SPSS 这三个工具进行数据清洗。

通过学习本章,读者会掌握数据清洗的基本知识,清楚数据清洗的一般步骤和工具选择,可对数据新闻的制作有进一步的了解和探析。

 **本章测试**

1. 以下哪一个选项不是数据清洗的目的?
A. 删除重复信息　　　　B. 压缩数据量
C. 检查数据一致性　　　D. 处理无效值和缺失值

2. 以下哪一个选项不是数据清洗的步骤?
A. 缺失值处理　　　　　B. 美化表格
C. 去重处理　　　　　　D. 噪声处理

3. 以下哪个工具基本不能进行数据清洗?
A. SPSS　　　　　　　　B. Excel
C. JavaScript　　　　　D. Word

 实践训练

(1)选择一个自己熟悉并感兴趣的新闻话题。

(2)根据数据清洗的一般步骤,对一手数据进行预处理。

第 5 章 数据新闻的可视化操作

通过数据可视化,数据新闻工作者能够清晰地看到数据背后的真相,尝试找到事件之间的相互关系,并能预测事件的未来发展趋势,读者也可以更直观地了解事件的重要信息。丰富的图表图形可以增强读者的阅读体验,提升新闻阅读效率与感染力。数据可视化对于数据新闻而言,有着重要的意义。在具体操作过程中,除数据新闻的创作理念外,掌握技术层面的可视化工具与软件操作、了解图形图表的设计原则和美学原理是可视化的重要前提。

学习目标

- 掌握数据新闻可视化的基本原则和美学原理。
- 掌握不同类型数据的可视化操作。
- 了解数据新闻可视化操作软件的简要操作。

5.1 可视化操作概述

数据可视化(data visualization)是对数据的图像或图形格式的演示。随着技术的不断发展,数据可视化的概念也在不断发生演变,边界也在不断扩大,目前已经融合了计算机技术、图像处理技术、视觉艺术、人机交互等多个领域,可视化的应用也涉及各个方面,如地理信息、医疗卫生、生物技术、数据新闻等。

5.1.1 可视化设计的基本原则

可视化设计简单来说就是将数据以图表、几何图形、具象图形或实物照片等视觉效果较为直接的方式设计并展示出来。这些体现数据的图形图表在画面或界面中应该怎样呈现、怎样布局,才能更好地突出数据新闻要表达的重点和秩序感?这就需要遵循一些设计的基本原则。

1. 平衡原则

视觉上的平衡,是物体间的联系给人的一种直观感受。设计上的平衡原则,是将画面中的物体进行比例得当的分布,让其和谐地共存在画面中。对称的画面(见图 5-1)毫无疑问是平衡的,但对称并不是获得平衡的唯一方法。当画面中的元素大小不一、形态迥异、色彩多样,甚至有着不同的肌理时,也可通过对画面的调整,使其达到一种平衡状态,我们称之为动态平衡。事实上,不对称的画面(见图 5-2)往往更具活力与视觉张力。

2. 层次原则

画面中的所有元素首先是一个整体,既然它们出现在同一画面中,就需表现出统一的风格,具有一些共性,来体现出数据可视化的秩序感。其次,当进行画面中元素的大小、色彩设计时,最重要的原则是分清主次。呈现给读者的数据新闻内容中,一定要体现想要凸显的重点,

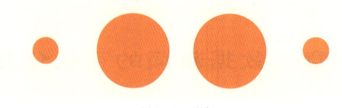

图 5-1 对称

图 5-2 不对称

那么这些重点无论是从字体排版上,还是从图形图表设计上,都必须将其置于主要位置,次级重要信息处于次要位置,辅助信息处于最不显眼的位置,这就是设计的层次原则。

当相同或相似的元素重复出现或排列时,人们的视觉总会被其中相对有些变化(见图5-3)的元素所吸引,因此,当我们要突出主体元素时,需对大小、形状、位置、色彩、肌理等属性,在保持共性的基础上,与其他元素有所区分,这样才能帮助观众将关注点放在引导其观看的地方。

图 5-3 重复和变化

5.1.2 可视化设计的美学原理

构成可视化画面内容的所有元素,可归类为点、线、面三种。我们称点、线、面为设计的基石,再通过合理的色彩搭配,便可让这些元素呈现出一定的美感。

1. 点

点标出空间中的一个位置。从几何角度来讲,点是一对 X 轴、Y 轴坐标,它完全没有质量。从平面角度来讲,点的排列形成线,点的集合形成肌理、形状或平面。点可以是圆点,事实上,当任何一个形状缩到足够小时,都是一个点。当一个较为具象的形状在画面中占比很小,但有一定数量时,这样的形状也会被我们认为是画面中的点元素,如点状玻璃窗(见图 5-4)。

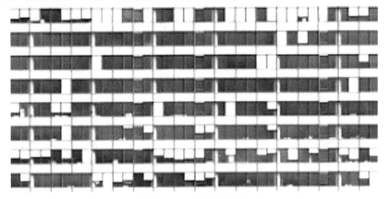

图 5-4 点状玻璃窗

单独的点(见图 5-5)在画面中有避免被其他形状同化的性质,因此能起到视觉上的强调作用,成为画面的中心,也是张力的中心。当画面中只有一个点时,人的视线会集中到这个点上。单独的点本身没有上下左右的连续性,但具有视觉上的聚集性和心理上的扩张感。

图 5-5 单独的点

单独的点在画面中的位置不同(见图 5-6),产生的心理感受也不同。居中时会给人平静、集中的感觉;偏上时会有不稳定感;偏下时会产生安定的感觉,但容易被人忽略;位于画面三分之二偏上的位置时,最易引起人的注意。

图 5-6 单独点的不同位置

当画面中有两个大小不同的点,大的点首先引起人们的注意,但是视线会从大的点移向小的点,最后集中在小的点上。越小的点聚集力越强。

当画面中有两个同样大小的点,并各自有其位置时,张力作用就表现在连接这两个点的视线上,即在视觉心理上产生连续的效果。当多个相同的点等距排列的同一方向上,就会给人线的视觉感受(见图5-7)。无论何种形态的点,只要将其纳入线的轨迹中,就可以产生虚线的视觉感受,在此基础上做规律性的改变,可以产生速度感、空间感等多样化的效果。当画面中有若干大小相同的点规律排列时,画面就会显得很平稳,并产生面的感觉。

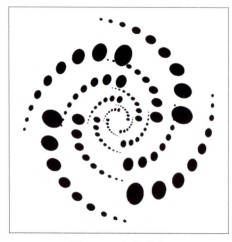

图 5-7 点的线化

2. 线

点的排列形成线。线是两个点的连接,或是一个点移动形成的轨迹。从平面角度来讲,线的宽度、肌理和所标记的路径形成了它的存在。线可以是直的,也可以是弯的,可以连续,也可以中断。线达到一定宽度就形成了面。

当点的移动方向不变时,可以形成直线。直线让人感到坚硬、正直、力量和男性化,又称"硬线"。不同的直线给人的视觉感受也不同。

水平线(见图5-8)会让人联想到地平线,给人以平静、安稳的感受,我们会感觉画面中的其他元素都能被水平线拦截,保持在一个安全范围内。

垂直线(见图5-9)相对水平线而言,脱离了地心引力的束缚,更加自由,也更有生命力。

图 5-8 水平线

图 5-9 垂直线

斜线(见图 5-10)相比前两者而言,更有动感和速度感,更能表现画面的张力。

图 5-10 斜线

曲线(见图 5-11)看起来像是受到外界压力而发生形变的线,因弧度而产生情感的倾向性,表现出丰满、柔软、欢快、轻盈的感觉。曲线的形态富于变化,追求与自然的融合。

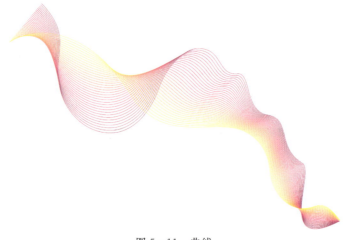

图 5-11 曲线

3. 面

面是有宽度的线,形态是有边界的。我们可以将面理解为线的移动轨迹,也可以理解为点的聚集和膨胀。所以,面是三个基本元素中最多变、最复杂的,既有长度,也有宽度,不仅兼具点和线的各种特性,还有自己的独特属性。

4. 色彩

自然界的色彩千变万化,我们用于设计的色彩也各种各样。为便于归纳和讲述,我们把常见色以色环(见图 5-12)的形式展示出来。我们把色环上间隔 180 度的两种颜色称为互补

图 5-12 色环

色,间隔 120 度、240 度的颜色称为对比色,间隔 90 度以内的颜色称为相似、临近色。在进行色彩搭配时,为保证画面颜色统一,配色不至于过于杂乱,我们可在画面中搭配使用临近色,这样做的优点是能够保证画面的统一性,缺点是缺少对比,画面缺乏张力。因此,在色彩搭配时,我们还可使用大面积近似、小面积对比的配色技巧,即画面中大面积皆为近似色,但又有小面积对比色作为点睛之笔(见图 5-13),这样一来,画面中的色彩既能保持统一,又能体现活力和张力。

图 5-13　大面积近似,小面积对比

不同的色彩给人的心理感受也不同。我们把色环(见图 5-12)从竖着的中轴线一分为二,会发现左半边的色彩偏冷,右半边的色彩偏暖,而这样冷暖的差异,就是不同色彩给我们造成的大致心理感受。

细分来说,当我们看到"热情"一词,大多数人会认为与之最接近的色系是红色系。事实上红色系中颜色的细微变化,还会带给人们更多不同的联想,如粉色会让人联想到浪漫、温柔,正红色会让人联想到喜庆、火辣,暗红色会让人联想到血液等。

当我们看到"冷静"一词,大多数人会认为蓝色系与之最为匹配。而同为蓝色系,淡青色会让人联想到凉爽,淡蓝色会让人联想到平静,宝石蓝色会让人联想到高贵,深蓝色会让人联想到科技感。

将不同颜色带给人们的心理暗示灵活运用到自己的数据新闻可视化中,能够让自己想表现的信息更有效地传达给读者。

5.2 不同类型数据的可视化操作

相较于传统的文字稿件与图片信息,大数据具有海量性、模糊性、不规则性,因此运用常规的思维将这些数据进行新闻报道几乎是不可能完成的任务。数据有各种不同的类型,对不同类型的数据加以区分,根据数据选择合适的可视化呈现方式,是数据新闻可视化的重要环节。本小节将介绍分类数据、时序数据、地理数据三种常规的数据类型。

5.2.1 分类数据可视化

分类数据是除连续的特征变量之外最常见的数据类型,例如人的性别、爱好、学历等数据,这些数据类型都不能用连续的变量来表示,而要分类表示。分类可以带来结构化,条形图、饼状图、散点图等都是常用的分类数据可视化方法。

条形图可显示各个项目之间的比较情况,包括传统条形图、簇状条形图、三维簇状条形图、堆积条形图、三维堆积条形图、百分比堆积条形图等。簇状条形图中,通常垂直轴表示不同的类别,水平轴表示不同类别的数值。三维簇状条形图是以三维形式显示水平矩形,而不是以三维形式显示数据。堆积条形图可显示单个项目与整体之间的关系。三维堆积条形图也是以三维形式显示水平矩形,而不是以三维形式显示数据。百分比堆积条形图用来比较各个类别的每一数值所占总数值的百分比大小。同理,三维百分比堆积条形图是以三维形式显示水平矩形,而不是以三维形式显示数据。

饼状图能够直观地反映分类数据中的其中一类或某个部分占整体的比例,当分类数目不多时,读者对局部占整体的份额便会一目了然,用不同颜色来区分各分类模块也会让占比显示得更加清晰。但是饼状图的局限性在于绘制的数值没有负值,同时几乎没有零值。

5.2.2 时序数据可视化

时序数据即时间序列数据,即任何随着时间而变化的数据,如一天中气温随时间的变化。时间作为可视化图表常用的维度和属性,经常在数据可视化中体现,具有以下特征:①有序性,时间都是有序的;②周期性,如季节等周期性循环;③结构性,时间的尺度可以按照年、季度、月、日、小时等去切割和划分。时序数据按照是否连续可以划分为离散型数据和连续型数据,时间类型的差异决定了图表表现形式的不同。对于时间序列数据,可以使用的图表有单一柱状图、并列柱状图、堆叠柱状图、散点图、折线图、点线图、日历等形式。

5.2.3 地理数据可视化

地理数据也叫空间数据,存在自然的层次结构,例如,全球数据通常按国家分类,而国家的数据则按照省或者地区分类,对于中国各省份数据,又可以划分市、县等不同类别。地理数据或空间数据的可视化,最简单的方式就是将数值都放在地理坐标系当中,即以地图的形式可视化呈现,这些数值包括经度、纬度、相关属性数据,如某年各省份的GDP等。地图是依据一定的数学法则,使用制图语言表达地球上各种事物的空间分布、联系和时间发展变化状态而绘制的图形。对于地理数据或空间数据,可以选择面量图、点分布图、比例符号地图、热力图、等高线图、航线图等图表类型。对于不同的地理数据,选择恰当的地图可视化形式,将会为数据新闻增色不少。

5.3 可视化操作工具

数据新闻可视化让鲜活的数据直观地呈现出其理性之美与深度之美,是新闻报道形式创新的重要步骤,也是面对新闻业变革所做出的积极应对[①]。通过本小节,读者可明确可视化设计的基础要点和美学原理,并了解五款当前主流的数据新闻可视化工具。

5.3.1 Tableau 交互图表制作

Tableau 简单、易用,便于上手,是桌面端最简单的智能可视化工具之一。Tableau 将数据运算和丰富的图表结合起来,无须编程即可进行条形图、地图、散点图、甘特图等不同类型图表的绘制。其中 Tableau Public 用户可免费使用,可用于创建可视化仪表盘,并在网上分享,适合所有想要在网上讲述交互数据故事的人。Tableau Public 作为"Tableau 家族"免费的工具,可以立即启动运行,并且可以连接数据、创建交互式数据可视化内容,并将其直接发布到自己的网站,具体见图 5-14。

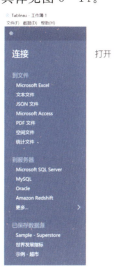

图 5-14 Tableau Public 打开界面

本书将主要介绍 Tableau 在交互式图表方面的具体操作步骤。

首先,打开 Tableau 之后,点击左边蓝框里面的"到文件",导入不同类型的数据文件(见图 5-15)。

本书以"2020 年中国各省份疫情数据"为例。数据文件导入后,若只有一个数据表,即可显示全部数据;若有多个数据表,需点击左侧"工作表"下面的数据文件,将所需数据文件拖拽至页面空白处。

---

① 王秀丽,王天定.数据新闻可视化设计的反思与创新路径:以 2014"数据新闻奖"作品为例[J].新闻界,2015(9):55-60.

图 5-15　Tableau 数据文件导入

同时,还可以对数据进行重命名、隐藏等操作。如果在预览数据时发现数据类型不正确,可以直接进行手动更改,这些手动更改不会影响源文件(见图 5-16)。

图 5-16　Tableau 数据文件处理

导入数据文件后,我们即可开始制作图表。在"工作表"当中我们主要可以制作条形图、柱状图等,在"仪表盘"中我们可以将在"工作表"当中制作的图表进行交互制作(见图 5-17)。

接下来,将着重讲述在"工作表"当中如何制作五种基本图形,即柱状图、条形图、饼状图、折线图和散点图。

制作条形图,可直接将想要制作的图形数据拖拽至"列"和"行"当中。在页面上方"工具栏"中有"升序""降序"按钮,可对条形图进行排序。同时,直接点击想要删除和保留的条形图即可出现相关按钮。具体见图 5-18、图 5-19。

第 5 章 数据新闻的可视化操作

图 5-17 Tableau 工作表界面

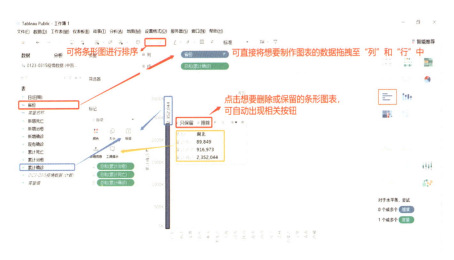

图 5-18 Tableau 柱状图制作界面

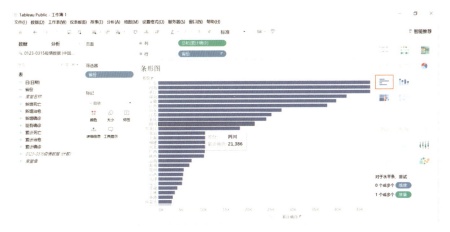

图 5-19 Tableau 条形图制作界面

可将想要显示的数据直接拖拽至"标签"处,图中即会显示相关数据。如若想要在鼠标触碰图形时显示数据,则将想要显示的数据拖拽至工具提示处。

制作饼图(即饼状图),需要先将想要显示的数据拖拽至"颜色"和"大小"上面。具体见图5-20。

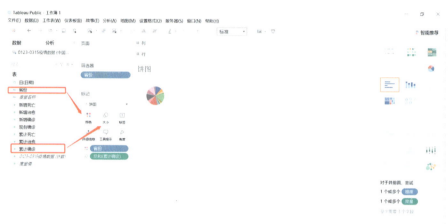

图 5-20　Tableau 饼图制作界面

同时,在"标记"下面的菜单栏中选择图形样式,在页面上方的"标准"下拉菜单栏中选择合适选项,调整图形在页面显示的大小。具体见图5-21。

图 5-21　Tableau 饼图调整界面

折线图一般基于日期进行制作。第一步,我们需点击"日期"前面的图标,将其数据类型改为"日期",同样地,其他数据也可按此修改数据类型。第二步,将"日期"拖拽至"列",将鼠标移动至"日期"框内,可出现白色下拉箭头,点击下拉箭头中的"精确日期""周""年"等,可修改图形的时间区隔。具体见图5-22。

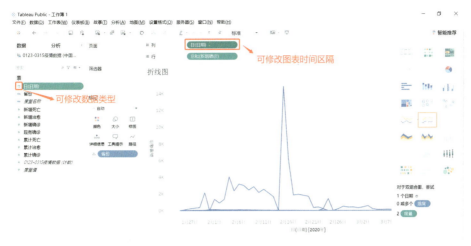

图 5-22　Tableau 折线图制作界面

制作散点图,图形一般涉及两个以上的数据类型。如图 5-23 所示,将"省份"拖拽至"详细信息"处,可以直观地显示出各省份在新增死亡和新增治愈方面的比例之差。

图 5-23　Tableau 散点图制作界面

5.3.2　Excel 图表制作

Excel 是 Microsoft Office 的一款电子表格处理软件,通过工作簿对数据进行存储、分析、可视化展示。Excel 可以生成教育、企业等各领域的数据分析模型,支持函数运算、公式处理数据,并可进行可视化展示。本小节以 Excel 2016 版本为例进行 Excel 的界面和功能介绍。

首先介绍图表的组成元素。Excel 2016 提供了 14 种内部的图表类型,每一种图表类型又有多种子类型。用户可以根据实际状况,选择原有的图表或自己定义。图表主要由图表区、绘图区、坐标轴、图例、数据表、数据标签、图表标题和背景等组成。

Excel 2016 可以创建嵌入式图表和工作表图表。嵌入式图表是与工作表数据在一起或者与其他嵌入图表在一起的图表。使用 Alt+F1 组合键可以创建嵌入式图表,使用 F11 键可以创建工作表图表,当然在功能区中也可以方便地创建图表。

对于不同类型图表的选择,可以参考以下几种图表的介绍和例子。

柱状图也叫直方图,主要用于显示一段时间内数据变化或者显示各项数据之间的比较情况,包括簇状柱状图、堆积柱状图、百分比堆积柱状图、三维簇状柱状图、三维堆积柱状图、三维百分比堆积柱状图和三维柱状图。可以使用柱状图显示学生成绩的差距。

折线图可以显示随时间而变化的连续数据,适用于显示在相等时间间隔下的数据变化趋势。折线图包括堆积折线图、百分比堆积折线图、带数据标记的堆积折线图、带数据标记的百分比堆积折线图和三维折线图。可以使用折线图表示某产品的销量变化。

饼图也叫饼状图,是显示一个数据系列中的各项大小与各项总和的比例。饼图包括三维饼图、复合饼图、复合条饼图和圆环图等。在工作中如果遇到需要计算总费用或总金额的各个部分构成比例情况,可以使用饼图,直接以图形方式显示各个组成部分所占比例。

条形图与柱状图类似,但是又有所不同,可以显示各个项目之间的比例状况。条形图为水平方向,包括簇状条形图、堆积条形图、百分比堆积条形图、三维簇状条形图、三维堆积条形图和三维百分比堆积条形图。可以使用条形图显示销售业绩情况。

此外还有面积图、气泡图、曲面图、雷达图、树状图、旭日图等多种图表类型,需要在动手实践中慢慢了解各种图表的用处。

对于图表的编辑,主要包括在图表中插入对象、在图表中插入网格线、创建组合图表、调整图表样式大小等,需要在实际操作中逐渐体会。

5.3.3 Gephi 关系网络图制作

Gephi 用于处理任何可以表示边和节点的网络数据,比如社交关系、信息节点、物理网络、生物网络等数据。通过 Gephi 的处理与可视化,这些数据将呈现相应的网络关系图表形式。具体而言,这些数据具有节点与边的数量、有向图或无向图、是否多图、边有权重或无权重等特征。也可以对这些数据进行计算,例如节点的度、图密度、图的直径与半径、图的连通度、两点间的最短路径,以及图的平均长度等。通过对这些数据在以上定义的基础上进行分析和处理,得到关系网络的可视化呈现。这些分析和处理包括对图进行网络特性的统计分析,例如节点的介数中心度、亲密中心度、离心度等,或者根据不同方式的布局,对图进行可视化处理,进而对图进行解读和分析。

本节将简要介绍如何使用 Gephi 制作关系网络图。

(1)打开 Gephi 软件后会看到欢迎页面,关闭欢迎界面后会显示出空白的界面,界面主要分为外观设置区、布局设置区、图表展示区和统计与过滤筛选区。简单的作图只需用到外观设置区、布局设置区和图表展示区即可。具体见图 5-24。

外观设置区右上角的四个小图标分别表示节点颜色、节点的大小、节点标签颜色、节点标签大小,换成"边"的外观设置也同样。

点击"窗口",在下拉菜单栏中可调整图表展示区的相关窗口,以便之后的作图。具体见图 5-25。

图 5-24　Gephi 关系网络图制作页面

图 5-25　Gephi"窗口"操作页面

然后，进行数据准备。与所有网络图绘制工具一样，Gephi 同样需要导入"网"的数据，最简单常见的网络图数据是 edges（边文件）和 nodes（节点文件）。

节点文件主要是对节点属性进行描绘，如导入节点文件必须注意 id 列。节点的唯一 id，应与边文件的 source、target 内容匹配。节点的标签名字——label，在导入后可在图形中显示节点的名字。

边文件主要记录了边的数据，是网络图的核心，最简单的边文件由三列组成：source、target、weight。source 是该边的起点、出发点、源。target 是边的终点、目标。weight 是边的权重，用数值表示，不考虑权重的可全部设置为 1。节点文件和边文件示例见图 5-26。

如上编辑好了节点文件和边文件，再保存成.csv 文件即可导入 Gephi。

	A	B			A	B	C
1	id	module		1	source	target	weight
2	Rpl30	green		2	Rpl30	Rps6	0.162891
3	Rps6	green		3	Rpl30	Gm17275	0.103417
4	Rps16	brown		4	Rpl30	Rhoa	0.127483
5	Hnrnpa1	yellow		5	Rpl30	Rps6-ps3	0.125905
6	Gm24483	brown		6	Rpl30	Fam63a	0.106835
7	Gm25193	magenta		7	Rpl30	Grcc10	0.13393
8	Fau	red		8	Rpl30	Gm12191	0.143048
9	Hnrnpk	black		9	Rpl30	Pkp4	0.207722
10	Ap2m1	blue		10	Rpl30	Gm23653	0.184112
11	Gm17275	green		11	Rpl30	Ndufa8	0.126683
12	Cox6a1	red		12	Rpl30	Gm9703	0.249023
13	Gm25063	brown		13	Rpl30	Rpl30-ps3	0.237252
14	Gm6767	brown		14	Rpl30	Rps6-ps2	0.152723
15	Eif5a	black		15	Rpl30	Serpinh1	0.131522
16	Gm8203	blue		16	Rpl30	Srpr	0.170006
17	Gm24979	magenta		17	Rpl30	Ncoa4	0.12913
18	Gm12254	brown		18	Rpl30	Hsd17b12	0.197816
19	Gm25197	magenta		19	Rpl30	Adamts1	0.170412
20	Eci2	red		20	Rpl30	Gm11604	0.130078

图 5-26 节点文件和边文件示例

(2)进行数据导入。点击"文件"在下拉菜单栏中选择"导入电子表格",将处理好的数据文件导入 Gephi 当中。具体见图 5-27。

图 5-27 将数据导入 Gephi

导入之后可以看到图表区图形较乱,刚导入的边和节点数据可以在"数据表格"里看到,另外,如果用到右边的统计方法,其计算结果也会保存在这里。具体见图 5-28。

在图形界面,我们在布局区里选择一个布局方法,这里使用 Fruchterman Reingold 布局,大家也可以尝试不同的布局。点击"运行",软件会按照算法对网络图进行布局调整,待图形稳定后再点击"停止",也可以拖动图上的点手动调整点的位置。具体见图 5-29。

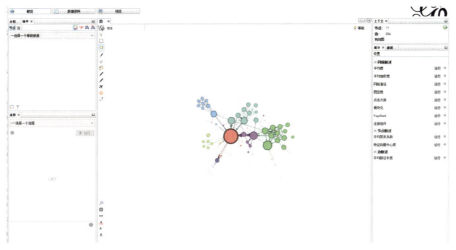

图 5-28　初步形成的 Gephi 关系网络图

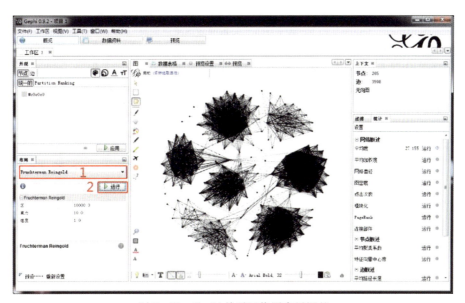

图 5-29　Gephi 关系网络图布局调整

可以用点文件附加的 module 列用来映射颜色，我们在外观设置区选择"节点-Partition"和"颜色"，在"选择一种渲染方式"的下拉菜单里会有节点文件数据里的各属性列，选择之后 Gephi 会给 module 里的各项自动分配一个颜色，也可手动调整，再点击"应用"即可。具体见图 5-30。

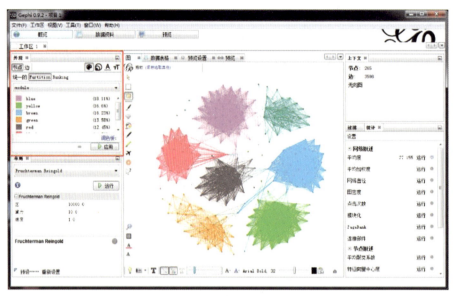

图 5-30　Gephi 关系网络图颜色调整

（3）调整节点的大小。在外观设置区选择"节点-Ranking"和"大小"，下拉菜单里有一个默认选项"度"，即按照节点的连接数调整节点的大小，连接多的节点就大，尺寸范围也可以调整。或者利用右边的统计工具计算"平均加权度"，再映射到节点的大小上，如此，图形的表现就更丰富了。具体见图 5-31。

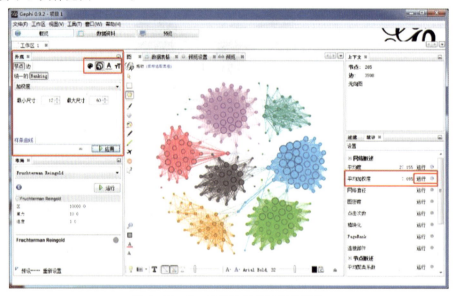

图 5-31　Gephi 关系网络图节点调整

调出"预览"界面，可以预览导出的图形；调出"预览设置"界面，还有很多可选可调的参数，如边的"弯曲""透明度"等。下方的"刷新"按钮用于刷新预览图形，"SVG/PDF/PNG"按钮用于将图形导出为不同的格式。具体见图 5-32。

以上就是关于如何使用 Gephi 制作关系网络图的简要步骤。

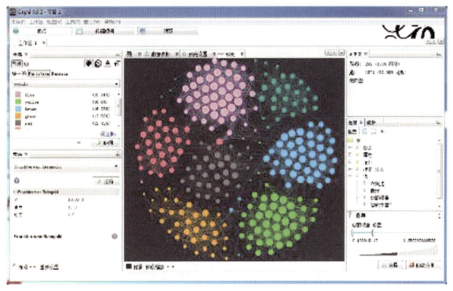

图 5-32 Gephi 关系网络图导出

5.3.4 ArcGIS 地图制作

美国环境系统研究所（Environment System Research Institute，ESRI）于 1969 年创办，总部设在美国加利福尼亚州雷德兰兹市。1981 年该机构发布了第一套商业 GIS 软件，之后的几十年里，ESRI 不断更新 ArcGIS 软件。

ArcGIS 是计算机制图应用、地图可视化的专业软件，拥有全球范围内的底图、地图数据、应用程序，以及可配置的应用模板和开发人员使用的 GIS 工具与 API，可用于创建 Web 地图，发布 GIS 服务，共享地图、数据和应用程序，以及管理组织的内容和多个用户。

ArcGIS for Desktop 是 ESRI 的"ArcGIS 产品家族"中的桌面端软件产品，是为 GIS 专业人士和地理可视化从业者提供的用于地理信息制作和使用的工具，可以实现任何 GIS 任务，或是制作炫酷、美观的地图。ArcGIS for Desktop 包含了高级的地理分析和处理能力，提供强大的编辑工具、完整的地图生产过程，以及无限的数据和地图分享经验。本小节将以 ArcGIS for Desktop 10.2 版本中文版为例，对此桌面端地图可视化工具进行介绍。

ArcGIS for Desktop 有众多功能，包括空间分析、数据管理、制图和可视化、高级编辑、地理编码、地图投影、高级影像、数据分享等。由于本技术共享系统面向不同专业和职业的人群，因此只重点介绍其制图和可视化部分。

ArcMap 是 ArcGIS for Desktop 的核心应用程序，打开界面如图 5-33 所示。它将传统的空间数据编辑、查询、显示、分析、报表和制图等 GIS 功能集成到一个简单、可扩展的应用程序框架中，该框架提供了两种操作界面——地理数据视图和地图布局视图。其中，地理数据视图能对地理图层进行符号化展示、分析和编辑 GIS 数据集；在地图布局视图中，可以处理地图的版面，包括地理数据视图和比例尺、图例、指北针等地图元素。

下面将介绍主窗体。在主菜单栏部分可以选择需要使用的功能菜单。工具条是按照一定功能逻辑划分的一组功能按钮的组合，在工具条容器空白处右击可以选择需要使用的工具条；内容列表用来显示地图文档所包含的数据框、图层、地理要素、地理要素的符号、数据源等；主

图 5-33 ArcGIS for Desktop 打开界面

体部分地图显示区提供两种视图,用以呈现地图;右侧目录窗口可提供包含文件夹和地理数据库的树视图;右下角状态信息栏用于显示鼠标位置坐标、功能操作的状态等信息。

Shapefile 格式是一种用于存储地理要素的几何位置和属性信息的非拓扑的矢量数据结构格式,是可以在 ArcGIS 中使用和编辑的一种空间数据格式,由一系列文件来共同定义地理要素的属性等,包括 shp 点坐标存储文件、shx 几何索引文件、dbf 要素信息 dBase 表、prj 坐标系统信息文件以及 xml 元数据文件,即相关描述信息。

Geodatabase 数据格式是建立在 DBMS 上的统一的、智能化的空间数据库。Geodatabase 数据模型使现实世界的空间数据对象与其逻辑数据模型更为接近,目前有三种 Geodatabase 结构:Personal Geodatabase(个人地理数据库)、File Geodatabase(文件地理数据库)、基于 SDE 的 Enterprise Geodatabase(商用数据库)。

在了解软件主窗体和基本数据格式后,就可以进行地图的可视化了。在 ArcGIS 中,以 mxd 作为扩展名的文件是地图文件,也叫地图文档。一个地图文件里包含一个或多个图层,里面有每个图层的名称、符号、颜色、字体、标注、注记、数据显示范围、数据源信息等。

打开 ArcMap,在主菜单中选择文件,单击新建,出现新建文档窗口,选择"新建地图",会出现"我的模板",在"我的模板"中找到"空白地图",默认一个地理数据库,单击确认,即可生成一个新的 mxd 地图文件。

在新建的地图文件中新建图层,连接相应数据格式的地理数据,即可进行地图可视化。

5.3.5 iArtist 三维图形可视化

iArtist 是一款颇为实用的三维图形图像实时创作软件。iArtist 是基于艾迪普先进的三维图形图像实时引擎技术,以其易用的人机交互界面和丰富的效果、特技支持,凭借强大的实时渲染能力,可以让设计师创作更高品质的图形图像产品。iArtist 作为一款实时图形图像创作工具,可以广泛应用于电视在线实时包装、虚拟现实和增强现实应用、三维信息可视化数字教育、数字医疗、数字展览展示,以及全息影像可视化艺术创作等。iArtist 工作界面如图 5-34 所示。

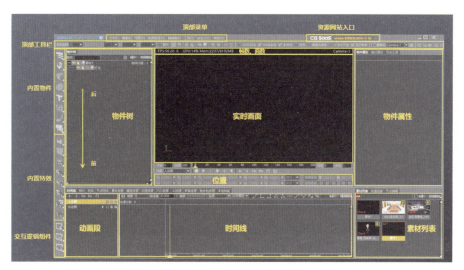

图 5-34　iArtist 工作界面

这里将主要介绍 iArtist 在图文、图表层面的三维图形可视化，包括二维图片生成三维图片、热点词云的使用、各类图表的三维可视化。

首先是二维图片生成三维图片。第一步，在三维物件中找到路径拉伸体，双击或用鼠标左键拖到物件树打开。第二步，在窗口右键选择"加载标准图形"，找到自己需要的 jpg 图片，图片必须是白底黑边的线稿图。第三步，单击物体厚度缩放窗口，可以调整物体厚度。第四步，利用物体前后大小缩放窗口，可以调整物体前后缩放，或者改变物体形状曲线。具体见图 5-35。

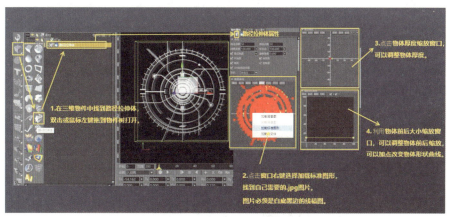

图 5-35　iArtist 二维图片生成三维图片

其次是热点词云的使用。词云的宽、高必须与图形文件宽、高一致。具体见图 5-36。

最后是各类图表的三维可视化。各类图表都应点击"参数链接"中的"数据计算"，明确各类目标物件参数。具体见图 5-37。

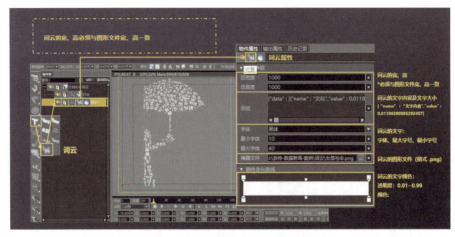

图 5-36 iArtist 热点词云的使用

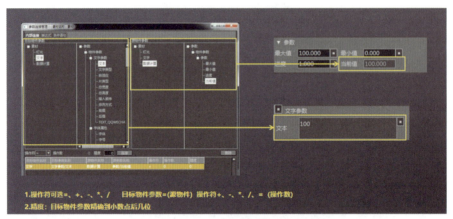

图 5-37 iArtist 各类图表的三维可视化

(1)柱状图的数据链接。根据数据计算的进度(0~1),控制立方体高度、文字文本。立方体与文字都和数据计算的当前值有关。具体见图 5-38。

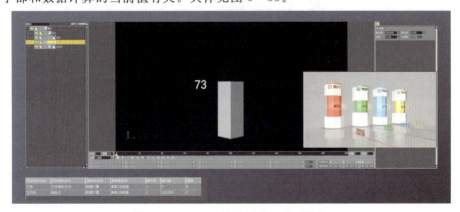

图 5-38 iArtist 柱状图的三维可视化

(2)饼图的数据链接。在三维物件中找到带字饼图,双击打开或用鼠标左键拖到物件树打开。修改或添加数值可以控制饼图数据,数据与数据之间需用空格隔开。

根据数据计算的进度(0~1),控制饼图数据、文字文本。饼图的数据与文字都和数据计算的当前值有关。具体见图 5-39、图 5-40。

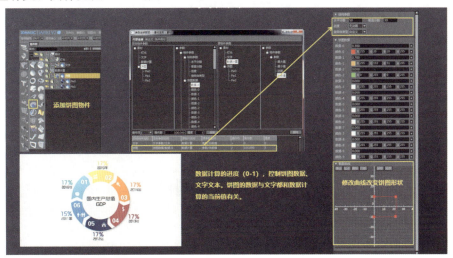

图 5-39 iArtist 饼图的数据链接

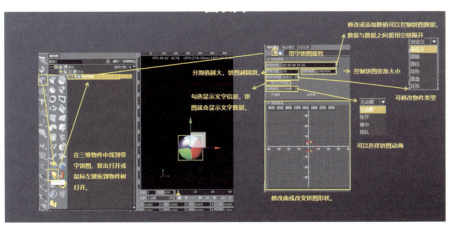

图 5-40 iArtist 饼图的三维可视化

(3)折线图的数据链接。根据数据计算的进度(0~1),控制立方体高度、文字文本。立方体与文字都和数据计算的当前值有关。具体见图 5-41。

以上就是 iArtist 在图文、图表层面的三维图形可视化的简要操作步骤。

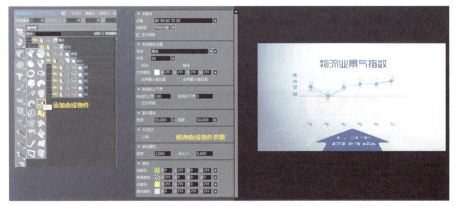

图 5-41 iArtist 折线图的三维可视化

本章小结和测试

 本章小结

本章对数据新闻可视化操作进行了总结,主要介绍了可视化设计的基本原则和美学原理,总结了不同类型数据的可视化操作,并介绍了可视化操作工具的简要操作步骤。

对可视化设计的美学原理进行总结,主要有以下几点:点、线、面、色彩。对不同类型数据的可视化操作进行总结,主要有以下几点:分类数据可视化、时序数据可视化、地理数据可视化。

 实践训练

(1)选择一篇代表性的数据新闻,分析它的可视化设计的基本原则和美学原理。
(2)根据不同类型的数据,分析适用的可视化操作。
(3)学习相关可视化操作工具,并进行数据新闻可视化尝试。

第 6 章 静态数据新闻介绍

21世纪以来,随着新闻制作技术的发展,数据新闻的呈现形式越来越丰富多样。依据数据新闻是否呈现动态效果以及是否具备交互功能,可将数据新闻分为静态数据新闻、动态数据新闻和交互数据新闻三类。静态数据新闻,是数据新闻发展早期的一种常见类型,在当下数据新闻实践中也有着广泛的运用,是初学者了解数据新闻的基础。本章主要对静态数据新闻的概念、特点与呈现形式进行介绍,最后通过静态数据新闻的案例分析,解读静态数据新闻在具体生产实践中的应用与呈现。

 学习目标

- 了解静态数据新闻的基本概念与特点。
- 掌握静态数据新闻的常见呈现形式。

6.1 静态数据新闻的概念与特点

6.1.1 静态数据新闻的概念与发展

静态数据新闻是数据新闻最早的一种呈现类型,它是将抽象数据具象化,利用图像处理技术,将采集的数据生成为柱状图、散点图、网络图、地理图等静态形式的可视化数据信息图,服务于新闻内容,使受众能够在短时间内解读复杂冗长的数据背后的新闻信息。

"数据新闻"这一概念是在21世纪初由西方国家提出并传入我国的。虽然数据新闻的概念出现比较晚,但是数据新闻的实践却很早就已经开始,数据新闻最初的实践形式便是静态数据新闻。根据对已有研究的考察,静态数据新闻报道源自英国《卫报》。1821年《卫报》将数据图表登上报纸,既意味着数据新闻的萌芽,也开启了静态数据新闻的实践历程。受制于技术发展,早期的静态数据新闻多以手绘为主,表现形式简单、色彩单一,与如今的静态数据新闻在视觉效果上无法相比,但促进了数据新闻的早期实践。

数据新闻的发展经历了以静态图形为主的早期计算机辅助报道。1978年美国的《时代》周刊雇用了奈吉尔·霍姆斯,他将文字说明与图表巧妙地结合在一起,促进了静态数据新闻的发展。1982年创刊的《今日美国》则将数据新闻对图表的使用推上一个新的高度,甚至可以说《今日美国》的成名就是因为其对静态数据新闻图表的大规模运用,如该报使用新闻图表制作的天气预报图,直到今天仍有很多媒体采用。使用静态的可视化图片进行相关的新闻报道,为新闻的呈现提供了新的思路,在一定程度上创新了传统的新闻生产和新闻传播,拓宽了传统新闻的报道形式,同时可视化的呈现又增加了新闻的可读性。

随着数据新闻这一报道形式的发展实践,《卫报》《纽约时报》《华盛顿邮报》等多家国际知名媒体将静态数据新闻视作传统媒体转型的重要尝试。《卫报》作为数据新闻的开拓者,它的数据博客中的优秀数据新闻作品向人们很好地诠释了数据新闻的前景,使静态数据新闻广泛走进人们的视野。在数据新闻探索实践方面较为成熟的媒体还有美国的《纽约时报》,它的 The Upshot 栏目发布的很多作品都非常优秀,且在业界产生了巨大影响。国外的主流媒体和一些独立新闻机构都开始组成了专业的团队,将静态数据可视化技术应用于新闻报道,运用静态数据技术来抓取、过滤、分析错综复杂的数据信息,并以静态数据形式呈现数据分析结果。除主流传统媒体进行有关于静态数据新闻实践的尝试外,一些其他机构、相关媒体,以及独立个人和工作室也在进行着有益的尝试。

新闻报道形式自身的不断发展及图片、影像等视觉信息制作成本的下降从根本上加速了文字语言文化向视觉文化转变的历程,而静态的图片、图表无论在传统纸媒,还是在各种新兴媒体中都已经成为"以图载道"进行传播的常规"武器"。各种各样的新闻题材以及诸多重大事实报道,对新闻的制作速度和呈现形式提出了越来越高的要求,静态数据新闻对这种要求的高贴合度使得其发展更加迅速,而这不仅仅是制作者,也是广大受众群体的必然选择。在如今不断发展的数据新闻之中,随着用户需求的不断变化,各种新的可视化样式的静态数据新闻形式也在不断涌现,人们在阅读这类新闻时将会越来越青睐更友好的图表表现方式,通过图表来获取新闻信息,并获得感官上的享受。

随着传媒科技的不断创新,静态数据新闻不仅在呈现方式上越来越多样化,制作过程也更加专业化。在制作中运用 Excel、Tableau、Adobe Photoshop、Adobe Illustrator 等专门的数据处理软件与可视化制作工具,使视觉呈现更加协调美观,内容表达更加丰富全面。静态数据新闻在发展过程中还探索利用更加多维的静态视觉变量,比如位置、方向、长度、角度、形状、面积、体积、色调、饱和度等,在报道中通过对多样视觉变量元素的综合利用,促进受众对静态数据新闻的理解与认知,从而实现新闻的有效传播。

新华网"数据新闻"栏目在中国夏季奥运会历程一图中,将 1984 年以来中国队参与奥运会所获得的金银铜奖牌进行呈现(见图 6-1),通过不同的颜色代表不同的年份,柱状的长短代表奖牌数量的多少,以一个中心点出发,通过半圆形的形状以及颜色的变化增加了视觉美感,

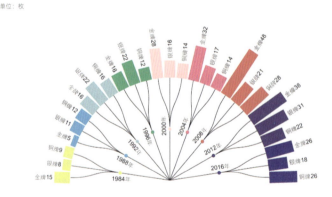

图 6-1 中国夏季奥运会历程

使获奖状况和整体趋势一目了然①。

在中国,数据新闻的发展经历了较长时间的静态数据新闻发展期。2012 年,网易新闻创办了"数读"栏目,开始了国内数据新闻的生产实践。在其早期数据新闻生产中,主要采用静态信息图的呈现方式,给国内受众解读新闻事件提供了不同于传统新闻的新方式。随着数据新闻在国内的发展,数据新闻栏目也越来越多,比如澎湃新闻的"美数课"栏目、新华网的"数据新闻"栏目、财新网的"数字说"栏目等,成为国内数据新闻报道的主要媒体。

国内静态数据新闻报道多以常规静态信息图为主要呈现方式,信息图视觉元素包括摄影照片、插画图表、图解、动画与视觉装饰等,这些元素起补充说明或是美化装饰作用;图表类型则表现为柱状图、网络图、散点图、地理图、时间轴与列表等。

网易"数读"栏目的静态数据新闻作品通过纵向时间轴与横向柱状图相结合的形式,向用户展示了郑州市在 2021 年 7 月 20 日这一天的降雨量与历史上其他整个年份降雨量的数据(见图 6-2),以此来表达郑州市在 7 月 20 日这一天不同寻常的降雨量,使对比更加一目了然②。

6.1.2 静态数据新闻的特点

曾获得 1995 年新闻设计协会(Society for News Design,SND)Malofiej 信息图形设计金奖,并担任过 SND 国际大赛评审的木村博之认为,理想的信息图有以下五个要素③:一是吸引眼球、令人心动;二是准确传达、信息明了;三是去粗取精、简单易懂;四是视线流动、构建时空;五是摒弃文字、以图示义。静态数据新闻是数据新闻发展以来最常见的形式,经过长期实践探索,静态数据新闻与传统的新闻形式相比,表现出以下独特的优势与特点。

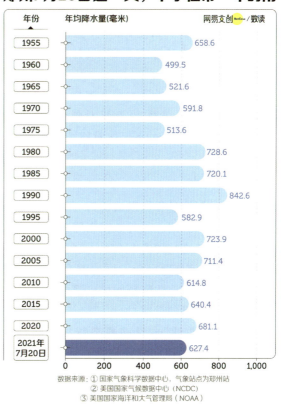

图 6-2　网易"数读"栏目的数据图表

---

① 【数·百年】百年奥运 中国成绩[EB/OL].[2021-07-29]. http://www.news.cn/video/sjxw/2021-07/29/c_1211265890.html.

② 千年一遇的郑州暴雨,到底有多大[EB/OL].[2021-07-21]. https://www.163.com/data/article/GFEGR054000181IU.html.

③ 方洁.数据新闻概论:操作理念与案例解析[M].北京:中国人民大学出版社,2015:192-193.

1. 呈现直观性

静态数据图表是静态数据新闻最常见的呈现方式,这种图表的最大特征就是呈现的直观性。最简单的数据新闻可视化叙事就是在数据信息的加大加粗、颜色变化、重点突出上下功夫,从而达到引起读者注意的目的。如今我们已经进入一个读图时代,直观、清晰、简洁的图表比冗长的文字更加吸引人的注意,也更易被读者接受。特别是针对含有大量信息数据的新闻,通过图表呈现,读者无须通过阅读大量堆砌的文字和数字来获取有效信息,各部分数据、具体占比,甚至长时段内每阶段数据的发展趋势都一目了然。

在以静态图表作为可视化叙事呈现方式的数据新闻中,读者最喜闻乐见的可能就是"一张图……"和"数说(看)……"等标题的报道,如新浪网"图解新闻"栏目的《一图回顾金庸的"侠义"人生》和《数看汶川地震灾后重建:人均 GDP 高于全省均值》、搜狐网"数字之道"栏目的《欧洲球队究竟有多强?|数说世界杯》等都是将抽象的数据转化成直观的信息图表进行可视化叙事。因此,对于一些简单的展示型数据新闻选题,相较于装饰丰富、制作时间成本高的交互表现形式而言,设计简洁列表并减少装饰元素,可以让读者更加高效地了解数据背后的信息。

澎湃新闻"美数课"栏目的静态数据新闻作品《9 张图带你回顾 2020 美国大选》通过地理分布图,向读者展示了美国 2020 年大选选民的地域分布情况,通过在地图上进行不同颜色标记与气泡范围的大小变化,不仅使对比结果更加直观,还能让读者从盲人摸象的困境中解脱出来,看到全貌[①]。

2. 内容条理性

数据新闻的制作过程可以被视为一个不断提炼信息的过程,在这一过程中,原始数据被转换成形式多样的信息图。同时数据新闻并不是单纯的数据展示,而是挖掘数据之间的关联性,从而找到当前主体之间的内在联系,使内容更具条理性。静态数据新闻通过对数据的清洗、筛选和分析,将数据信息进行全方位的整合,最终形成具有条理性和高度概括性的数据新闻报道。具有条理性的静态数据新闻可以帮助读者更好解读复杂烦冗的数据信息,从而提升读者获取与理解关键信息的效率,加深读者认知,提升读者体验。

澎湃新闻"美数课"栏目的静态数据新闻作品《一图看懂第七次全国人口普查关键数据》[②](见图 6-3),将国家统计局发布的第七次全国人口普查数据分别从人口总量、户别人口、人口地区分布、性别构成、年龄构成等不同方面进行呈现,并对每一方面进行了简要的一句话概括。人口总量:保持低速增长;户别人口:家庭户规模缩小;人口地区分布:向发达地区聚集;性别构成:持续改善;年龄构成:老龄化进一步加深。如此方便读者形成更加整体的认知。在每一方面,还通过关键数据的呈现与简短文字的解读,伴随颜色的变化,利用箭头指示、圆圈大小、横向比率等静态视觉变量提升读者的阅读效率,加深读者的印象,整个新闻内容显得十分具有条理性。

---

① 9 张图带你回顾 2020 美国大选[EB/OL].[2020-11-08]. https://www.thepaper.cn/newsDetail_forward_9867378.

② 一图看懂第七次全国人口普查关键数据[EB/OL].[2021-05-11]. https://www.thepaper.cn/newsDetail_forward_12618019.

图 6-3 作品部分截图

3. 形式多样性

随着可视化技术的创新,静态数据新闻作品具有更加丰富多样的呈现形式。一般而言,数据都是处于时间和空间中的变量。对于以时间为主线的变量,主要以时间轴或时间线的形式进行呈现。时间轴可以横向展开,也可以纵向展开,还可以是环形等其他形式。通过时间的主线,可将其中的变量以折线图、柱状图、条形图等形式进行呈现。对于以空间为主线的变量,主要以地理图、路线图、区域图、散点图等形式进行呈现。在时间和空间之外,还有比例图、程序图、文本图、网络关系图等多种形式的静态可视化形式,具体选择哪一种呈现形式,需要根据具体的数据内容加以确定。

对于同一组数据,也可以有不同形式的可视化呈现。随着可视化技术的发展,设计者往往会对传统形式的静态图表进行变形处理,在传达数据信息的基础上,使图表更具观赏性。网易"数读"栏目的静态数据新闻作品《春节吃不胖指南,看这一篇就够了》①,对不同种类豆制品的热量进行了对比(见图6-4),通过环形图代替了传统的柱状图表现形式,热量的高低根据环状的长短一目了然,使视觉效果更加突出。

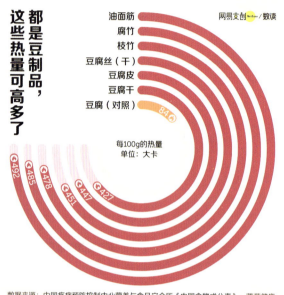

图6-4 不同种类豆制品的热量对比

4. 制作成本较低

静态数据新闻是数据可视化最早的表现形式,也是制作成本最小的可视化方式。首先,静态数据新闻的技术门槛较低,掌握 Excel 等简单图表功能操作的普通设计师都可以独自完成。其次是制作时间短,与动态和交互形式的数据新闻相比,静态可视化可以在较短的时间内制作完成。尤其是对于时效性很强的突发性新闻而言,静态可视化作品必不可少。

例如,2022年3月21日发生的东方航空 MU5735 坠毁事故,从坠机事故被中央广播电视总台报道,仅仅四个半小时之后,澎湃"美数课"栏目即在微信公众号发布静态可视化新闻作品《一图看懂东航 MU5735 坠毁事故》②。报道中将坠机关键信息通过简短的文字进行说明,将航班飞行轨迹与地图进行融合呈现,使出发地、目的地和坠机地一目了然(见图6-5)。

除 Excel 等传统的可视化工具外,市面上还有很多免费可用的可视化程序和网站,支持在线生成多样化的可视化信息图,比如镝数图表、百度智能云、Visually 等,大都简单易学,能够

---

① 春节吃不胖指南,看这一篇就够了[EB/OL].[2022-02-01]. https://www.163.com/data/article/GV4F07OV000181IU.html.

② 一图看懂东航 MU5735 坠毁事故[EB/OL].[2022-03-21]. https://www.thepaper.cn/newsDetail_forward_17226002.

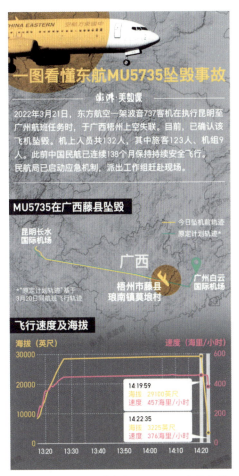

图 6-5　一图看懂东航 MU5735 坠毁事故

使用 Excel 图表工具的初学者都可上手操作,为数据新闻生产提供了支持。当然,静态数据新闻制作成本较低并不使绝对的,只是对于常规型的静态数据新闻而言。对于有些非常规表现形式的静态数据新闻,其制作也需要花费较多的时间成本和人力成本,对技术的要求也有一定程度的提高。

6.1.3　静态数据新闻面临的挑战与发展趋势

1. 静态数据新闻面临的挑战

静态数据新闻是数据新闻发展初期的主要呈现形式,随着可视化技术的进步发展,静态数据新闻的呈现形式更加丰富,但不可否认,其在表达上仍然存在自身的缺陷,面临着科技与时代发展带来的挑战。

一是缺乏互动性,受众体验感下降。随着时代变迁与技术变革,当前的受众更加讲究互动性,追求沉浸式阅读体验,对新闻的要求不仅仅是我了解到了什么,更加强调我感受到了什么,注重视觉、听觉与内心感觉的多重交融。而静态数据新闻因以常规静态信息图表为主要呈现形式,仅仅依靠视觉传达信息,不能更好满足当下受众的阅读体验。尤其是在当前的碎片化阅读时代，如果数据新闻报道不具备新颖的形式，很有可能与读者失之交臂。此外，静态数据新闻由于无法进行交互性设计，缺乏"传""受"双方的互动，导致多维性与立体性缺失，这也是其进一步发展面临的挑战。因此，创新呈现形式成为静态数据新闻进一步发展的关键。

二是过度可视化，本末倒置。图表设计不是元素越多、越丰富，就越美观，数据新闻可视化的首要目的也不是美观，而是让读者更加高效地获取新闻信息。在静态数据新闻报道中，有的报道对条形图、柱状图等做了多种变形，并添加各种辅助连线、颜色、图标等，虽然在一定程度上起到了装饰图表的作用，但有时候过于繁杂的装饰与不协调的色彩搭配反而造成了喧宾夺主的后果，不利于读者对关键信息的获取，增加了读者的阅读成本，消磨了读者的耐心。因此，添加辅助元素时要考虑其必要性和适当性，辅助元素的恰当运用可以为数据新闻锦上添花，否则可能会画蛇添足，显得格格不入，而这也在一定程度上考验着数据新闻创作者的审美能力。

2. 静态数据新闻的发展趋势

面对静态数据新闻的发展瓶颈，多家媒体机构对静态数据新闻的呈现进行调整，进一步优化静态可视化呈现方式，在呈现元素、转换角色、可视化设计等方面有所创新，强调通过挖掘和分析庞大数据之间的联系来讲述新闻事件，最终实现用巧妙的可视化方式，争取更好的叙事效果与传播效果的目标，让用户更易于认知复杂的情景。

随着新媒体技术的快速发展，静态数据新闻的报道比例逐渐下降，媒体更倾向于利用动态与交互的方式进行数据可视化呈现。动态数据新闻往往是静态数据新闻的升级版，使在静态数据新闻形式下的信息图表通过动态形式呈现出来，让图表不再是固定的形态，而是可以随着鼠标和手指的滑动进行变形，使得页面更加精美，视听体验更加沉浸，在交互形式下还能够及时接收受众反馈，与受众进行互动，大大提升了受众的新闻阅读体验。

尽管如此，动态与交互数据新闻并不能取代静态数据新闻，静态数据新闻具有自身的优势与适宜性，在数据新闻设计与制作上，具体选择静态方式，还是动态方式，要看新闻主题与数据本身的性质。

6.2 静态数据新闻的呈现形式

呈现形式，是指数据新闻以什么样的形式呈现数据。初学者最先接触的可视化类型大都是基本的图表，比如：曲线图用来反映随时间变化的趋势；柱状图用来反映分类项目之间的比较，也可以用来反映时间趋势；条形图用来反映分类项目之间的比较；饼图用来反映构成，及部分占总体的比例；散点图用来反映相关性或分布关系；地图用来反映区域之间的分类比较；等等。下面主要介绍五种常见的静态数据新闻呈现形式。

6.2.1 数据图表

数据图表是一种在数据新闻中用静态图表来表现数据并引出新闻的静态数据新闻类型。

在这种数据新闻中,数据图表往往逻辑严密且不具有互动性,是数据新闻实践的常用类型。

按照图表的复杂程度,数据新闻中所使用的数据图表可分为单一型数据图表和复合型数据图表。单一型数据图表即对同一组数据仅以一张数据图表进行呈现,制作过程较为简单,数据新闻记者只需把要使用的数据输入办公软件 Excel 后可自动生成。单一的条形图、柱状图、折线图、环形图、饼图等,都可以通过 Excel 进行制作呈现(见图 6-6 和图 6-7)。此外,还可以利用 Excel 等软件对其进行一定程度的美化处理,使其在呈现上更具美感,提升读者的视觉体验。

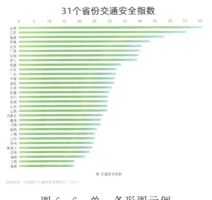
图 6-6　单一条形图示例

图 6-7　单一环形图示例

复合型数据图表即对同一组数据从不同维度制作多张数据图表进行呈现,制作过程比单一型数据图表更为复杂,需要执行多次操作才能完成可视化过程。在早期数据新闻中较多使用的是单一型数据图表。目前各大媒体的数据新闻团队的数据新闻技术均较为成熟,在他们制作的数据新闻中已较少看到单一型数据图表,在政治、经济、教育等较为重要的话题中,他们更多地使用复合型数据图表,从多个维度对数据进行分析,帮助读者更好地了解当今政治、经济、教育的真实情况。俄乌冲突发生后,澎湃新闻"美数课"栏目通过复合型数据图(见图 6-8),呈现了国际粮油价格出现普遍上涨的趋势①。

按照图表的呈现形式,静态数据图表可划分为柱状图、折线图、饼图、环形图等形式。随着可视化技术的发展,静态数据新闻中传统形式的数据图表已经较为少见,在制作过程中,设计者通常会对传统形式的数据图表做进一步处理,在传达数据背后新闻信息的同时,不仅使可视化呈现更具审美性和艺术性,还能更加吸引读者,令人耳目一新。如图 6-9 所示,通过柱状图与折线图来表示不同年份中国数字经济的规模与占当年 GDP 的比重②;通过饼图表示居家办公期间人们的上班时间变化情况,融入了漫画形式,使画面更加生动活泼(图 6-10)③;通过将

---

① 数说|俄乌冲突致全球粮价飙升,哪些国家最受影响?[EB/OL].[2022-05-06]. https://www.thepaper.cn/newsDetail_forward_17957244.
② 规模近 40 万亿!一图看懂中国数字经济发展[EB/OL].[2021-12-10]. http://www.news.cn/datanews/20211210/80c2fd3950144081ab8e1ae5d49ab18f/c.html.
③ 说真的,我宁愿挤 2 小时地铁,也不要居家办公了[EB/OL].[2022-06-10]. https://mp.weixin.qq.com/s/iwk1AsvGaaT_QXqQL398NA.

传统柱状图变形为环形柱状图,在圆形的两侧分别表示南京的日照时长与降水天数年度变化情况,变形使呈现更加美观(见图 6-11)①。

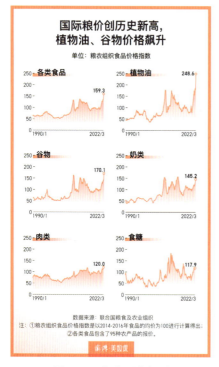

图 6-8 复合型数据图

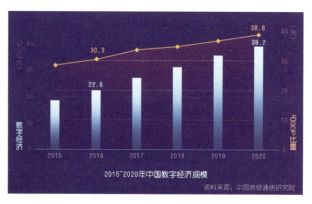

图 6-9 柱状图与折线图

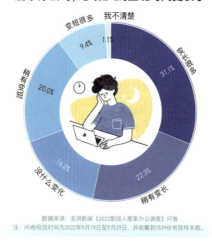

图 6-10 饼图

图 6-11 环形柱状图

---

① 南方阴雨大赛|60 年的数据告诉你:这是太阳流浪最久的一次[EB/OL]. [2019-03-05]. https://www.thepaper.cn/newsDetail_forward_3047728.

总体来说,在静态数据新闻中,数据图表是其中最为常见,同时也是制作技术最简单、最易操作与实现的一种形式。目前国内媒体的静态数据新闻实践多是以制作数据图表为主。

6.2.2 时间轴

时间轴是把新闻信息数据通过 5W 要素中的 When 要素整合起来,是静态数据新闻另一种较为常见的可视化呈现形式。通过时间轴的静态可视化形式,数据新闻记者可以将新闻事件发生的背景以及具体内容以时间节点为主线,依次且完整地呈现事件的发展历程。

一般而言,在新闻报道中,大部分新闻叙事是按照事件发生发展的时间先后顺序进行的,如果所报道的新闻时间跨度长,需要呈现的信息量又十分巨大时,就会在一定程度上给新闻报道带来困难。而以时间轴为主要呈现形式展开的数据新闻,可以将数量庞大的信息数据按照时间顺序进行汇编,通过时间的发展脉络来展现整个事件的发展过程,使新闻叙事呈现出一种时间逻辑,这样不仅使内容呈现更加直观,也更方便用户阅读。

时间轴通常以横向、纵向或环状形式呈现。比如澎湃新闻"美数课"栏目在 2020 年美国大选期间,通过纵向时间轴向读者展示了 1856 年以来,包括 2020 年大选在内的美国历史上民主党与共和党两党的总统候选人选票情况(见图 6-12),通过横向条形图长短与颜色深浅的变化,对比结果一目了然①。

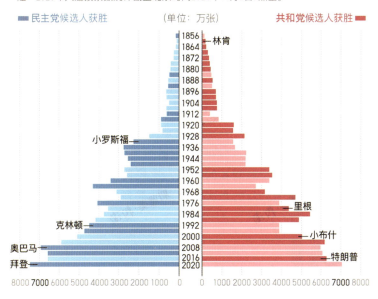

图 6-12 纵向时间轴示例

---

① 9 张图带你回顾 2020 美国大选[EB/OL]. [2020-11-08]. https://www.thepaper.cn/newsDetail_forward_9867378.

除传统的以横向和纵向形式呈现的时间轴以外,环状时间轴也正在成为数据新闻呈现的新形式。比如新华网"数据新闻"栏目将中国世界遗产概况以环状时间轴的形式进行设计排列,展示了1987—2019年期间初次列入世界遗产名录的位于中国的世界遗产(见图6-13)。环状的时间轴呈现形式具有更高的审美价值,令人耳目一新。

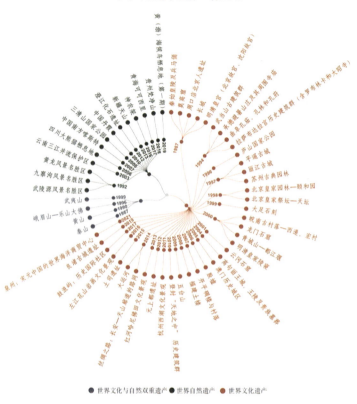

图6-13 环状时间轴示例

此外,除了时间跨度大的时间轴形式的静态数据新闻作品,对较短时间内关注度较高的同一新闻事故的追踪报道也适合使用时间轴的形式。比较典型的报道是腾讯新闻出品的《马航客机事故追踪》,它把马航客机失踪后的每次重要事件都列在时间轴之上,通过滑动时间轴可以追踪到每个时间段的情况。

6.2.3 词云图

在信息处理技术中,数据并不仅指数值型的信息(也就是常说的数字),也可以指文本、图片、音乐、视频等其他类型的信息。数据的可视化加工,主要是指将数值型、文本型等不同类型的数据及其关系用视觉化手段呈现出来。数值型数据的可视化比较常见,也易理解,那么文本数据如何可视化?目前最通用的方式就是通过分析文本中一些词组出现的频率做成词云图。

词云图,或者叫文字云、词频图等,是在文本挖掘的基础上,对文本中出现频率较高的"关键词"予以视觉上的突出,形成"关键词云层"或"关键词渲染",从而过滤掉大量的文本信息,使浏览网页者只要一眼扫过文本就可以领略文本的主旨①。词云图主要通过文字大小的变化以及词频面积的变化来直观呈现文本频次的高低，以此来表示该词的受关注度。

1. 文字大小的变化

词云图最直接的形式就是通过文字大小的变化来表达该词的重要程度，文字越大，表明该词出现的频次越多，意味着被提及或被讨论的次数越多，也就越能体现整个报道的主题。以词云图为呈现形式的静态数据新闻一般在政治、经济、社会、体育等议题中都有可能涉及。例如，光明网通过对2022年全国两会基层代表的发声内容进行分析，制作了"代表通道"的热词词云图（见图6-14），可以看到"人民""群众""工匠精神"等词被提及次数较多，反映了基层代表的声音②。2021年第六届中国数据新闻大赛一等奖作品《需要保鲜的母爱：她们为什么选择"背奶"？》③，对微博上关于"背奶妈妈"的相关话题进行词频分析，形成了关键词词云图。该词云图围绕着"妈妈"和"宝宝"两大关键词，将相关文字排列融合成妈妈抱宝宝的图像（见图6-15），改变了传统的云状形式。"象形"词云图使关键词更加突出，进一步凸显了主题，令读者印象深刻。

图6-14 热词词云图

图6-15 "象形"词云图

2. 词频面积的变化

词频面积的变化往往是以一定时间内该文字出现的频次作为统计数据，出现次数越多，则词频面积就越大，反之则越小，且具有一定的时间跨度。比如澎湃新闻"美数课"栏目的数据新闻作品《数说两会|1978年到2022年政府工作报告关键词盘点》④，在2022年两会召开期间，

---

① "词云"：网络内容发布新招式[EB/OL]. [2021-12-31]. http://media.people.com.cn/GB/22100/61748/61749/4281906.html.

② 【两会"云"扫描】三大"通道"这样回应百姓心声[EB/OL]. [2022-03-11]. https://m.gmw.cn/baijia/2022-03/11/35581201.html.

③ 需要保鲜的母爱：她们为什么选择"背奶"？[EB/OL]. [2021-07-28]. https://m.thepaper.cn/newsDetail_forward_13768858.

④ 数说两会|1978年到2022年政府工作报告关键词盘点[EB/OL]. [2022-03-05]. https://www.thepaper.cn/newsDetail_forward_16938311.

从中国政府网上整理了从1978年至2022年共计45份政府工作报告中的关键词汇,通过常青词汇(见图6-16)、喇叭形词语(见图6-17)等来体现40多年来政府工作的变化及着重点。

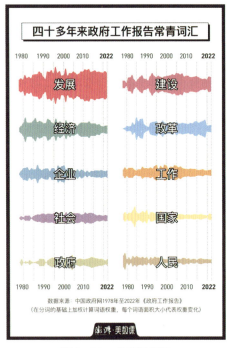

图6-16 常青词汇图

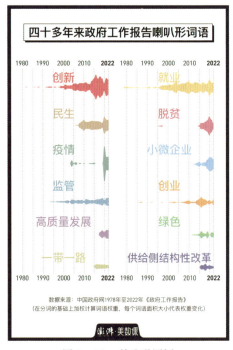

图6-17 喇叭形词语

6.2.4 关系网络图

关系包括人物关系、人与事物的关系、事物与事物的关系。关系通常是复杂的,尤其是涉及多个人物或事物时,通过文字描述,即使能将各种关系厘清,也很难将其清晰无误地传递给读者。而如果能把复杂的关系进行图示化,便能很清晰地展示其中的关系脉络,再辅以颜色、线型等技巧,则效果更佳。

具体来说,关系网络图是一种呈现与新闻主题相关的、表现主题周边关系的静态数据新闻呈现形式。它通常从某一个节点出发,将与该节点相关的其他信息通过关系链条进行连接,尽可能呈现与该节点相关的其他所有信息,以保证对该节点进行全面解读与呈现,进而使读者能够从整体与宏观角度把握新闻信息。

除了人物关系以外,复杂的人与事物、事物与事物之间的关系也可以通过关系网络图来呈现。

信息之间的传播关系也可以通过关系网络图进行呈现。澎湃新闻"美数课"栏目数据新闻作品《网络求助可视化:善意就像火花,一个点燃另一个》[1],对于郑州暴雨中的网络求助信息进行可视化呈现,为了解粉丝少的博主的微博是怎样被转起来的,通过追踪"郑州体育馆可作为避雨点"这条微博信息与转发的微博用户来呈现相关的传播路径(见图6-18)。

---

① 网络求助可视化:善意就像火花,一个点燃另一个[EB/OL].[2021-08-24]. https://www.thepaper.cn/newsDetail_forward_14185575.

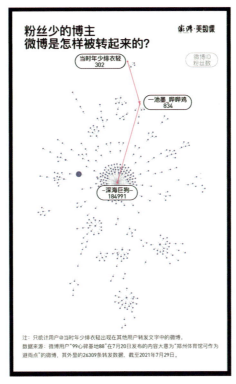

图 6-18 信息之间的关系网络图示例

6.2.5 数据地图

将地理数据或空间数据可视化,最简单的方式就是将数值都放在地理坐标系当中,即以地图的形式进行可视化报道呈现,这些数值包括经度、纬度、相关属性数据,如某年各省份的 GDP 等。

地理位置信息和人们的生活经验紧密相连,地图作为要素能自然而然地构成报道的叙述线索。从这个角度看,涉及地理信息的数据新闻在报道逻辑上往往较为简单易懂,报道结构相对简洁而明确。通过地理信息图可以快速帮助读者建立空间感,使地理位置与信息数据之间的关联更加直观。利用地图可视化具有的特定功能和作用,与新闻内容进行多方面的融合,可以强化数据新闻报道客观、准确、生动、现场感的特性,拓展数据新闻报道主题。需要说明的是,地图可视化形式可用于多种不同主题的新闻报道,其重要前提是及时获取这些新闻事件的大量相关数据。

借助地理数据的报道通常关注比较宏大的事件或者现象。色彩、面积、粗细、箭头等视觉元素,能够直观和宏观地呈现出不同维度和不同强度的信息。报道的空间可以从一个社区的范围连续拓展到整个世界的范围,时间也能在资料库允许的范围内离散变化。

1. 分布地图

分布地图是最常见的地图数据新闻,比如人口的分布、动植物的分布,此外还有医疗选题中疫情、疾病人口的分布,政治选题中的选举人票数分布等。

南京大学新闻传播学院团队的数据新闻作品《中国濒危鸟类分布信息图》,依据《中国濒危动物红皮书:鸟类》所列的86种鸟类,对它们的名字、图像、基本信息、分布区域和数量等进行梳理和整合,利用不同省市地图作为背景信息,能够帮助公众提升对濒危鸟类的认知。

2. 气象灾害地图

在飓风、火灾、干旱、洪水等自然灾害的新闻报道中,经常会采用数据地图形式进行可视化报道。借助数据新闻的地图可视化形式,可以使气象报道更加直观,给受众留下清晰印象。

3. 轨迹地图

运动轨迹呈现的是一定时间段内变化的位置信息,基于大数据的运动轨迹可以从宏观上刻画与反映某种变化和趋势。比如动物的迁徙、人口的流动等,都可以运用轨迹地图进行可视化呈现,使报道具备现场感,方便读者从整体上了解情况。

除常见的分布地图、气象灾害地图、轨迹地图外,当前的地图可视化设计师还会对数据地图进行一定的抽象化处理。比如数据新闻作品《1790—2016年美国移民年轮》,利用树木生长年轮这一现象作为视觉隐喻,将美国的各个州想象成许多棵树,这些树有数百年的历史,它的细胞是由移民组成的。随着时间的推移,这些细胞沉积在十年一次的年轮中,讲述其生长的故事。年轮显示1830—2016年的移民情况,每个点对应100名移民,由此呈现了美国各个州的移民情况(见图6-19)。

图6-19 抽象数据地图示例

6.2.6 其他形式

有多少种创意,就有多少种呈现形式。数据新闻的呈现方式受到多重因素的影响,数据、技术、审美、创意等都会影响到对呈现方式的选择。随着数据新闻的发展与成熟,以及可视化技术的创新应用,创意越来越成为数据新闻呈现的重要因素。同样的数据信息,可以有着不同形式的呈现。

网易"数读"栏目作品《你最爱的童年零食,现在怎么样了》,通过漫画形式呈现报道(见图6-20)①。澎湃新闻"美数课"栏目作品《一张思维导图看懂民法典,它能保障你我的哪些权益?》,把《中华人民共和国民法典》的主要内容以思维导图的形式进行呈现(见图6-21)②。《诺贝尔奖去了哪里》,通过环形树状图呈现诺贝尔奖的世界分布(见图6-22)③。

图 6-20 《你最爱的童年零食,现在怎么样了》

---

① 你最爱的童年零食,现在怎么样了[EB/OL].[2022-05-17]. https://www.163.com/data/article/H7J38CT100019GOE.html.

② 一张思维导图看懂民法典,它能保障你我的哪些权益?[EB/OL].[2020-05-27]. https://www.thepaper.cn/newsDetail_forward_7566028.

③ 树状图一定要像树?试试更美的形态![EB/OL].[2020-07-27]. https://mp.weixin.qq.com/s/iF5P4qe3r_WFUGo5FWP8Hw.

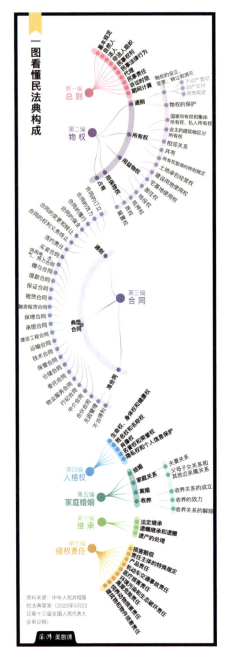

图 6-21 《一张思维导图看懂民法典，它能保障你我的哪些权益？》

图 6-22 《诺贝尔奖去了哪里》

6.3 静态数据新闻案例赏析

6.3.1 案例1：一医千儿，无法跨越的医患失衡①

1. 作品概述

国家卫计委（现卫健委）2016年出台《关于加强儿童医疗卫生服务改革与发展的意见》，指出要在2020年达到每千名儿童配备0.69名儿童医生。该作品对儿科医生（医师）的现状做了数据上的解析，并对该意见的目标作出预测。通过这个数据分析项目，该作品试图回答三方面的问题："儿医荒"到底荒到什么程度？什么造成了"儿医荒"？未来"儿医荒"会如何发展？

(1) 创作团队：刘浏、吴晓君、韩曜成、乔等一、陈禹潜（复旦大学）。

(2) 内容构成：主要包含四个部分。

①"儿医荒"到底荒到什么程度？这一部分主要通过中国的儿童数据、儿科医生数据以及国外儿科医疗情况的相关数据来展现中国当下"儿医荒"的现状。同时，也前往儿科医院拍摄了相关的采访视频。

②什么造成了"儿医荒"？在这一部分中，作者主要从"工作量""盈利""难度"等几个方面进行分析。

③未来"儿医荒"会如何发展？在这一部分中，作者主要根据现有的数据，以及预测精度较高的灰色预测模型来估计未来"儿医荒"的走势。

④各省市儿科医疗资源的现状。这一部分主要是交互的形式，用户可以自己点击相关的省份来查看该省份的儿科医疗资源状况。

2. 创作背景

中国是一个人口大国，同时也是一个儿童人口大国。在这庞大的儿童人口背后却是非常紧缺的儿科医疗资源，相对于儿童在总人数方面的占比，儿科医生仅仅占据医生总人数的4%，平均下来每名医生需要负责近1887名儿童的医治。一旦到了小儿病症的高发期，各地都会频频出现医生不堪负荷甚至病倒的情况。在现行的中国医疗状况之下，儿科医生的紧缺已成为社会各界的共识。

3. 创作阐述

(1) 数据来源。主体数据来源于《中国统计年鉴》、《中国卫生和计划生育统计年鉴》、知乎等。辅助数据来源于《经济观察报》、联合国《世界人口展望》等。

(2) 使用工具。采用Tableau、Matlab、Adobe Illustrator、Adobe Photoshop、Adobe Premiere Pro完成数据的清理、合并及统计分析工作。

(3) 数据分析。

①儿童人数占比与儿科医生占比分析。

$$儿童人数占比 = 0\sim14岁人口数 \div 总人口数（2016年）$$

---

① 该作品为第四届中国数据新闻大赛一等奖获奖作品。

儿科医生占比是各年鉴中直接提供的数据,将二者进行对比,凸显出庞大的儿童数量与较少的儿科医生数量之间的差距[注:由于年鉴提供的儿科医生占比中没有把村卫生室的医生算入其中,所以创作者在使用这个占比数的过程中需要把总执业(助理)医生数减去村卫生室的执业(助理)医师数]。

每名儿科医生负担的儿童人数 = 0～14 岁人口数 ÷ [儿科医生占比 × (执业(助理)医师总数 − 村卫生室执业医生总数)]

每千名儿科医生的配比 = 儿科医生数 ÷ 0～14 岁人口总数 × 1000

②平均门急诊数分析。

每名儿科医生平均日门急诊数 = 儿科门急诊数 ÷ 儿科(助理)执业医生数 ÷ 251

医生平均日门急诊数 = 总门急诊数 ÷ 执业(助理)医生总数 ÷ 251

(注:251 天为《中国卫生和计划生育统计年鉴》提供的医生年工作日)

③各科医院盈利情况分析。

各科医院盈利情况 = (各科医院的总收入 − 各科医院的总支出) ÷ 各科医院的医疗成本支出

将各科的盈利率从小到大进行排序。

(4)文本词频分析。

知乎网站为了保护回答者的版权,禁止第三方爬虫软件爬取回答,所以该作品数据主要由人工进行复制并分析。词频统计主要是对回答中某一类词汇出现次数多少的统计,并将其从大到小进行排序,使用 Tableau 制作词云图,得出大多数儿科医生的抱怨中,什么因素出现次数最多。

(5)使用灰色模型预测未来儿科医生人口数量。

首先,2016 年政策中的"5+3"儿科医生培养计划,至少要等 8 年,也就是到 2024 年才能够将一批儿科医生培养上岗,才可能迎来儿科医生数量增长的高峰。在此之前,儿科医生数量的增长情况可能还是按照以往的增长规律进行,这也是能够运用模型进行预测的前提。

灰色预测模型中的"灰色"处于"白色"和"黑色"之间,也就是当影响一个事物增长的因素一部分是清楚的,另一部分是不清楚的情况下,便可运用此模型进行预测。在多篇论文中,均谈到灰色预测模型具有良好的精度。它适用于短期预测,符合预测的要求。

在灰色预测模型中,精度以"小误差概率 P 检验值"和"方差比 C 检验值"衡量:

$P>0.95, C<0.35$ 精度:"好";

$P>0.80, C<0.50$ 精度:"合格";

$P>0.70, C<0.65$ 精度:"勉强合格";

$P<=0.70, C>=0.65$ 精度:"不合格"。

在预测中,$P=1>0.95, C=0.0931<0.35$,因此预测精度很好,可以用于预测中。

(6)可视化呈现。

将视觉风格赋予人文性,将数据呈现赋予故事性,这是本选题可视化设计的整体思路。主题基于对统计年鉴的大数据分析,体现了儿童就医以及儿科医生压力的情况,是兼具人文关怀和数理分析的新闻。木村博之在《图解力:跟顶级设计师学作信息图》一书中,将信息图的设计分为两种方向:一是呈现人与人之间的关系,提倡图形简单易懂且具有吸引力;二是呈现人与物之间的关系,要防止误解且要具有功能性的表现。本次数据新闻的可视化部分也借鉴了这两种方向,以下是具体阐述。

① 饼图的简化与突出。为了强调数据所占比例的大小,本次采用饼图描述了两组数据,即儿童人口占总人口的比重、儿科医生占总医生的比重。在数据上,设计师做了简化类别的处理,在饼图的呈现上,此两个统计图均只有两个切片,是为了简化多余的对比项,突出主题的重点。在颜色选取上,使用棕色与橙色表示,起到强调和统一视觉传达的作用(见图6-23)。

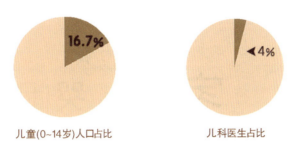

图6-23　中国儿童和儿科医生占比截图

② 折线图的高下对比。在表示平均门诊数时,需要对比儿科医师和其他执业医师的数据,并且要表示从2010年到2016年历时的变化情况。在综合考虑各类统计图之后,采取了以年份为横坐标、人数为纵坐标的折线图来对比两组数据,目的在于能够通过两条折线的相对位置来直观呈现儿科医师所负责的平均门诊数量历年均多于其他职业医师的平均水平,并通过趋势可看出儿科医师所负责的人数是波动上升的。从折线的高下,体现了儿科医生的"忙"(见图6-24)。

③ 纵轴柱形图的序列呈现。在表示2016年各类医院盈利情况时,需要呈现的医院类型共有19种,为了能更好地适配在手机端口的观看,设计师将横纵轴转化,变为以盈利率为横轴、医院类型为纵轴,使得医院类别的标签可以以读者熟悉的阅读方式排版,减少理解难度。在排序上,按照升序排序的方法,将儿童医院的标签标红突出处理,能够传达出儿科医院的收入排在第四少的处境,体现了儿童医院的"穷"(见图6-25)。

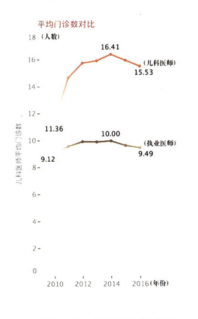

图6-24　平均门诊数对比

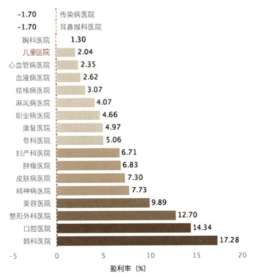

图6-25　各类医院盈利情况

④文字云的直观化。在表示"我为什么不想成为儿科医生"时,采取了对获取的数据进行文字云呈现的可视化处理方式(见图6-26)。文字云能直观地表示文本,并能以字号、颜色来体现出现的文本的频率,鲜明地表达出最重要的文本,减少不必要的文字说明,结合插图更有一种表达医生心声的暗示,体现了儿科医生的"难"。

图6-26 文字云

⑤雷达图的多指数呈现。为了将门急诊压力指数、儿科医生力量指数、基础设施指数统合在一张表上,并具有可看性,作者使用了雷达图作为呈现方式(见图6-27)。作品根据各省份的数据,根据统一的模版分别做了31张雷达图。根据模版,雷达图分为三个维度,三角分布三个指标,每个指标均从0到100打分,雷达图的下方为门急诊压力指数、儿科医生力量指数、基础设施指数均做了解释说明,并附上打分依据。对每千名儿童拥有的儿科医生数、儿科床位数、每名儿科医生日均负担门急诊量也进行了文字说明。最后附上一则该省份关于儿童就医或儿科医生的新闻,结合数据与人文,具有传播性。

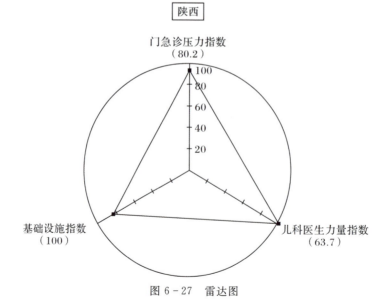

图6-27 雷达图

综上所述,本组关于数据新闻的可视化是尽力朝向木村博之所述的五大因素努力,即吸引眼球(attractive)、信息明了(clear)、简单易懂(simple)、视线流动(flow)、以图示义(wordless)。在设计时先从本组出发,再广听读者的意见,先构建了属于自己的框架,再以读者角度进行框架重构,尽量使用简单易懂的视觉手段传达出数据的故事。

4. 创新之处

在整体风格上,采用手绘素描的方式增加吸引力,素材灵感来源于设计师在复旦大学附属儿童医院采访时的所见所闻:抱小孩的众多家长、辛勤服务在岗位上的儿科医生以及天真多动的儿童,并结合多例样本进行创作。由于选题容易激化读者关于儿童就医情况的过度忧虑,素描的方式一定程度上剥离了现实感,用美感消除恐惧,并能增加共鸣。在整体色调的选择上,广泛采用暖色,饱和度低,给人一种平和易接受的观感。

在新闻的落脚点上,采用了H5的互动形式。以"你是哪个省份的妈妈"为问题,在页面的最后进行交互设计,读者可选择省份跳转到该省份的儿童就医情况页面,将本是基于全国性描述的新闻返回关照读者自身。

6.3.2 案例2:"碳中和":大国崛起背景下的中国承诺[①]

1. 作品概述

作品首先分析了美国、中国和欧盟的碳排放量;其次结合联合国、中国、美国等的演讲和报告,梳理出环境问题背后的国际声音;最后,该作品利用中国的政策和多部门数据讲述了中国特色的碳中和故事。

(1)创作团队:闫一帆、董悦、宋文瑾、刘紫璇、苏子涵(南京大学)。

(2)内容构成:主要包含四个部分。

①第一部分为经济增长与碳排放,从不同角度分析了美国、中国和欧盟的碳排放量情况;

②第二部分为"碳排放"背后的环境政治话语权角力;

③第三部分为对于"碳中和"的多方发力的顶层设计;

④第四部分为"碳中和"与每个人有关。

2. 创作背景

2021年夏,全球多地遭遇极端高温天气,再次向人类敲响警钟,提醒人类气候议题的重要性和紧迫性。联合国报告指出,人类活动产生的二氧化碳等温室气体,是导致气候变暖的主要原因。1920年世界人口不到20亿,2020年世界人口超过75亿。猛增的人口和人类活动,对气候影响巨大。

作为人口大国和经济大国,中国的碳排放量随着经济的快速发展而呈现逐年上升趋势。控制和减少碳排放量,是中国作为一个负责任的大国,在全球气候变暖背景下面临的重要而紧迫的任务。2020年9月22日,在第七十五届联合国大会一般性辩论上,习近平主席向全世界郑重宣布,中国二氧化碳排放力争于2030年前达到峰值,努力争取2060年前实现碳中和。这是中国向世界做出的承诺。

---

① 该作品为第六届中国数据新闻大赛二等奖获奖作品。

3. 创作阐述

(1) 数据来源。主要使用了以下来源的数据：世界资源研究所（WRI）、全球碳计划（GCP）、工业和信息化部、国家能源局、国家统计局、国家林业和草原局、中国汽车工业协会、智研咨询。

(2) 使用工具。可视化部分主要使用了 AI、Adobe Photoshop、Charticulator、Adobe Premiere Pro 等工具。

(3) 数据分析与可视化呈现。在制作的过程中，更加注重画面的观赏性和科学性。根据"碳中和"的主题，最终选择了绿色作为主要颜色，每个部分都有作者对"碳中和"的关注，反映了同一个问题的不同方面。该作品的数据分析主要基于时间序列的构造和比较。最终的作品结合数据分析和文本阐释，共分为四个部分。

第一，经济增长与"碳排放"

在这一部分，主要介绍了世界三大经济体 2000 年至 2018 年的逐年碳排放总量和人均碳排放量，并进行比较。通过比较，发现中国是目前碳排放量最大的国家，但人均碳排放量与美国相比较低。接着进一步对中国各行业的碳排放来源进行了分析，发现从 2000 年以来，能源和电力始终占据高比例。观察表明，中国碳排放最大的行业是能源领域，这与中国经济快速发展过程中大量燃烧化石燃料密切相关。这一部分主要通过静态折线图和条形图进行呈现（见图 6-28 和图 6-29）。

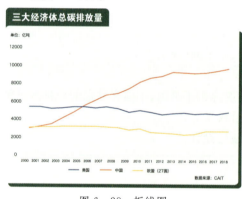 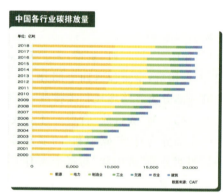

图 6-28　折线图　　　　　　　图 6-29　条形图

第二，"碳排放"背后的环境政治话语权角力

联合国、欧盟、美国、中国等国际组织和国家在制定碳排放标准和行动计划时，都表现出对人类环境和自身发展的关注。在这个部分，作品回顾了联合国促成关于"碳中和"的协议的历史进程，并展示了历史上各国累积的碳排放量。通过纵向时间轴呈现了 1972 年以来联合国"碳排放"议题进程（见图 6-30）。

作品选择了世界十大经济体 1819—2019 年的累积碳排放量，以体现碳排放问题背后的历史责任，通过堆积图进行呈现（见图 6-31）。

联合国"碳排放"议题进程

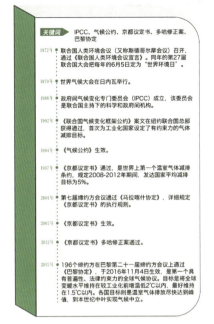

图 6-30 联合国"碳排放"议题时间轴

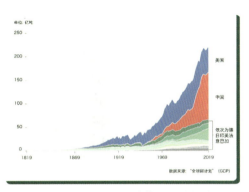

图 6-31 世界十大经济体累积碳排放量

第三,"碳中和":多方发力的顶层设计

在这一部分,作者主要想回答一个问题:中国政府近年来做了什么?通过梳理得知,中国在国家战略规划、政策制度、社会行动等方面提出了《中华人民共和国国民经济和社会发展第十四个五年规划和2035年远景目标纲要》等重要指导性文件。新能源、汽车"双积分"、城市绿化和森林覆盖率等领域成效显著。作者选择了2014年后这个时间维度进行时间序列分析。能源方面,计算2014—2019年新能源总量和占比;交通方面,分析新能源汽车2014—2020年的产销量增长趋势;农林绿化方面,结合全国城市绿地总面积和全国森林覆盖率进行效果的说明。这一部分主要通过传统的静态图表和时间轴形式进行呈现(见图6-32和图6-33)。

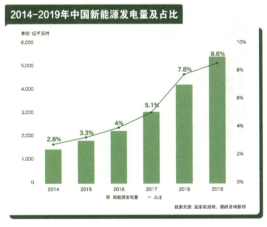

图 6-32 柱状图与折线图

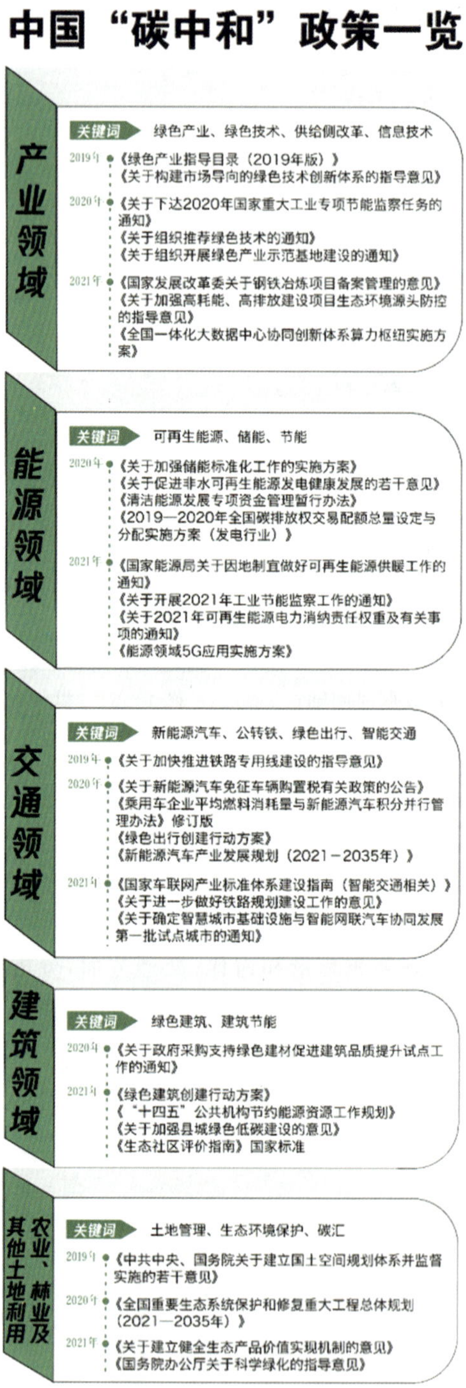

中国"碳中和"政策一览

产业领域

关键词：绿色产业、绿色技术、供给侧改革、信息技术

2019年
- 《绿色产业指导目录（2019年版）》
- 《关于构建市场导向的绿色技术创新体系的指导意见》

2020年
- 《关于下达2020年国家重大工业专项节能监察任务的通知》
- 《关于组织推荐绿色技术的通知》
- 《关于组织开展绿色产业示范基地建设的通知》

2021年
- 《国家发展改革委关于钢铁冶炼项目备案管理的意见》
- 《关于加强高耗能、高排放建设项目生态环境源头防控的指导意见》
- 《全国一体化大数据中心协同创新体系算力枢纽实施方案》

能源领域

关键词：可再生能源、储能、节能

2020年
- 《关于加强储能标准化工作的实施方案》
- 《关于促进非水可再生能源发电健康发展的若干意见》
- 《清洁能源发展专项资金管理暂行办法》
- 《2019—2020年全国碳排放权交易配额总量设定与分配实施方案（发电行业）》

2021年
- 《国家能源局关于因地制宜做好可再生能源供暖工作的通知》
- 《关于开展2021年工业节能监察工作的通知》
- 《关于2021年可再生能源电力消纳责任权重及有关事项的通知》
- 《能源领域5G应用实施方案》

交通领域

关键词：新能源汽车、公转铁、绿色出行、智能交通

2019年
- 《关于加快推进铁路专用线建设的指导意见》

2020年
- 《关于新能源汽车免征车辆购置税有关政策的公告》
- 《乘用车企业平均燃料消耗量与新能源汽车积分并行管理办法》修订版
- 《绿色出行创建行动方案》
- 《新能源汽车产业发展规划（2021—2035年）》

2021年
- 《国家车联网产业标准体系建设指南（智能交通相关）》
- 《关于进一步做好铁路规划建设工作的意见》
- 《关于确定智慧城市基础设施与智能网联汽车协同发展第一批试点城市的通知》

建筑领域

关键词：绿色建筑、建筑节能

2020年
- 《关于政府采购支持绿色建材促进建筑品质提升试点工作的通知》

2021年
- 《绿色建筑创建行动方案》
- 《"十四五"公共机构节约能源资源工作规划》
- 《关于加强县城绿色低碳建设的意见》
- 《生态社区评价指南》国家标准

农业、林业及其他土地利用

关键词：土地管理、生态环境保护、碳汇

2019年
- 《中共中央、国务院关于建立国土空间规划体系并监督实施的若干意见》

2020年
- 《全国重要生态系统保护和修复重大工程总体规划（2021—2035年）》

2021年
- 《关于建立健全生态产品价值实现机制的意见》
- 《国务院办公厅关于科学绿化的指导意见》

图 6-33　时间轴形式

第四,"碳中和"与每个人有关

人类活动离不开"碳排放"。"碳中和"影响到每个人,从基本呼吸到农业、林业、畜牧业、渔业、家庭消费和工业生产(见图6-34)。最后,为了更好地达到科普的目的,作者开发了一本关于"碳中和"的常用词汇词典(见图6-35),让读者通过定义更好地理解有关"碳中和"的具体文件、政策和协议。

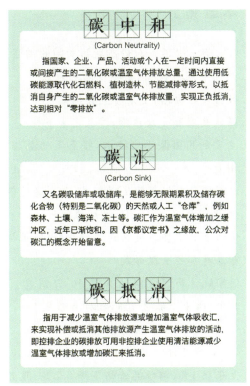

图6-34 碳排放的影响　　　　图6-35 "碳中和"的常用词汇词典

4. 创新之处

首先,在内容上,该作品结合了以往反映"碳中和"与经济发展、国际社会和个人努力密切关系的新闻作品,通过数据分析更加直观地展示,有利于实现科普的目的。其次,在形式上,充分发挥了媒体可视化的作用,制作了图表、时间线、词典、视频、网站等。最后,该作品将"碳中和"的宏观层面和微观层面结合起来,宏观为主,微观为辅,由表及里,深入浅出。

本章小结和测试

 本章小结

本章在理论与实践层面对静态数据新闻进行了介绍。首先介绍了静态数据新闻的概念与特点,梳理了静态数据新闻兴起与发展的历程,分析了当前静态数据新闻面临的挑战与发展趋势,使读者对静态数据新闻产生宏观的认识;其次对静态数据新闻的常见呈现形式进行了详细介绍,主要包括数据图表、时间轴、词云图、关系网络图和数据地图,使读者在微观层面加深对静态数据新闻的全面认知;最后结合两个静态数据新闻案例具体呈现静态数据新闻的应用场景和制作过程。

 **本章测试**

1. 以下哪一项不是对静态数据新闻的描述?
A. 新闻呈现可视化,主要以图表为主
B. 数据处理简洁,受众可直接阅读
C. 强调交互和受众体验,涉及元素多样
D. 主要利用图像处理技术,将采集的数据转换为散点图、柱状图、网络图等可视化数据图表

2. 以下哪种数据新闻呈现形式,无法通过静态数据新闻实现?
A. 数据图表　　　　B. 视频动画　　　　C. 时间轴　　　　D. 词云图

3. 请结合本章静态数据新闻相关知识,根据下则材料相关数据信息进行静态可视化呈现,试一试可以有哪些呈现形式?

据国家统计局官方网站6月10日消息,2022年5月份,全国居民消费价格同比上涨2.1%,其中,城市上涨2.1%,农村上涨2.1%;食品价格上涨2.3%,非食品价格上涨2.1%;消费品价格上涨3.0%,服务价格上涨0.7%。1—5月平均全国居民消费价格比上年同期上涨1.5%。环比下降0.2%,其中,城市下降0.2%,农村下降0.1%;食品价格下降1.3%,非食品价格上涨0.1%;消费品价格下降0.3%,服务价格持平。

一、各类商品及服务价格同比变动情况

5月份,食品烟酒类价格同比上涨2.1%,影响CPI(消费者物价指数)上涨约0.59个百分点。食品中,鲜果价格上涨19.0%,影响CPI上涨约0.36个百分点;鲜菜价格上涨11.6%,影响CPI上涨约0.22个百分点;蛋类价格上涨10.6%,影响CPI上涨约0.07个百分点;粮食价格上涨3.2%,影响CPI上涨约0.06个百分点;畜肉类价格下降12.9%,影响CPI下降约0.46个百分点,其中猪肉价格下降21.1%,影响CPI下降约0.34个百分点;水产品价格下降1.6%,影响CPI下降约0.03个百分点。

其他七大类价格同比均上涨。其中,交通通信、教育文化娱乐、其他用品及服务价格分别上涨6.2%、1.8%和1.8%,生活用品及服务、居住价格分别上涨1.4%和1.0%,医疗保健、衣着价格分别上涨0.7%和0.5%。

二、各类商品及服务价格环比变动情况

5月份,食品烟酒类价格环比下降0.9%,影响CPI下降约0.24个百分点。食品中,鲜菜价格下降15.0%,影响CPI下降约0.36个百分点;水产品价格下降1.0%,影响CPI下降约0.02个百分点;畜肉类价格上涨1.9%,影响CPI上涨约0.06个百分点,其中猪肉价格上涨

5.2%,影响 CPI 上涨约 0.06 个百分点;鲜果价格上涨 1.5%,影响 CPI 上涨约 0.03 个百分点;蛋类价格上涨 1.4%,影响 CPI 上涨约 0.01 个百分点;粮食价格上涨 0.5%,影响 CPI 上涨约 0.01 个百分点。

其他七大类价格环比六涨一降。其中,其他用品及服务、衣着、生活用品及服务价格分别上涨 0.6%、0.4%和 0.2%,交通通信、教育文化娱乐、医疗保健价格均上涨 0.1%;居住价格下降 0.1%[1]。

---

[1] 2022 年 5 月份 CPI 环比转降,PPI 涨幅继续回落,专家解读来了![EB/OL].(2022-6-10)[2022-6-15].http://www.nbd.com.cn/articles/2022-06-10/2315894.htm.

第 7 章　动态数据新闻介绍

优秀的数据新闻不仅能让受众在观看时有动态的体验,还能产生互动,并参与到情境中去发现数据背后的意义。与传统的呈现柱状图、饼图等静态数据新闻相比,动态数据新闻的类比表现更能增强数据新闻中所要传达信息的体量、感染力和传播的效率。因此针对大数据时代产生的信息焦虑,进行辩证思考,制作出视觉上更为美观、内容上更为深刻的动态图形技术表现的数据新闻。这种迎合大众审美的数据新闻表现形式有助于及时释放受众对官方数据的怀疑抵触情绪,缓解社会矛盾,促进和谐。

学习目标

- 掌握动态数据新闻的定义和特点。
- 掌握动态数据新闻的呈现。
- 了解动态数据新闻的应用场景和案例。

7.1　动态数据新闻的概念与特点

正本清源、守正创新,是国家和民族的需要,也是新闻传播学科建设必须遵循的理念。在守正的基础上,我国新闻传播学科建设要牢牢确立创新意识,坚持从理念、路径和方法上实现全面创新。于数据新闻来讲,我们既要用倡导用开放、多元、发展和全球传播的理念来讲好中国故事,又要从路径和方法入手,创新新闻传播形式,用动态多元的方式传递中国声音,为群众提供更优质的新闻产品。

动态数据新闻是数据新闻逐渐发展出的新形态。动态数据新闻相较于静态数据新闻,增加了动态效果,不论是音频、视频,还是可视化动画,数据新闻的呈现都不再是单一的静态图表[①]。首先,这种叙事方式摆脱了僵化、枯燥的文字阐述,且能加入音视频进行解读,这样的新闻信息变得更活泼、感染力更强、更直观,更容易使读者接受,阅听进度可以调节,可满足受众的阅听需求,加快新闻信息的传播和扩散[②]。其次,动态数据新闻的主要特点有:新闻表现形式新颖,科技依赖性强;新闻内容主题丰富,审美视野多样;新闻内容呈现程度深,内容吸引力强。

---

① 张正学,刘传琳,姜大伟.数据新闻图式的建构、检验及可视化表达[J].青年记者,2022(2):81-82.
② 穆楚涵.大数据时代可视化新闻传播的创新路径研究[J].新闻研究导刊,2021,12(16):9-11.

7.1.1 动态数据新闻的概念

动态数据新闻近年来迅速成长为数据新闻的热门表现形式,一方面是由于大数据和数据可视化等概念的火热,另一方面也得益于终端技术的发展①。动态数据新闻与静态数据新闻相比,它的内容是动态呈现的,相比于完全静态的呈现方式,不仅更吸引人,而且能引导受众调整观看的顺序与重点;与交互数据新闻相比,它与受众的互动性较弱,受众拥有较少的数据控制权,较为被动地接受新闻呈现的数据。因此,以动态图表、视频、动态网页等形式呈现的数据新闻作品都属于动态数据新闻这一类型。

7.1.2 动态数据新闻的特点

在了解了动态数据新闻的概念之后,本节将从表现形式、表达主题、内容呈现三方面来介绍动态数据新闻的特点。

1. 新闻表现形式新颖,科技依赖性强

动态数据新闻采用的是动态的表现形式,它改变了以往传统新闻报道单一的静态形式(例如文字、图表、文字+图表等)。在过往的新闻中,文字是新闻的主体,即使有配图和数据,也只是作为文字叙事的辅助。而在动态数据新闻中,动态的数据摇身一变成为新闻的主体,并形成了一种新的叙事语言。它不仅为用户提供新闻信息,而且提供优美可感知的动态信息形象,表现形式多样新颖,使用户感官愉悦②。当然,必要的技术制作手段也是动态数据新闻不可或缺的一点,好比动态叙事是在讲故事,而技术则是讲故事的方法手段③。动态变化就像明确的故事发展方向一样,需随着内容的推进而推进,使新闻内容真正成为触发动态变化的动力,再通过图形间运动的起承转合整合视觉信息。所以,技术手段是用动态描述数据变化和数据间联系的叙事形式,它将美感和镜头、画面、图表等密切联系到一起,从而呈现出与传统数据新闻完全不同的风格。

2. 新闻内容主题丰富,审美视野多样

动态数据新闻的选题不同于传统新闻的选题,其选题角度更加多样,并且数据类型成为动态数据新闻选题的一大切入点。同样的一些数据,从不同的角度切入,探索数据之间不同的关联或许就会得到不同的新闻内容主题④。同时,采用动态技术制作的数据新闻将视觉信息更加生动形象地呈现了出来,强烈唤起了受众的审美需求和审美感知,其不但扩展了自身的审美价值,还拓宽了受众的审美视野。动态数据新闻常用来描述数据和数据关联性,将枯燥庞大的数据信息表现成具有双重审美期待的动画片段,让观众在短短的几分钟甚至几十秒内,保持好

---

① 韩巍. 数据新闻与可视化报道:以财新传媒为例[J]. 新闻与写作,2014(4):12-15.

② APPELGREN E. Remaining in control with an illusion of interactivity:The paternalistic side of data journalism[J]. Journalism Practice,2019,13(8):956-960.

③ 陈昱彤,丁家友. 数据叙事的运行模型与关键问题[EB/OL]. [2022-06-15]. http://kns.cnki.net/kcms/detail/44.1306.G2.20220609.2106.009.html.

④ TONG J,ZUO L. The Inapplicability of objectivity:Understanding the work of data journalism[J]. Journalism Practice,2019(2):1-17.

奇心和求知欲①。所以说,在信息传达上,动态数据新闻不仅能够表现更丰富的新闻主题,更能激发受众的审美需求和审美感知,拓宽审美视野。

3. 新闻内容呈现程度深,内容吸引力强

大数据时代,铺天盖地的信息奔涌而来,读者面临的挑战是在信息过剩的时代如何筛选和理解有价值的信息。新闻机构如何在信息冗杂的时代,加深读者对信息的理解,抓住受众的眼球,成为当下及未来面临的严峻挑战。动态数据新闻的出现能让读者在短时间内将某些数据与其他数据相联系,发掘出这些数据背后的价值和意义②。借助于新兴技术,数据新闻通过动态的画面演绎,在逻辑思维基础上进一步地激发了读者的形象思维及空间想象能力,并帮助读者厘清数据之间的隐藏关系和规律。通过对画面的颜色、线条、形状、质感及动态等进行设计制作,能在短时间内吸引注意力,从多数传统新闻中脱颖而出,并使新闻多了份审美价值③。相较于以往以文字和画面为主的传统新闻,这种采用动态图形技术制作的数据新闻占尽了优势,一是因为通过大数据分析所得信息的全面性和客观性,二是具备视觉层面的审美优势。这些因素都使其较普通新闻更易获得关注、共鸣及思考。

7.1.3 动态可视化与新闻生产

数据的动态可视化呈现运用技术手段厘清了烦冗复杂的数据信息之间的勾连,赋予了它们一定的新闻价值,让一堆枯燥无味的数据变得生动鲜活,传递新闻事件背后的数据意义关联。当然,在数据新闻动态可视化的呈现形式变得更具有渲染力的同时,也要注意动态可视化在新闻生产过程当中的一些问题。

首先,不可只浮于华丽形式。日益精进的技术手段使得数据新闻拥有日益"眼花缭乱"的动态可视化形式,让越来越多的新闻内容被掩盖于多姿多样的表现形式中,也让越来越多的受众沉溺于这一新闻报道类型中。同时,动态可视化的呈现工具也越来越多地浸入商业资本力量,商业资本被植入动态数据新闻生产的台前幕后④。而我们所提倡的动态数据新闻也绝不只是用动态形式博取眼球的"动画",而应该是用动态的技术手段更好地传递数据想要表达的新闻价值以及引发受众深度思考。

其次,深挖新闻数据背后的关联,让数据新闻真正"动"起来。动态数据新闻不应只是将有关数据用动态可视化的形式呈现出来,仅仅传递相关基础数据信息以及各方的统计量。动态数据新闻更应该深挖新闻数据背后的关联⑤,例如:从时空方面探索相关数据关联,从事件相似性、意义等方面探索相关数据关联,使得动态形式呈现出更多数据背后的新闻价值和新闻意

---

① ZAMITH R. Transparency, interactivity, diversity, and information provenance in everyday data journalism[J]. Digital Journalism,2019,7(4):470-489.
② 姜日鑫,彭兰. 从信息静态呈现到数据深度探索:彭博社网站的交互式信息图表应用[J]. 新闻界,2014(21):65-69.
③ ZHANG S, FENG J. A step forward? Exploring the diffusion of data journalism as journalistic innovations in China[J]. Journalism Studies,2019,20(9):1281-1300.
④ 吴小坤,纪晓玉,全凌辉. 数据新闻市场价值与商业模式侧描:基于国内7家数据新闻媒体负责人的访谈[J]. 当代传播,2019(5):14-19.
⑤ 迈耶. 精确新闻报道:记者应掌握的社会科学研究方法[M]. 肖明,译. 北京:中国人民大学出版社,2015:13-15.

义,让数据新闻真正"动"起来①。

最后,在创新新闻形式的同时,也要坚守新闻本身的原则。数据新闻的使命不应仅仅是传递信息,描述新闻事件的各方统计量,而是借助多种媒介元素讲述生动的新闻故事②,通过故事化的叙事方式传达数据的内涵和要义,激发读者深入阅读与思考的兴趣,包括但不限于遵守传统新闻伦理与新闻专业主义的要求、准确解读数据与可视化之间的关系、坚持新闻报道冷静客观的报道态度等。

7.2 动态数据新闻的呈现形式

动态数据新闻中的动态效果,本质上来说是一种"视觉暂留"效果,即光对视网膜所产生的视觉在光消失后,仍保留一段时间的现象。这种现象使得物体在快速运动时,当人眼所看到的影像消失后,人眼仍能继续保留其影像 0.1~0.4 秒的图像。因此我们在制作动态效果时,通常不是以秒为最小单位,而是以帧为最小单位。每秒播放的帧数被称为帧速率,即每秒连续播放的画面张数。我们看到的影视作品的帧速率通常为 25,日本动漫的帧速率通常为 12,一些定格动画通常会以更低的帧速率播放。在我们制作动态数据新闻时,通常会采用 25 的帧速率来进行制作,这既符合国内视频的播放制式,也能够保证动态效果的流畅感。

动态数据新闻相比静态数据新闻而言,数据更加生动形象,有了更多的呈现形式。由于其表达内容的侧重点不同,为观众带来的呈现形式也各有区别,不管以何种形式呈现,动态数据新闻都不是简单地让静态数据新闻中的元素动起来,而是应当根据新闻内容,结合内容重点,遵循相应动态规律。不同呈现形式的动态数据新闻,所遵循的动态规律也有所区别。但动态数据新闻的呈现形式也存在一定的局限性,即其只能通过互联网或电视进行传播,无法通过传统纸媒进行传播,因为其动态效果无法在印刷品上展现出来。现如今互联网愈发普及,成为大多数人工作生活中不可缺少的一部分,动态数据新闻以其更有感染力的呈现形式,更加有利于数据的生动化表达。

7.2.1 动态数据新闻的呈现种类

动态数据新闻相对于静态数据新闻,从呈现形式上讲,不仅将可视化数据新闻中的图形图表以动态的方式呈现,还有动态影像、动态视频等更多种呈现形式,有时,我们甚至能在一则数据新闻中看到动态视频影像、动态图形图表等综合呈现。

下面,我们来了解一下各种不同呈现形式的具体内容。

1. 动态图表

传统的图表是指将数据表现为条形图、饼图、地图等直观的、规律排列的几何图形。而动态图表顾名思义,就是让这些图表不再以纯静态的方式呈现,而是有动态、有变化地呈现给大众。动态图表更有规则感、秩序感,更能体现数据的严谨性。

以条形图来说,动态的条形图可以让人看到数据阶段性的变化,正如不同阶段是依次出现的,不同阶段对应的数据也依次出现。

---

① 王晓培.数字新闻生产的视觉化:技术变迁与文化逻辑[J].新闻界,2022(2):12-20.
② 王强."数据驱动"与"叙述驱动":数据新闻生产的双重动力[J].编辑之友,2015(3):80-84.

以《华盛顿邮报》模拟的病毒在人群中传播情况动态数据新闻为例,下方的红色圆点表示被疫情感染的人群,随着红色圆点的增加,图7-1中代表感染人数的红色条形图也在增加,一方面可以让人在条形图增长时感受到时间的流逝,另一方面可以让人直观地感受到感染人数上涨的态势。

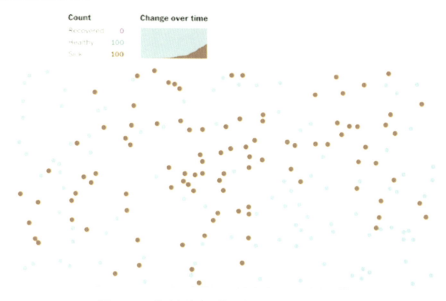

图7-1 《华盛顿邮报》模拟疫情如何在人群中扩散

2.动态图形

相比图表而言,图形更加生动形象,有更强的感染力,动态图形更容易将数据所体现的内容直观地传达给读者。这里所说的图形可以是规则的几何图形,如圆形所表现的点状、方形所表现的块状、三角形所表现的方向性箭头等,也可以是不规则但更具象的图形,如新闻所表达的更加具体的主体物。

以《纽约时报》的新闻《13000架消失的航班》为例,该新闻的主体物为航班,模拟了航班在疫情中大幅锐减的数据变化,细看点状分布的图形会发现其实是一个个小飞机的形象。在此条新闻的动态呈现中,小飞机的运动轨迹也符合相应地区航班的飞行轨迹。虽然没有图表的严谨感,但这样的呈现形式让人更加一目了然。

3.动态视频

动态视频类数据新闻是最终以一个或多个视频的形式呈现的数据新闻报道。利用非线性编辑技术把信息图表、视频、音频结合起来,在时间轴的概念上将文本内容形象化、时空层次化、信息秩序化,并最终以动态的视频形式表现出电视或网络视频的可视化表现形态。动态视频类数据新闻在新媒体媒介兴起前,常以大体量、调查性的方式呈现,例如,中央电视台2015年推出的大型数据新闻节目《数说命运共同体》。现如今短视频迅速发展,动态视频类数据新闻体量变小,传播范围也更加广泛。以短视频形式呈现的动态数据新闻通常短小精悍、内容丰富、灵活有趣,符合当前用户碎片化阅读的习惯,结合背景音乐、解说和特效,让短视频更富有个性化想法和创意,更有利于用户对数据的理解,也可提升用户分享意愿,提高作品的传播广度,甚至可以实现病毒式传播。例如,第三十届中国新闻奖中,《经济日报》获奖的系列作品《数说 70 年》以短视频的方式呈现新中国成立 70 年来中国人的消费数据、膳食变迁、中国交通网发展以及电商规模扩大速度(见图 7-2)。

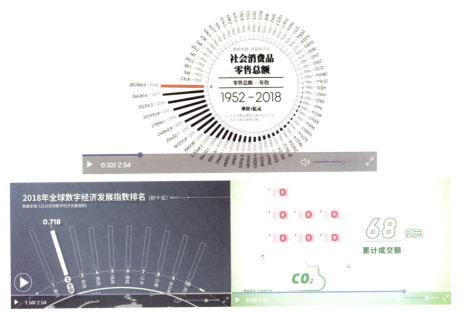

图 7-2 《数说 70 年》数据新闻可视化系列短视频图像

7.2.2 动态图形图表的运动规律

不管是动态图形,还是动态图表,都不仅仅是让静态图形图表动起来而已,而是一要符合数据新闻本身所表现内容的情感倾向,二要符合图形图表的运动规律。

1. 图表的运动规律

既然要探讨图表的运动规律,就需以运动的速度为出发点。通常,构成图表的元素主要是点、线、面,构成元素不同,新闻内容想要传达出的感情色彩就不同,运动的方式和速度也应有所区别。

(1)匀速运动的图表。匀速运动可以说是我们在制作动态图表时最简单,也最易操作的方式,常用于表现数据的逐步产生、时间的自然流逝,以平静客观的态度展现数据。当我们把整张图表看作是一个块面时,常用的动态有以下三种,见表 7-1。

表 7-1 动态表现形式

种类	特征	表现形式
淡入	从无到有	
淡出	从有到无	
遮罩	如被遮挡般慢慢出现	

这三种动态最适合以匀速运动来表现。将整个表格看作一个块面的优点是简单明了、直截了当,让表格有一种整体感,同时,这三种运动方式在出现或消失过程中持续的时间都不长,能够快速将数据的全貌展现给观众。这样表现的缺点是呈现方式过于简单,平铺直叙的运动方式缺乏感染力,不利于体现表格内的数据。

而将表格中的每一个数据看作一个个独立的点,让其依次出现,不管是选择淡入,还是选择遮罩的动态效果,都比将其视作一整个块面要更有层次感,有逐条递进的视觉感受,感染力相对也更强,但缺点是逐条出现的整体时长比当作块面要久,节奏也会相对慢一些。这种动态表现手法,比较适用于地图上点状数据的出现。

(2)变速运动的图表。当表格中每一条数据被看作一条条独立的线依次出现时,我们依然可以让这些线以匀速的动态出现,但若想增强数据的感染力,则可以采取变速运动的方式。通常,在制作线条从无到有的动态效果时,我们会选择以线条的生长动态来表现,但若一根线条的生长自始至终没有速度变化,或许在外行人眼中看不出任何问题,但在专业人士眼中,会很容易觉得这样的动态效果缺乏"动感"。

一个物体完全匀速运动时,速度曲线如图7-3所示,即一秒钟之内,速度始终不变,整个运动过程会看起来十分平稳;而当其速度曲线如图7-4所示时,虽然其运动距离和时长没有任何区别,但由于其先从0加速,再减速到0,由于其减速的动态效果,会给人一种娓娓道来的感受,也显得更有"动感"。

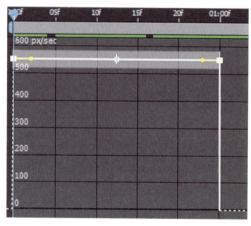 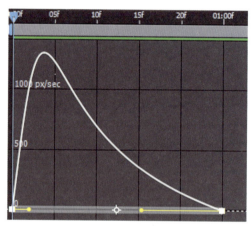

图7-3 匀速运动曲线　　　　　图7-4 变速运动曲线

2.图形的运动规律

(1)几何图形运动规律。当可视化数据以几何图形,即圆形、方形、三角形等形式出现时,我们可以把这些几何图形视作整体画面中的点状元素。这些点状元素出现在画面中的方式可以选择淡入,也可以在一帧之内直接从无到有出现,这样的呈现方式较为平铺直叙。

为了让这些点状元素的动态更加生动,我们有时也会选择让其以缩放效果显现,即从小到肉眼不可见放大至目标大小,如图7-5所示。

我们将点状元素从小放大的缩放速度以速度曲线来表达,依然可以使其匀速出现,但如果想要让其更有动感,我们也可以对其速度曲线施加变速效果,如图7-6所示。这样的弹动效果可以让点状物体的出现更有动感、更活泼,缺点是动态效果略失严肃感。

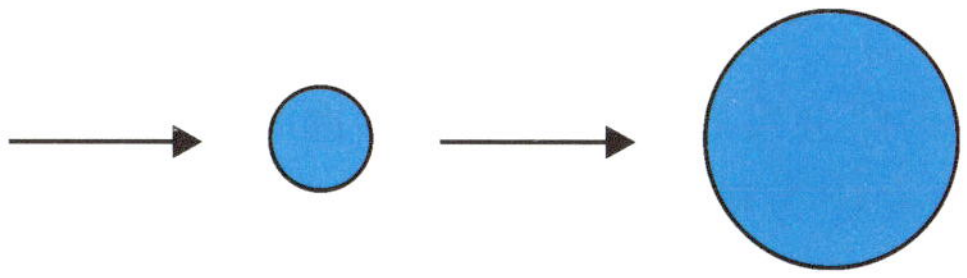

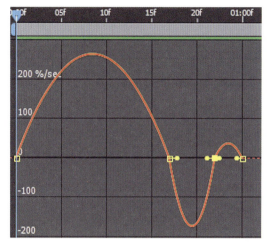

图 7-5　点状元素运动

图 7-6　弹动曲线

当点状元素出现之后,开始进行线性运动时,我们可以让其保持匀速运动,也可以在运动速度上略有变化,以增加动态的丰富性,但切忌动态过于引人注目,喧宾夺主。

(2)象形图形运动规律。相对而言更具象,不仅仅以几何图形显示的图形,我们称之为象形图形。当象形图形的面积非常小,且有一定数量时,我们可以理解为其是作为点的元素出在画面中,则运动规律与几何图形相同。当其面积稍大,能明显看清其轮廓形态时,通常用于表现具体的新闻内容,此时,其运动规律应尽量符合该形态物体的真实运动方式,不宜太过夸张,否则会失去真实感,也会失去新闻的严谨、严肃性。

7.2.3　动态视频的视听语言规律

以动态视频为呈现形式的动态数据新闻,通常在视频中包括动态图形图表,有时还包含其他动态元素,如动画、影像等。要让这些素材在视频中有序结合在一起,就需要把它们以不同的镜头分别制作,再通过非线性编辑,剪辑拼合在一起。

1. 镜头与分镜稿

对于影视作品、动画、短视频等所有动态视频作品而言,镜头都是基础组成要素。当我们需要创作一个动态视频作品时,并不是应用软件直接动手,而是在正式制作之前先构思好,自己的作品需要表达什么,由哪些部分组成,有哪些重点内容,然后绘制或撰写分镜稿,即厘清整部作品需要多少镜头,每个镜头分别表现什么内容,分别需要多少时长,需要以怎样的镜头运动方式呈现,是否需要画外音等。

2.景别

在观看视频类作品时,我们会发现有的镜头中画面主体物较大,有的镜头中画面主体物较小。我们称画面中主体物的占比为景别。景别主要分为如下几种,如图7-7所示。

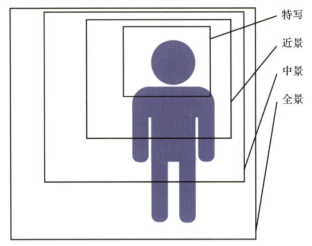

图7-7 景别

特写主要表现角色肩部以上部位,或有关物体、景致的细微镜头。其作用为突出主体物,表现角色细致的表情或细微动作,和全景结合使用能够表达紧张气氛,但连续过多使用特写镜头会削减其表现力。

近景多用于表现角色胸部以上部位,或物体局部的画面,主要用于表现角色情绪,刻画角色性格。

中景为表现角色膝盖以上部位的画面,用于表现角色肢体动作,从而反映角色情绪,在表现角色的同时,能适当表现其活动范围。

全景为能够表现角色全身形象或场景全貌的画面。此景别既能看清角色,又能看清环境,因此可以表现角色整体动作,及其与周围环境之间的关系。

除以上几种景别外,常见的还有比特写更局部的大特写、比全景角色占比更小的大全景、没有角色只有环境的空镜头等。

3.镜头运动

在动态视频作品《数说70年》中有这样一个镜头,画面从地球图片的全景景别迅速推近至地球顶端局部的大特写景别,这样的运动方式我们称之为镜头运动。有时,在一个镜头中,我们会通过镜头运动或模拟镜头运动的方式,分别表现不同的内容,有时我们也会用镜头运动作为不同镜头间的转场切换。如图7-8所示,就是全景向突出"中国"的大特写镜头转场切换的截图。

在制作动态数据新闻视频时,常用的镜头运动方式有以下三种。

①推镜:从较远景别推向较近景别的镜头运动,迅速由远及近的推镜能够造成较强的视觉冲击力。

②拉镜:从较近景别拉向较远景别的镜头运动,从局部到整体的拉镜较适用于体现纵观全局的视觉效果。

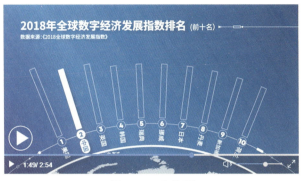

图 7-8 大特写

③移镜:景别不变,镜头从一个画面内容平移至另一个画面内容的运动,能造成迅速浏览信息的速度感和效率感。

制作动态视频,就需要让镜头尽量丰富多样,灵活运用不同景别,并通过镜头运动使视频更有节奏感和可看性。

7.3 动态数据新闻案例赏析

案例1:《符号武汉 大城崛起——武汉城市符号5年发展与变革》

1. 作品阐述

该作品借助对数据的分析,从对外宣传和对内融合两个方面,来窥探五年来武汉市城市符号的发展与变革,并总结出最能代表武汉市的5~10个城市符号,勾勒出独具特色的城市符号轮廓。在数据分析的过程中,总结出武汉市城市符号组织与传播中的优势与问题,助力武汉打造出精品城市符号,汇聚强大城市文化力量。

(1)作品名称:《符号武汉 大城崛起——武汉城市符号5年发展与变革》

(2)创作团队:郑雅婷、胡雨、冯晶琳、赵盈盈、秦璟(湖北大学)

(3)内容结构。2019年初,在以"武汉,每天不一样"为口号的城市形象传播计划实施五年和军运会临近的时间空隙内,团队基于以上背景,将选题确定为《符号武汉 大城崛起——武汉城市形象5年发展与变革》,全篇分为四个部分。

①第一部分:提出武汉市近几年来对城市符号传播的重视,并延伸出主题,即2014—2018年五年来城市符号的变革与发展。

②第二部分:对外宣传。分为宣传片和报道两大板块,统计了武汉市官方发布的宣传片和以人民网为代表的报道中出现的武汉城市符号,分析五年来这些城市符号的出现频次及变化趋势,并对原因进行了探究,指出了武汉市在城市符号传播中存在的问题。

③第三部分:对内融合。分为地铁和武汉国际马拉松两个板块,统计了武汉市地铁站内存在的大型城市符号艺术装置,以及武汉国际马拉松线路所经过的城市符号,分析了这些符号存在的原因和意义。

④第四部分:分析上述材料并做出总结与建议。一方面总结了最能代表武汉市的9个城市符号;另一方面总结了武汉市城市符号传播过程中存在的问题,提出"符号武汉"的概念,对武

汉市未来城市传播规划表达了期望。

2. 创作背景

城市符号是城市形象的高度凝练，代表着一个城市的文化精神，也是在城市形象传播的过程中最具有传播效力的载体。然而，在武汉市历年的城市品牌形象规划中，始终缺少一个占据主导性地位的文化符号。楚文化、码头文化……原生于武汉的文化形式多种多样，却都流于文字，并没有将打动人心的文化内涵释放出来。

实际上，早在2014年，武汉市就启动了一项全新的城市形象传播计划，以"大城崛起"为核心主题，接连发布了新的城市形象口号和新的城市形象宣传片。随后，武汉市接连承办多项大型赛事，借机持续地向公众传播着武汉的崭新城市形象，而城市符号正是其中最重要的形象承载体。2019年时，武汉市城市形象传播计划已经经历了一个完整的五年周期，武汉市向外散发出了多少城市符号，符号传播的效果又如何？在这样的背景下，该团队利用城市符号相关数据的变化，来观察武汉市2014—2018年城市符号的发展与变革。

3. 创作阐述

(1)数据来源。2014—2018年武汉市官方发布的宣传片、人民网、武汉市内地铁站、武汉国际马拉松比赛线路。

为了保证数据的全面性与可用性，团队利用自身的广告学专业知识，分析了在城市形象传播过程中可能涉及的传播场景，并对不同的场景所产生的效果进行了简单的比较与评估，选取其中最具代表性的四个方面进行数据的采集。

这些数据来源价值各有侧重，其中，将2014—2018年武汉市官方发布的宣传片、以人民网为代表的报道中出现的武汉城市符号作为对外宣传部分的数据来源，两者分别侧重于主动对外宣传与被动对外宣传。武汉市地铁站内存在的大型城市符号艺术装置、武汉国际马拉松比赛线路所经过的城市符号则作为对内宣传部分的数据来源。

(2)数据分析。本作品主要采用了统计描述的数据分析方法，根据人工搜集、实地调查和八爪鱼采集器获取数据的方法，用一定的统计指标和指标体系，表明数据所反馈的信息。同时还运用了频繁项集、相似匹配等方法简化、分类数据，并且运用了因果分析法对图表进行归因并做出详细解析，对数据主要进行了以下操作。

①通过八爪鱼采集器分别精确采集2014—2018年间人民网报道中武汉城市符号关键词出现的频次。根据城市符号关键词出现的频次变化判断武汉城市形象宣传对于相关城市符号的取舍。

②通过人工观察法搜集2014—2018年间武汉发布的8个官方宣传片中各代表性城市符号出现的频次。对外宣传片中武汉城市符号出现的频次直观展现武汉城市形象宣传的侧重点。

③通过实地调研武汉地铁各个S级站点，搜集地铁站中的特色城市符号。地铁站是城市人流量最大的地方之一，地铁站内的城市符号更能展现武汉想要突出的城市形象。

④在武汉国际马拉松官方网站搜寻自2016年起三届比赛线路图。

(3)使用工具。数据搜集方面使用了八爪鱼采集器，对关键词进行频次统计；可视化方面使用标签云制作工具Tagul；运用Adobe Photoshop制作示意图；运用Adobe Dreamweaver制作可视化新闻网页；运用Tableau、Echarts、Highcharts制作交互式可视化图表。

(4)制作过程。作品创作初期，团队成员针对2019年初的热点话题，结合自身的兴趣搜集了大量论文与报道,尝试通过这样的方式选出最具有创作价值的题目。论文往往包含着较为专业的知识介绍、完整的研究思路、足够创新的研究方向乃至少量已有的数据,这些优势能够帮助团队快速判断选题的可行性,并且对后期的数据处理、图标选择、报道撰写都有指导性的意义。在阅读大量文献之后选择了武汉城市符号的变迁作为作品的大致方向,并开始了作品的制作。

该作品的数据主要分为对外宣传与对内宣传两大板块。对外宣传为城市符号在武汉城市宣传片以及以人民网为代表的报道中的呈现,对内宣传为城市符号在武汉市地铁站中的分布以及武汉国际马拉松比赛线路所经过的城市地标。

在搜集数据的过程中,首先面对的问题是如何确定数据采集的关键词。不同于其他选题,该作品中的主要数据搜集对象"城市符号"并不是一个确定的元素,哪些建筑、人物可以算作城市符号,确定的标准又是怎样的,这些都关系着中期的数据采集工作能否顺利完成,以及数据是否具有权威性。最后,由于视频、图像是城市符号最直接、最有效的展现方式,更容易在受众脑海中留下深刻印象,产生传播效果,因此,团队选择先对官方宣传片中展现出来的城市符号进行统计,获得 80 余个关键词后,建立起原始数据库,再通过其他数据来源进行数据的搜集。

在对所搜集到的全部数据进行清洗分析后,小组成员依据各个部分数据的特点,以简化数据、服务内容、促进理解为首要原则,与此同时注重图文的适配性、图表的多样性,以及颜色的匹配度等多方面内容,借助各类动态图表制作软件,通过反复实验、对比择优的方式选取适配度最高的图表完成最终的数据呈现。

作品开篇引入部分以武汉军运会为话题点展开全文,因此选取军运会宣传片中所出现的城市符号制作词云图与之相配,并以军运会吉祥物"兵兵"为词云轮廓,来增强整体统一性,为下文做铺垫(见图 7-9)。

图 7-9 城市符号词云图

对外宣传——宣传片部分的配图想要呈现的信息为:
①各个城市符号在五年间 8 部宣传片中出现的总频次;
②各个城市符号在单一年份出现的频次;
③每一年宣传片所包含的城市符号及其出现的频次;

④城市符号出现的总频次对比。

具体见图7-10。

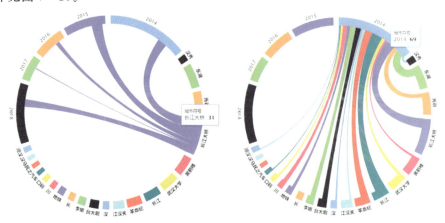

图7-10 宣传片部分的配图

数据涉及年份与城市符号两种要素,与此同时,两种要素间呈现出四种数量关系,因此选取了可以清晰地展示两类要素之间多种数量关系的和弦图。

对外宣传报道部分的配图想要呈现的信息如下。

①各个城市符号在2016年、2017年报道中出现的频次见图7-11、图7-12。

图7-11 各个城市符号在2016年报道中出现的频次

图7-12 各个城市符号在2017年报道中出现的频次

②各个城市符号在5年内出现的总频次。

数据为单一要素的双重数量关系,因此选取了简洁明了的多级矩形树图,每一大板块的面积代表了单一城市符号出现的总频次,大板块中的小板块则代表了各个年份该符号出现的频次。

(5)设计与配色原理。网页的总体设计注重色彩的舒适度和信息的可读性。因为数据可视化图表的颜色组合比较丰富,所以网页设计上没有选用过多的颜色。以绿色作为主色调,米灰色作为背景色,亮度统一,使整个画面色彩和谐。绿色有着生长、萌发的美好寓意,对光线的吸收和反射表现稳定。米灰色可以区分出白色底色的图片,同时给人以舒适稳重的感觉。

排版的设计追求简洁明了,用大色块分割图表和文段,不管是单图,还是多图,干净的底色能够很好地衬托图片。除此之外,绿色也用来突出标题,再加上通过字号的变化强调文段的主次,每个模块的信息都有了更强的可读性。

表格的设计追求多样化,同时保证能最大限度地展现数据。经过讨论和研究数据可视化的各种方式,选取最适合的可视化图表。每个板块的数据类型有共性,但是选用了不同的形式呈现,比如和弦图、矩形树图、动图等。和弦图可以清晰地展现出每个城市符号在2014—2018年分别出现的次数。外围不同颜色圆环表示年份和城市符号,弧长表示数据量的多少。

对于报道中的符号变化趋势图,该团队选择用动态的方式呈现,可以直观地展现每个年份符号多少的排序变化。在走访了武汉地铁线路中S级站点以后,将其中的大型城市艺术符号装置的分布也运用动图展现。不同的城市符号用图文组合来表现,大致总结出武汉地铁站中城市符号的布局,见图7-13。

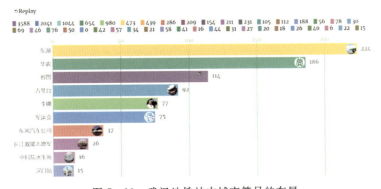

图7-13 武汉地铁站中城市符号的布局

这样的设计思路可以让网页呈现繁简得当,板块与板块之间留白适当,分门别类地"陈列"文章信息,提高浏览效率,寓多样于统一之中。

4. 创新点

(1)选题新颖,时效性强。在前期大量搜集论文报道等文献时,我们发现,以往很少有新闻和文章对武汉城市符号的传播进行系统的研究和分析,研究往往停留在城市符号宣传的理论层面上,并不具备整体性。然而,一座城市的城市品牌形象计划一定是整体推进、环环相扣的,并且需要大量数据做支撑。因此,该团队选择了以武汉市发布的宣传片为切入点,通过分析宣传片、地铁站、武汉国际马拉松比赛路线系统研究武汉代表性城市符号。同时,该作品关注热点时事,关注数据新闻中的"新"字,并选择了已经具备一定数据量,同时正面临着新变化的武汉城市符号发展问题进行研究。

(2)研究具有重要社会意义。武汉作为中部崛起的"领头羊",对城市文化的传播却没跟上城市经济发展的步伐。武汉城市文化十分丰富,城市符号却相对杂乱泛化,不利于对城市文化的宣传。该团队不仅分析了武汉市当前城市符号的传播现状,提炼了典型城市符号,还总结出武汉市在城市品牌形象传播中存在的问题,并对症下药,给出了相应的建议,对武汉城市形象传播策略的制定具有重要意义。

(3)研究视角创新。该团队首次将对内传播和对外发散的城市符号放在一起统计分析,从更加全面的视角与高度考察武汉市城市符号五年来的传播态势。

案例2:《天涯何处觅归途——中国流失海外文物现状》

1. 作品概述

我国有大量文物流失海外,因为国际公约效力有限、文物流入国不配合等原因,文物追索之路依旧漫长,希望用这篇数据新闻,展现我国文物流失的现状,让国人感受到我国文物流失之痛,呼唤国人的文物保护意识;同时增进阅读者对传统文化的了解,坚定国人文化自信,对我国优秀传统文化的继承起到促进作用。

(1)创作团队:郭晓蕾、杨璐嘉、李欣哲、陆晔(四川大学)。

(2)内容结构。这篇数据新闻,展现我国文物流失的现状,内容结构包括以下几个部分。

①引言:此部分叙述了制作这篇数据新闻的由头和背景,对接下来的内容进行简要介绍,引导读者阅读。

②第一部分:历代文物今安在——海外流失现状概述。

通过流失路线图和主题河流图展示我国文物离开国土之后的散佚路线和目前的安置情况,展示了15家外国博物馆所藏中国文物的数量及朝代信息。同时对藏于波士顿美术博物馆的珍品《历代帝王图》进行展示。

③第二部分:百年文物尚堪求——文物回家路。

介绍我国在文物追索方面采取的手段和进行的努力。通过时间轴展示从1989年以来至今文物回归事件的分布,以及回归文物件数、回归方式、代表文物等详细信息。

④第三部分:珍宝为何散天涯——流失之最。

本部分划分为清宫文物和敦煌文物两个小版块。这两类文物以流失价值高、数量多而著称,通过一张互动性强的太阳图展示散佚清宫文物的种类、朝代、比例等信息,并用词云图展示这些文物的名字,提升内容的美感。用一张柱状图展现敦煌文物在各国的收藏现状,详细到不同文字写本/印本数量的信息。

2. 创作背景

2019年4月,历经多年追索,意大利返还的796件套珍贵文物运抵中国;2019年3月,南京大学历史学院教授、全国政协委员贺云翱在两会上提交提案,建议应成立专门机构,尽快对流失海外的文物建立一本"明细账"。我国的流失文物追索已成为一件越来越受到关注的事情。

中华优秀传统文化是中华民族的"根"和"魂",是中国人民坚定文化自信的根基,是坚持和发展中国特色社会主义的文化之根与精神之源。文物是优秀传统文化的结晶和遗存,它们的存在,对于历史的记录研究、人民的教育科普都有着不可替代的重要价值。

我国历史悠久灿烂,几千年来留下了大量珍贵的历史文物,但近代百年屈辱史让很多文物流落天涯,至今仍"客居"他乡。新中国成立后,政府开始利用多种途径对流失文物进行追索。随着我国国力的增强,回归的文物数量逐渐增加。2019 年 4 月,意大利归还了 769 件套文物,更是我国在流失文物追索史上的一个里程碑。

但是,我国仍有大量文物流失海外,因为国际公约效力有限、文物流入国不配合等原因,文物追索之路依旧漫长。

3. 作品阐述

(1)数据来源。

①网站:大英博物馆、维多利亚与艾尔伯特博物馆、巴斯东亚艺术博物馆、吉美博物馆、赛努奇博物馆、大都会艺术博物馆、波士顿美术博物馆、哈佛大学福格艺术博物馆、芝加哥艺术学院博物馆、弗利尔美术馆、柏林亚洲艺术博物馆、科隆东亚艺术博物馆、艾尔米塔什博物馆、皇家安大略博物馆、京都泉屋博物馆等 15 个博物馆的官网。

②书籍:《国宝星散复寻踪:清宫散佚文物调查研究》。

③数据库:国际敦煌项目(IDP)数据库、国家文物局数据中心。

④国内网站:中国文物网。

(2)数据挖掘。

使用了爬虫和 OCR 技术。根据中国文物网公布的"收藏流失海外中国文物最多的 10 个博物馆"和其他馆藏中国文物较多的博物馆信息,该作品选取了其中建有馆藏文物数据库的 15 家博物馆,爬取了其官网上"中国文物"的朝代、尺寸信息。

(3)数据分析。

①Excel:录入纸质材料上的数据,对错误、乱码数据进行清洗,对整理好的数据进行排序。

②易词云:通过易词云对清代散佚文物名称进行分词和词频分析。

(4)可视化工具。

①Echarts:制作数据可视化图表。

②易词云:生成清代文物名称词云,对词云色彩、字体等进行美化。

③SPSS:进行清宫散佚文物的种类频数统计和数据分析。

(5)制作过程。

①确定选题:流失文物不只是一个人、一个团体的损失,而是整个国家和民族的损失。能够为流失文物建立一点初步的数据,做一点基础的整理工作,是很有意义的。因此,在创作初期进行选题时就将新闻选题的社会价值和意义作为首要考虑条件。

②可视化呈现:确定新闻的叙事逻辑以后,创作成员便开始搜集数据,工作涉及爬取外国博物馆网站数据、扫描纸质文档、整理相关新闻报道。制作优秀的数据新闻,拥有足够量的一手数据非常重要。而在可视化呈现部分,团队面主要以动态和可交互的图表作为主要呈现形式,见图 7-14、图 7-15。

 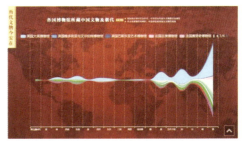

图 7-14　清宫文物的流失　　　　　图 7-15　各国博物馆馆藏

③新闻撰写和网页设计：撰写新闻稿由新闻学专业的郭晓蕾和李欣哲完成，视觉呈现则由广告学专业的杨璐嘉负责。该新闻作品的色调、背景图片都十分美观与典雅，契合主题风格。其中，文物流失路径图更是杨璐嘉同学绘制，替换 Echarts 原有方案，以求达到完美的可视化效果。

(6)难点。

①博物馆数量多、数据库信息繁杂；存在纸质版材料，需人工录入计算机，数据收集工作量大。

②博物馆网站架构不同，部分存在反爬虫机制。

③在数据清洗方面，各博物馆对于文物朝代信息或收录不全，或数据格式不一，且同一朝代可能有多种名称，需要人工统一。

④Echarts 与网站自适应效果难以同步。

⑤部分外国国家博物馆网站不提供英文。

(7)对策。

①分别爬取网站。

②利用 randint 函数创造时间间隔爬取博物馆信息。

③使用正则表达式进行精确匹配，清洗朝代信息等数据。

④调用 Echarts resize 代码。

4. 创新点

(1)选题内容。

①关注文物流失这个需要足够重视的问题。

②首次对我国文物在海外的流失状况进行了多角度的描述。

(2)可视化。

①使用 Echarts 商业级图表库进行数据可视化，数据标签详细清晰，图表交互性强。

②采用太阳图、主题河流图等新式图表对数据进行呈现，呈现方式较为贴切新颖。

(3)呈现效果。

①网站顶端添加 banner 进行跳转，同时添加"返回顶部"按钮，避免单调下拉造成的阅读疲惫感。

②纯手工进行网页搭建，内容美工精美大气。

本章小结和测试

 本章小结

本章对动态数据新闻进行了总结,主要介绍了动态数据新闻的定义,总结了动态数据新闻的三个特点,并介绍了动态数据新闻的呈现形式。

对动态新闻的特点进行总结,主要有以下几点。

(1)新闻表现形式新颖,科技依赖性强。

(2)新闻内容主题丰富,审美视野多样。

(3)新闻内容呈现程度深,内容吸引力强。

 实践训练

(1)选择一则代表性的动态数据新闻,分析该作品的动态数据呈现与新闻生产之间的联系。

(2)根据动态数据新闻不同的呈现形式,分析各类新闻适用的动态表现形式。

(3)策划一则动态数据新闻选题,尝试进行动态数据新闻制作。

第 8 章　交互数据新闻介绍

与纸媒、广播电视媒介等以传统媒介为主的前互联网时代不同,在人工智能和媒介融合发展的新时期,交互数据新闻大多是通过代码实现的。也就是说,这些交互数据新闻的互动特性的实现都基于一定的计算机技术,通过不同的技术为用户创造不同的互动体验,并服务于不同的新闻传播目的。

本章旨在厘清交互数据新闻的概念,首先讲述交互数据新闻的发展脉络,继而对其概念进行辨析,接着介绍交互数据新闻的应用场景和优秀案例,以及在人工智能时代,对于交互性的更高期待和全方位的体验。

学习目标

- 了解交互数据新闻的基本概念,以及交互数据新闻的发展过程与特点。
- 掌握交互数据新闻的可视化。
- 了解交互数据新闻的前沿应用场景,学习优秀的交互数据新闻案例。

8.1　交互数据新闻的概念与特点

8.1.1　交互数据新闻的概念

交互数据新闻是数据新闻向前发展的表现。交互数据新闻以交互为优势,以计算机算法和人工智能为技术支撑,读者可通过对传播介质的点击、移动、停留、按压等动作实现交互指令的发出。据于此传播信息中的数据与数据之间、数据与其他媒介之间将产生关联,最终实现数据新闻的多维度可视化和实时更新。在可视化技术的帮助下,数据新闻成为提高信息传播效率的途径之一。具体来说,交互数据新闻的发展经历了以下几个阶段。

1. 第一阶段:计算机领域的交互

首先,我们要了解什么是交互。"交互"通常泛指人与自然界中一切事物的信息交流,表示二者之间的互相作用和影响。"交互"一词在计算机领域涉及面非常广泛,并且应用也十分频繁,其意思为参与活动的对象可以相互交流,进行双方面互动。

2. 第二阶段:互动新闻的产生

新闻的传播载体一直伴随着传播媒介的变迁而实现内容和形式的不断演化和发展。"互动新闻"这一概念从 21 世纪之初就开始被新闻业界与学界频繁提及与讨论。后来随着互联网技术的发展,开始强调"为用户提供互动体验的新闻"。一方面强调互动新闻中"互动"体验的主体是新闻受众,即报纸新闻的读者、广播新闻的听众、电视新闻的观众,以及其他数字新闻媒体的使用者;另一方面也强调"互动体验"不仅来自受众与传播者之间的互动,还包括受众与新闻作品本身的互动,并且后者正逐渐成为互动新闻的主流互动形式。

基于大数据、虚拟技术的发展,在2016年出版的美国学者尼基·厄舍所著的《互动新闻:黑客、数据与代码》一书中,互动新闻被定义为"一种叙事的可视化呈现,通过为多层的、触觉的用户控制进行编码,以便实现获取新闻和信息的目标"。这是对媒介融合发展背景下的互动新闻新形态的一种概括。新技术为互动新闻作品本身预设了可供用户进行交互的空间,如同使新闻作品具有了类似生命体的"灵性",新闻用户可以直接控制新闻作品本身,并获得作品的即时反馈,这种互动便是基于人与新闻作品本身的互动。

3. 第三阶段:交互数据新闻

基于人与作品互动的互动新闻作品种类繁多,表现手法各异,依托于最新科技手段而大放异彩的新闻样式都不约而同地强调用户的参与感和互动体验。基于互动新闻的诞生,新闻制作者常常借助数据新闻中常用的数据可视化、图表、地图等视觉元素来构建与用户进行互动的方式。交互新闻的产生不断推动数据新闻向前发展,产生了交互数据新闻。

众所周知,数据新闻是基于数据信息的采集、分析和呈现的新闻。交互数据新闻与静态数据新闻的区别在于,交互数据新闻所采用的是以数据作为交互操作的入口来设计交互方式,用户可以通过操作图表、地图等可视化数据图形中的数据信息来引发对交互数据新闻作品的反馈。目前国内各大数据新闻网站上的大部分数据新闻是以静态信息图的方式来呈现,并不具有真正意义上的互动性,也就不是交互数据新闻。

8.1.2 交互数据新闻的特点

大数据技术的发展促进了数据新闻的产生,使新闻叙事与数据资源的结合成为可能。当下数据新闻的选题范围越来越广,技术支撑越来越多,学科知识越来越交叉,交互性越来越强,表现形式越来越多样化。在此基础上,交互数据新闻具有以下特点。

1. 新闻呈现可视化,报道形式新颖

交互数据新闻区别于其他新闻的主要特征在于其对可视化技术的运用。传者借助可视化技术将复杂化、抽象化的数据信息简单化、形象化。数据可以用图像、曲线、二维图形、三维体和动画来显示,并可对其模式和相关关系进行可视化分析。在可视化技术的帮助下,数据新闻成为信息传播有效的途径之一。视觉符号是以形状、方向、色彩、大小等要素构成的用以传达信息的载体,视觉符号通过排列组合,形成不同的景观。数据新闻可视化实践在视觉符号的使用上呈现出两大趋势:第一是视觉符号的形式和类别从单一化发展为多元化,场景内容不断扩充,可视化特征愈发明显;第二是更注重视觉符号的艺术表达与视觉吸引,场景张力不断提升,可视化内涵越发丰盈。

BuzzFeed制作的《天空中的密探》专题报道与美国联邦调查局(FBI)和美国国土安全部(DHS)的空中监视有关。BuzzFeed通过分析从航班追踪网站Flightradar24上得到的200架联邦飞机定位数据(数据涵盖时段为2015年8月中旬到12月),形成了一幅前所未有的关于行动规模和范围的图景。为了使得广大用户更好地感知数据,BuzzFeed用地图的形式展示出了变化的时间序列,并同时展现了累积的飞行路线及随时间变化的航班动态。

2. 信息处理方式多元,互动形式多样

满足受众日益增长的信息需求是新闻这种传播形式诞生的初衷,同时也是交互数据新闻的出发点,不管什么样的数据信息处理方式出现,归根结底就是为了让受众能更简单、快速地了解数据与事件之间、数据与数据之间、数据与个人之间的关联,呈现互动的传播特征。

交互是用户通过与系统之间的对话和互动来操纵与理解数据的过程。无法互动的可视化结果,例如静态图片和自动播放的视频,虽然在一定程度上能帮助用户理解数据,但其效果有一定的局限性。特别是当数据尺寸大、结构复杂时,有限的可视化空间大大限制了静态可视化的有效性。

Sisi Wei 是一家总部设在纽约,从事非营利性调查报道机构的应用程序设计师,她擅长用 Ruby、Rails、JavaScript、HTML、ArchieML 等技术来描述数据,讲述新闻背后的重大意义。她的项目涉及从军事报道到美国高等教育等多个主题。她使用大数据集来报道新闻,帮助用户认识世界,并了解全国性大事对个人的影响。在《外科医生记分卡》(*Surgeon Scorecard*)的报道中,她创造的可视化机制可以让人们看到对外科医生的记录。《作为武器系统的金钱》(*Money as a Weapons System*)让用户能够浏览阿富汗战争中,军官们出资建设的奇怪而且大多无用的项目。除让数据能够被更多人理解而且具有吸引力之外,Sisi 还建立了一个系统,让记者能够实时且全面地融合进报道与讲述的过程中。另外,她创建了一个新闻游戏,让用户比较阿富汗战争中那些失败的工程与相应可以在国内进行的税收减免、社会项目等,从而更好地理解阿富汗战争中的真实情况。

3. 智能化信息生产,实时分析受众行为

受众在对交互数据新闻进行阅读时,媒体后台会根据交互指令的设置,实时收集受众与传播介质产生的行为,依托数据处理程序及大数据资源库对受众产生的行为进行分析,据于此对受众进行个性化信息推送。在交互数据新闻中经常可以看到数据工具的出现,如用来计算数字的计算器、用来定位的地理数据工具。对数据工具的应用,使得交互数据新闻更加趋向于功能性。伴随数字技术的演进与革新,人机交互原有的形式、载体、边界均被打破。有研究表明,从 2012 年至 2019 年,数据新闻中高级交互组件的比例随年份增加,可视化的交互性显著提升;除交互层级发生变化外,数据新闻的交互在沉浸式、实体化、可听化方面也有新的进展。

印度媒体发起成立的数据分析机构 IndiaSpend,秉持使数据为大众所用的理念。IndiaSpend 拥有自己的低成本网络,以测量印度多个城市的空气质量。其团队致力于建立一个透明公开的方式,与所有人,包括其他数据系统的运营者,共享空气质量数据。使用 GPRS 信号传送器是其一大创新,该机构的感应器能够自动且持续地通过一个移动的网络来传送数据。根据地区情况为用户提供定制服务非常重要,这现在甚至成为一项术语:感应新闻学(sensor journalism),它是数据新闻学的一个分支。IndiaSpend 在这方面走在了整个印度的前列。其团队仍在不断地减少系统中的疏漏,并利用高端设备检验和分析数据变化,以实现智能化的新闻生产。

4. 提升受众阅读深度,二次传播成为可能

交互数据新闻与以往传统新闻形式不同的是,它能够把受众拉进生产流程之中。如在新闻选题立项阶段,传者可以通过专门的数据收集网站与受众进行沟通交流,这样可以提升受众参与的积极性,受众也会更倾向在各自的社交网络进行新闻报道的分享,推动二次传播。此外,许多数据新闻产品开始注重用户体验,即使用者对于使用或期望使用的产品、系统或服务的认知印象和反馈。不可忽略的是,提升数据新闻的浏览体验,关键在于呈现形式适配用户及所在场景,即用户使用的媒介、习惯、阅读环境、知识背景等。

加拿大《环球邮报》制作了交互数据新闻作品《无据可依》(Unfounded)。该团队经过长达20个月的调查发现,人们对性侵犯的指控被警方认定为"毫无根据"。为了让公众关注的一个重要领域暴露出来,该团队通过海量信息梳理、深入的数据分析,将数据从多个维度进行点状分布排列,并通过引人入胜的故事、精心设计的图像和交互数据可视化,引发了舆论风潮。此作品一经发布就引发了广大受众的讨论和关注,并在某种程度上改变了警察的做法。

8.2 交互数据新闻的呈现形式

交互数据新闻可视化中的交互研究属于可视化与人机交互的交叉领域。交互是用户与系统之间的信息交流。组成可视化系统的视觉呈现和交互两部分在实践中是密不可分的。无论哪一种交互技术,都必须和相应的视图结合在一起才有意义。许多交互技术也是专门设计并服务于特定视图的,可帮助用户理解特定数据。

8.2.1 可视化中的交互

可视化由视觉和交互两部分组成。可视化中的交互,可以缓解有限的可视化空间与数据量过载之间的矛盾,例如对于高维数据,在交互上可以利用分组进行降维。为更好地理解和使用各种交互技术,从交互任务的角度,可对数据产品中的单品和仪表盘进行操作。常见的交互技术有以下几类。

1. 选择

能让用户标记出自己感兴趣的数据对象,方便查询和跟踪变化情况。例如可以收藏表、单图、仪表盘,之后可以在"我的收藏"处查看选择对象。选择界面如图8-1所示。

图8-1 选择界面

2. 重配

提供观察数据的不同视角,可以对图表排列重新编辑,切换图表形式。例如,Amplitude提供了由表示趋势的折线图切换到表示分布的柱状图的功能,但并不是每一个图表都需要具备切换图表形式的功能。重配界面如图8-2所示。

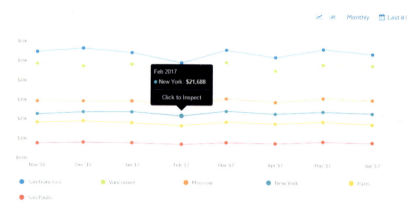

图 8-2 重配界面

3. 编码

可以自定义改变数据元素的颜色、大小、字体、形状等。例如,Echarts 可以对图表换肤,并对图表做一些基本配置,这种个性化编码的方式也被运用到越来越多的数据平台上。Echarts 界面如图 8-3 所示。

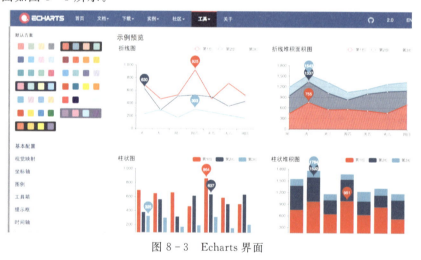

图 8-3 Echarts 界面

4. 抽象和具体

为用户提供不同层级的信息,可以控制显示更多或更少的数据信息。例如,层级分析提供了对数据表进行合计的功能,可展开查看具体的细节信息。数据观网站提供了数据下钻的功能,可以钻取到有层级的维度的最小粒度。层次界面如图 8-4 所示。

图 8-4　层级界面

5. 过滤

通过设置约束条件实现信息的动态查询,对离散型数据选择枚举值,对连续型数据圈定选择范围。常见的方式有单选框、复选框、滑块、文本框等。过滤界面如图 8-5 所示。

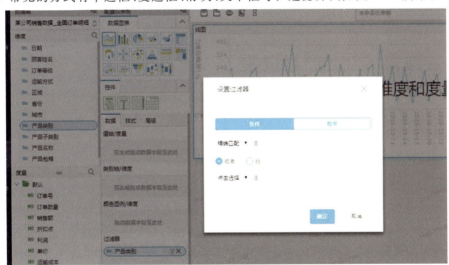

图 8-5　过滤界面

6. 关联

可显示数据之间的联系,多视图可对同一个数据在不同视图中有不同的可视化表达。例如,阿里云 Quick BI 通过关联交叉表和地图,可以通过操作地图,动态筛选出交叉表里的信息。

7. 溯源

可向信息上游寻找数据变异的原因。例如,Amplitude 可在悬停状态下对具体图表进行溯源,神策分析云则是通过点击进行溯源。溯源界面如图 8-6 所示。

图 8-6 溯源界面

8. 对比

可以对不同的时间范围、空间范围进行对比，也可以自定义维度进行对比，还可以将总体数据和具体数据进行对比。对比界面如图 8-7 所示。

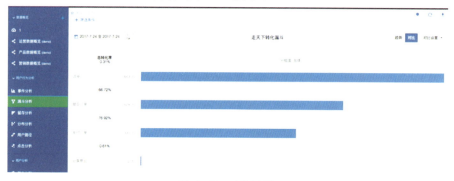

图 8-7 对比界面

在这样一个充斥着数据的媒介环境中，人们往往会因为数据种类的多样和复杂对有一定时间跨度和地理跨度的新闻事件产生疑惑。优秀的数据新闻可视化并非一定要始终展示令人炫目的交互技术，关键在于如何通过简洁明了的动态效果，引导受众读懂新闻故事或一份复杂的数据。技术固然带给受众参与内容选择与内容生产的机会，使受众实现了从观看者到浏览者、使用者，乃至控制者的角色转变，但无论采用何种技术，可视化呈现的根本仍然是讲好新闻故事。

8.2.2 新闻游戏

1. 新闻游戏的概念

乌拉圭游戏设计师弗拉斯卡于 2003 年提出"新闻游戏"这一概念。它力求应用新闻学原则去开发游戏的媒体功能，在真实事件和问题的基础上，为玩家提供基于真实世界资源的虚拟体验。新闻游戏是新闻信息的游戏化，通过用户的互动参与和控制促成对信息的传播与理解。在新闻游戏中，新闻所坚守的真实性与游戏天生的虚拟性伴生，其基于现实的事件、物品、场景等在虚拟环境中被还原，带给人强烈的熟悉感，同时也激发新鲜感和探索欲。两种完全不同的信息传播形式优势互补，在当下传播语境中更易为用户所接受。游戏对于现实元素也并非局限于还原,在游戏化的进程中有着艺术化的再创作,完成对现实的解构和重构。

尽管这种新闻形态是借"游戏之壳"来呈现新闻,但绝不是对传统新闻的简化。相反,设计者利用大数据技术,根据新闻事件来设计相应的游戏步骤,可以使受众在互动过程中,更全面、更彻底地理解新闻事件,沉浸式体验新闻的深层内涵。

2. 新闻游戏的特点

新闻游戏能逐渐从边缘走向中心,常态化地出现于专业领域和大众视域,离不开以下几个特点。

(1) 互动式的传播方式。新闻游戏的设计一般都选择对话情景参与的形式,用户通过选择不同的文字选项达成不同的游戏结果。相比于传统新闻报道的单向传播,用户的选择直接决定了自己了解到的新闻内容。如果说以往的新闻传播仅依靠用户对表层信息的理解,那么新闻游戏则要求用户调动自己已有的知识框架,对内容解码后的意义进行深层理解与思考。

(2) 沉浸式的体验形式。全媒体时代,新闻报道能够综合运用音视频的传播形式来提高新闻传播效果。新闻游戏的出现,使受众从旁观者转变为参与者,在虚拟世界中感受新闻发生的时间、地点、场景氛围等,让受众理解不同情境下的新闻走向,从而丰富对新闻价值的感触。

2017年10月,英国《金融时报》推出一款体验做优步司机的游戏。游戏由制作者通过采访大量优步司机、利用所得数据设计而成。优步游戏(见图8-8),便是通过设置优步司机的身份,让玩家来体验不同乘客的故事。玩家在自己的选择下"解锁"一段段故事,短短一周时间,就可以体验到优步司机的生活状态:缺乏社交,腰酸背痛,早出晚归……即便如此辛劳,司机们还是会入不敷出,而任何一个行车意外,任何一位"搞事情"的乘客,都可能让辛劳付诸东流。在游戏中,受众既是信息接收者,也是游戏参与者,更是新闻参与者,他们在多重身份体验下加入个人情感,因而加深了对优步司机这类新兴工种的认同。

图 8-8 优步游戏

在新闻游戏中,新闻的发生过程可以被理解成情节,以及用户在游戏中将会遇到的故事化情境。很多优秀的新闻游戏,正是依靠其环节设定所提供的体验式叙事方式战胜了传统新闻。选择权的转移让新闻结果的表现从对新闻文本本身的描述转换为用户的体验效果,内容生产者将新闻结果的褒贬转化成用户情绪上的高涨与低落,让新闻的感染力变得更强,传播效果更好。

(3)娱乐化的叙事模式。无论是报纸、广播,还是电视、网络,这些传播媒介在进行新闻报道时都只是将同质化的新闻内容通过不同平台传递给受众,这样的形式无疑是枯燥乏味的,特别是对于硬新闻而言,更是难以激起普通大众的阅读兴趣。

相反,新闻游戏是融合新闻的产物,其产生使得新闻与游戏、信息与娱乐相结合。它将严肃无趣的硬新闻"软化",改变了传统的叙事模式,使其不仅能满足受众获取最基础信息的需要,还引导和激发其深度了解新闻事件的兴趣,促进了信息的有效传播,更好地为受众服务。

《华盛顿邮报》制作了移动终端游戏《不确定的候选人》(见图8-9),大胆地运用了各位候选人极具话题性的新闻事件作为关卡的设计元素,声画结合,恰到好处。通过已有游戏元素来类比、对应新闻事件中的各个新闻元素,并将它们一一融合,从而达到游戏化解构事件的效果。

在该作品的游戏角色设定中,游戏中的小鸟对应各位总统候选人,背景元素对应着与大选相关的元素,如白宫、邮箱服务器等。游戏环节设定中,游戏过程中或任务失败后,屏幕会弹出有关相应候选人的热点新闻选择题,如果玩家答错还可点击链接进入新闻页面详细了解。在用户游戏任务失败后还有一段有关选择的候选人极具话题性的话语播放出来。这样的系列设计将游戏设计逻辑与新闻事件叙事逻辑结合在一起,既有趣,又具有一定信息传播价值①。

图8-9 《不确定的候选人》

3.新闻游戏的类型及案例分析

《新闻游戏:游戏中的新闻学》这本书把新闻游戏概括为短小精悍、表达新闻观点和态度的游戏,并且把新闻游戏划分成三大类别:社论类游戏、八卦类游戏和报道类游戏。社论类游戏主要表达某个态度或为了让游戏者能够接纳某些态度。八卦类游戏是基于名人、体育明星或政客八卦等软新闻设计的游戏。报道类游戏更多是希望能够展示社会事件的真相,并且很多是根据社会新闻事件进行改编的。

---

① 曾祥敏,方雪悦.新闻游戏:概念、意义、功能和交互叙事规律研究[J].现代传播(中国传媒大学学报),2018,40(1):70-77.

本节选取功能游戏实验室推送的《G20 小精灵 GO》为案例①,它是一款由人民日报"中央厨房"策划制作的交互性 H5 产品。作为一款新闻游戏,该款游戏与火爆一时的手游 Pokemon Go 有异曲同工之妙。

在游戏中,玩家将化身训练师捕捉小精灵。Pokemon Go 的小精灵主要基于初代 Pokemon Go 游戏,而《G20 小精灵 GO》中的小精灵则是基于参加该次峰会的主要国家进行设计,将国家与卡通形象融合,并把它们置身于杭州代表性的自然人文场景图片中。

玩家无须下载软件,直接在网络上进行搜索,然后点击游戏链接便可以直接进入游戏页面。该游戏并没有过多烦琐的注册、登录步骤,玩家只要按下游戏页面中心的"Go"就可立即开始游戏(见图 8-10)。

图 8-10 《G20 小精灵 GO》游戏页面

(1)主要玩法。游戏总共分为四个关卡,玩家需要在每关限时的 30 秒内找到几只暗藏在杭州具有代表性景观里的小精灵。在游戏过程中它们会呈现半透明色,与周围的环境、事物融为一体,从而提高了游戏的难度,所以玩家需要谨慎、仔细地寻找。待玩家成功集齐 10 只小精灵后,便会在游戏的最后看到一张全体小精灵的合影照,并会附上标题:世界上的事情大家商量着办。若玩家未能在限定的时间内集齐全部精灵,游戏最后的页面则会出现"小精灵没到齐"的句子,以及"再试一次"的选项。

在游戏的每个关卡内都隐藏了 2~3 只的小精灵。玩家可根据游戏左右滑动屏幕的提示来寻找小精灵,每找到一只后便会有关于该精灵的信息背景弹出,例如与其所属国家相关的幽默话语。此外,在屏幕页面上方有一个进度条,玩家可以借此时刻了解自己收集小精灵的进度(见图 8-11)。

---

① 功能游戏实验室[EB/OL].[2022-05-26]. https://mp.weixin.qq.com/s/6oYfIwlJ-yhEuqYenmP2wg.

图8-11 《G20小精灵GO》游戏页面

(2)推荐理由。在如今移动互联网的时代里,用户对大部分事物的互动以及参与感拥有强烈的需求。而为了满足他们的需求,这款游戏以G20杭州峰会为主要背景,并且通过可视化排版,以及简单易懂的操作,让用户能够身临其境般在杭州各个风景名胜里完成游戏目标,从而不仅能让用户的体验感与游戏的趣味性都得到提升,还可以有助于用户获取与G20杭州峰会相关的新闻信息。

《G20小精灵GO》这款游戏在2016年9月4日通过网络向全球发行,媒体技术公司数据新闻与可视化实验副主任表示仅在发布当天晚上,该游戏在朋友圈的自主转发量便已迅速破万,广受国内用户好评与关注。除发布在腾讯、百度等"中央厨房"合作平台之外,海外的平台也同样注册了中国官方账号,为海外友人提供了参与游戏的途径,从而使该游戏的传播范围更为广泛。

(3)游戏评价。《G20小精灵Go》把参加G20杭州峰会的主要国家化身为一个个有代表性的小精灵,并且结合此次峰会背景和主办地杭州的元素,形成了一个良好的宣传模式,促进了受众对峰会主办地历史文化的了解。由于新闻游戏十分注重时效性,因此为满足这个需求,这款游戏降低了制作难度来节省时间成本,选择采用H5制作,仅利用了几张杭州自然人文场景的全景图片作为整个游戏的画面背景,并且操作过程简单易上手。该游戏的设定除满足如今市场对新闻游戏的需求外,还将G20杭州峰会的背景、主办地元素等信息通过声音、画面传达给受众,从而达到真实与虚拟的结合,使用户能通过优秀的视听画面体验到参与游戏的快感,而游戏本身的新闻价值也能够达到传播的作用。

(4)受局限的信息。游戏中传递出的G20杭州峰会概念的信息量却是有限的,导致用户难以通过游戏掌握更多关于G20杭州峰会的相关信息。因此,其新闻价值的传播效果无法发挥最大的作用,若能额外再添加参加峰会国家的信息背景,游戏内容则会变得更加丰富,传播效果也会更好。此外,这款游戏的模式较为单一,整个游戏中只有固定的 10 只小精灵,而且每个关卡里小精灵的位置和弹出的信息内容自始至终都不曾变更,所以对于用户而言缺乏挑战性,从而增加了用户对游戏失去新鲜感的可能性。

(5)制作过程。

①新闻采写。《G20 小精灵 GO》是根据 2016 年 G20 杭州峰会为背景应运而生的新闻游戏。G20 峰会是一个国际经济合作论坛,于 1999 年在德国柏林成立。而在 2016 年 9 月 4—5 日举办的 G20 杭州峰会是第十一届。此次峰会的主题为"构建创新、活力、联动、包容的世界经济"。

②理念设计。《G20 小精灵 GO》这款新闻游戏的设计目的是为了宣传 G20 杭州峰会,帮助大众了解 G20 的相关背景,同时将杭州美景呈现在大众眼前,实现新闻游戏的自身新闻价值的有效传播。部分游戏小精灵见图 8-12。

图 8-12 《G20 小精灵 GO》中的小精灵

8.2.3 VR 新闻

1. VR 新闻的概念

VR,即 virtual reality,指虚拟现实。VR 新闻是一种将 VR 技术应用于新闻生产,给予观众第一视角,为其提供沉浸式体验的新闻报道方式,这项技术能够使受众置身于计算机模拟的虚拟世界之中,从而感受不到身处的物理环境①。从实践层面来看,2017 年牛津大学路透社新闻研究所发布的报告《VR 新闻:新现实?》(*VR For News: The New Really?*)指出,目前大多数的 VR 新闻以"360 度全景报道"的方式呈现,内容多为全景视频。

真正意义上的 VR 新闻是"设备+内容"的组合,只有使用头戴设备观看"360 度全景报道",才能算是真正意义上地观看了 VR 新闻。头戴设备能够使用户隔绝于所在的物理空间,屏蔽外界干扰,从而产生真正的沉浸体验。在游戏、医疗、旅行等 VR 技术相对成熟的应用场景中,用户都需要借助头戴设备才能完成相应的操作,没有头戴设备的 VR 不算是真正的

---

① SUNDAR S S, KANG J, OPREAN D. Being there in the midst of the story: How immersive journalism affects our perceptions and cognitions[J]. Cyberpsychology, Behavior, and Social Networking, 2017, 20(11), 672-682.

VR。正如《卫报》VR版块的执行主编所言:"如果你使用头戴设备,你就会进入到另一个世界,但如果只是点击360度全景视频就不会产生这种感觉。"随着VR设备的普及,未来媒体机构对头戴设备的依赖或许会更为强烈①。

2. 数据新闻+VR

VR带来的临场感为数据新闻创造了机遇,也带来了挑战。VR和数据新闻的融合有何难点,又有何技巧呢?谷歌新闻实验室的数据编辑西蒙·罗杰斯(Simon Rogers)曾获英国皇家统计学会颁发的"杰出数据新闻奖"。他认为数据新闻迈入VR大军的步履缓慢,一个重要原因是它带来了全新挑战,VR和数据新闻的融合有以下特别之处②。

(1)文字越多,读者就越容易厌烦。用VR开发产品的人,原则就是不让读者产生不适感。如果把读者置于VR中,而这个现实和人们预期的体验不同,他们就容易感到不适,就像晕车晕船一样。

(2)在VR场景中,读者不再需要靠"点击"或"拍"来操作视觉,如果要让读者通过观看实现操作,得看多久才能"激活"一个功能呢?早期的原型作品让我们感到眩晕,后来我们意识到问题在于两眼的虚拟间距太远了——感觉上左眼离右眼有10英尺那么远(10英尺约为304.8厘米)。

(3)定位很重要。观众在虚拟世界里移动,很可能会迷路,我们发现在观众的视觉周围散布信息体验更佳。Pitch团队草拟出了"盗梦空间"式的弯曲地图,探索纸上信息空间呈现的方法,比如,把次要的"侧边栏"信息放到身后。

(4)添加操作说明。来自Pitch团队的成员把VR技术描述为"有点像个移动靶,特别是在手机上",比如一个来电就能让你晕头转向。对于这个全新的领域,有必要在产品中插入操作说明,因此设置了窗口告诉读者做法,帮读者找准方向。

3. 数据新闻+VR的特点

(1)重构新闻叙事视角:从第三人称到第一人称。VR新闻向受众和用户提供了立体的场景式呈现,传统新闻的单一报道视角在VR新闻中被改变,第三人称叙事方式被第一人称视角取代,全景式和全息化的报道方式复原了新闻现场。报道从聚焦到复原的转变带领受众穿越到新闻现场,在新闻场景中获得沉浸式体验。VR新闻让受众以第一视角进入新闻现场,成为目击者,以主观视角体验虚拟场景,通过VR设备控制各种体感的传输和精准配合,给受众带来沉浸式的亲临新闻现场的体验③。

(2)重构新闻呈现方式:从平面框架到立体场景。场景是VR新闻着力打造的,用户状态、空间环境、社交氛围等构成了场景的基本要素。取景框和叙事逻辑构成了传统新闻的平面框架,VR新闻不再受这种平面框架的限制,VR的颠覆性技术、立体式场景化的3D呈现突破了屏幕的平面物理空间和尺寸局限④。

---

① 李唯嘉,周泉."我觉得像是玩游戏":用户对VR新闻的使用体验研究[J].国际新闻界,2022,44(4):78-95.
② 全球深度报道[EB/OL].[2016-07-15].https://mp.weixin.qq.com/s/_L9gWzjqd1n56a9XXViVOQ.
③ 尤红.VR新闻的重构特征与伦理风险[J].现代传播(中国传媒大学学报),2020,42(4):51-55.
④ 尤红.VR新闻的重构特征与伦理风险[J].现代传播(中国传媒大学学报),2020,42(4):51-55.

如2021年全国两会期间,新华社和中国移动联手协作,新媒体中心推出沉浸式VR新闻《听会》,它借助VR技术对人民大会堂进行新闻场景重构,通过5G+8K的应用,结合3D建模方式,以及立体多媒体演播室形式的融合,打破了在场与不在场的立体墙,与大会现场人员同步,探讨全国两会的热点话题,实现了会场内外实时互动,做到了用户"身临其境"参与两会。具体见图8-13。

图8-13 《听会》

(3)重构新闻收受形式:从浅度交互到深度沉浸。VR与物联网、人工智能等多种技术结合在移动网络环境中,进行数据采集与新闻制作,VR新闻实现更加自然的人机共融。VR新闻微型互嵌的获取及互动手段深化了新闻传播的人机交互。人机交互环境使得受众感受亲临新闻现场的深度沉浸,借助鼠标、键盘等设备的浅度人机交互方式也被突破[1]。

VR/AR、可穿戴设备等技术实现了人体与技术的互嵌,人类通过智能设备进入信息网络里,传播活动不再受到身体的束缚。

8.3 交互数据新闻案例赏析

案例1:十年房价发展变化

1. 作品概述

2008年的商品房销售平均价格已经是我国历史上为人津津乐道的"入局"契机,有人凭此机遇发家致富,从此衣食无忧,一部分人则是终于实现了一个简单的"齐家"梦。从那以后,中国的房价便开始上涨,让有些年轻人望而却步,逐步衍生出现"佛系"的人生观念和"鸡娃""内卷"等新词语。

国家也在逐渐对房价进行管控,每一次房价的起伏都会吸引全国人民的关注。该作品着力对全国房价信息进行检索爬取、清洗、初步分析,最终完成可视化设计,全面立体地展现了从2008年至2017年9座城市房价的涨跌趋势。

---

[1] 尤红. VR新闻的重构特征与伦理风险[J]. 现代传播(中国传媒大学学报),2020,42(4):51-55.

(1)创作团队:艾迪普科技股份有限公司。
(2)内容结构。
第一部分:设置内容素材的样式,为数据区间设置最小值与最大值。
第二部分:使用 Excel 工作表将房价数据与 iArtist 关联,并预设柱体动画效果。
第三部分:构建城市与年份数据矩阵并进行排序,同时进行位置计算。
第四部分:使用"计数器"功能实现任意数据的可交互设置。

2.创作背景

改革开放以来,中国居民从"蜗居"到适居,城镇居民从筒子楼换到了住宅小区,这主要得益于 20 世纪 90 年代政府进行的住房商品化改革,中国居民得以自由地买卖住房。现在常见的房地产公司基本都在那段时间成立。

房价一直是全国人民关注的焦点,国家相应政策的出台或房地产行业的变动与发展都时刻左右着全国的房价,也牵动着国人的心。该团队使用数据新闻的制作方法将 9 座城市房价的走势立体展现,以求记录下十年间房地产行业的发展与人民购买意愿的内在联系,辅助人们更加深刻地解读人与社会和谐发展。

3.创作阐述

(1)数据来源:国家统计局官网、皮书数据库、中国房地产指数系统、全方位房地产数据信息平台、安居客。

(2)数据分析及使用工具:网页浏览器、网站数据爬取工具、Excel、iArtist、CGSaaS。

(3)交互模板制作过程。为了展示几个主要城市的十年房价变化,在模板制作中需要处理几部分内容,包括图表的创作、数据的连接、逻辑关系的处理,以及交互方式的设计。十年房价效果图呈现如图 8-14 所示。

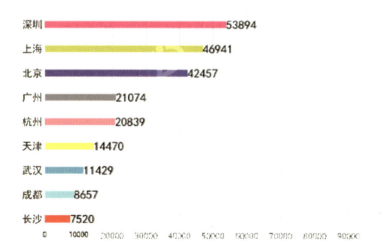

图 8-14 十年房价最终效果图呈现

①创作图表。作者选取了包括北上深广在内的全国9个主要城市的十年房价的走势情况。因此,在创作时需要将9个主要城市依次在图表中进行呈现。在呈现时,可以选择二维平面矩形作为柱状图的柱体,也可以使用三维图形立方体、圆柱体作为柱状图的柱体。同时为了区别各个柱状体的内容,在柱状图前端对每条柱状图添加城市名称,并对柱体的颜色进行设定(见图8-15)。

除柱状图以外,还需要对图表的标尺进行设定。根据数据来源发现,十年来,整体数据呈现持续增长趋势,数据中最高价格不会高于90000元。因此在图表中可以通过添加线以及文字的方式,对标尺进行设定。标尺最初始位置为0,以10000为一个单位进行增加,最大数值为90000。

由于本次案例中的数据以年为单位进行呈现,因此需要制作年份以及该年份相对的数据内容。

最后,为整个图表添加表头。同样使用文本进行添加。设置字体、字号、面色等参数后,可以完成对整个表格的制作(见图8-16)。

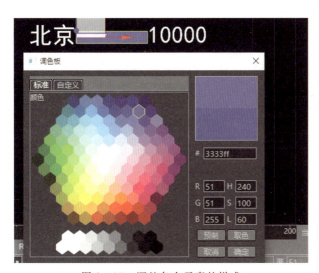
图8-15 调整各个元素的样式

图8-16 编辑文字内容并设置字效

②连接数据。数据可以通过数据库或Excel表接入到iArtist制作软件当中。本案例中介绍通过Excel导入数据。

在数据导入区当中找到Excel数据,之后将其添加到节点编辑区当中。选择该节点后,添加对应的Excel表到Excel数据节点当中(见图8-17)。

接下来需要考虑如何将数据进行呈现。通过数据分析可以了解,所有的数据都是大于0、小于90000的,同时需要将这些数据展现在柱体的宽度上,而宽度的变化范围为0~180。因此,我们需要将对应的数据获取之后,建立一个将数据转换为宽度的算法。

单个数据获取的方法是通过数据分离来实现的。通过数据分离节点,可以获取Excel表某一行、某一列的数据。通过选择数据分离的参数,可以选定具体需要获取数据的行和列,进行精准定位(见图8-18)。

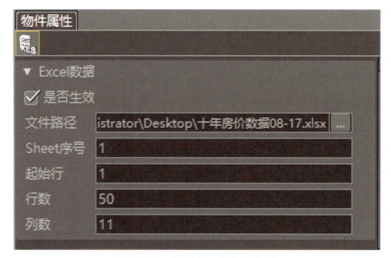

图 8-17 设置 Excel 文件数据

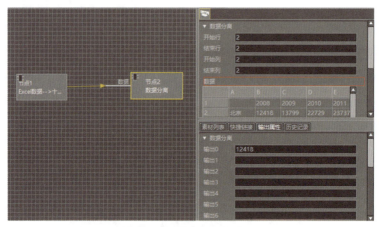

图 8-18 将每个数据分离

完成数据获取之后,可以通过数据映射插件完成从原始数据到宽度数据的转换。这里输入值为获取的数据,输入的左、右值分别为 0 和 60000,输出的左、右值分别为 0 和 180(见图 8-19)。

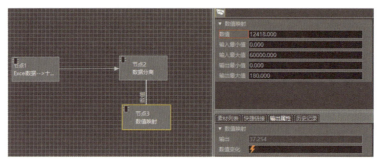

图 8-19 通过数据映射完成数据转换

由于柱体需要有动画效果,因此可以将转换好的数据连接到单数值变化插件。该插件可以在设置线性时间时,将参数从初始值调整为目标值。完成线性变化的值可以直接连接到对应柱体的宽度上。依次连接对应的内容即可完成柱状图的数据连接(见图 8-20)。

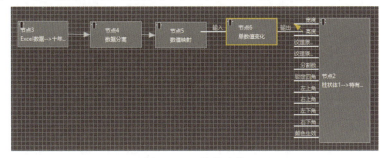

图 8-20 数据连接

③处理逻辑关系。案例中,需要按照房价的实时数据高低来完成数据排序。要实现这样的效果,需要注意两个要点:第一是排序的方式,第二是位置的计算。

如果进行排序,首先需要构建数据矩阵。通过向量和矩阵节点,可以将 9 个城市的单数值变化结果数据转换成一列数据(见图 8-21)。

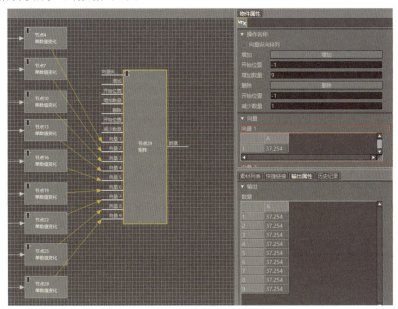

图 8-21 构建数据矩阵

完成数据矩阵构建后,可以通过排序节点对数据进行排列。从排列的数据结果中可以看到该数据当前的序号(见图 8-22)。

接下来需要进行位置计算。这个案例提供了一个思路,即通过排序来计算位置。每行数据表与相邻的数据表的间隔是一定的,因此我们可以设置一个固定间隔值,通过将这个值与排序的序号相乘得出每行数据的相对位置。通过变量可以设定一个固定值。之后添加表达式,将固定值与排序都连接到表达式当中,最后编写表达式即可完成位置计算(见图 8-23)。

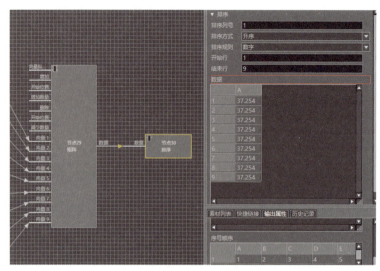

图 8-22 排列数据

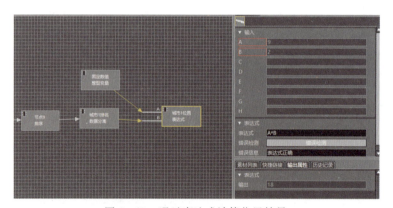

图 8-23 通过表达式计算位置结果

将计算结果连接到每个图表组的位置上即可实现位置的赋予(见图 8-24)。

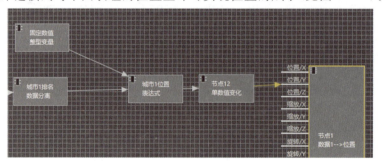

图 8-24 实现位置的赋予

④设计交互方式。按照设计,我们需要通过点击年份来实现数据的逐年变化。要实现这样的效果,我们需要考虑如何变更数据,以及进行交互设计。

变更数据的方式是通过修改数据分离中的开始列和结束列来进行数据定位。接下来可以通过计数器来控制数据列的变更。通过计数器可以控制数值从第一列变化到第 N 列。从数据判断,第一列为城市名称,第二列为第一年,第三列为第二年,依次类推。因此计数器可以设置为默认值为2,开始值为2,最大值为11,并勾选无限循环(见图8-25)。

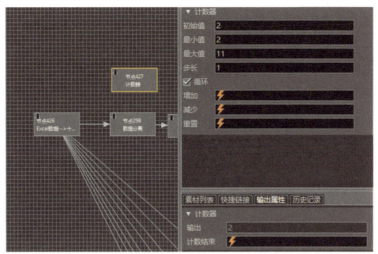

图8-25 计数器的设置

计数器可以通过事件进行触发。按照之前设计的交互方式,可以通过点击日期来实现数据的切换。对文字赋予按钮属性,使文字在点击时可以产生触发事件(见图8-26)。

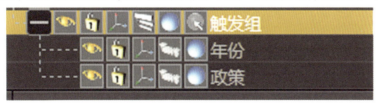

图8-26 触发节点的添加

最后,按照标题将数据表中的年份与政策加以连接即可完成案例的制作(见图8-27)。

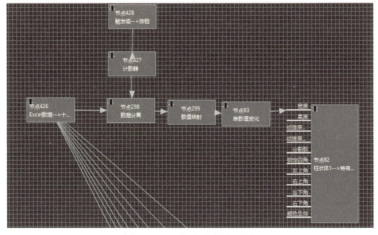

图8-27 完成案例的制作

4. 创新点

(1)使用三维渲染引擎技术进行内容效果的制作,使得整体的动画效果更加出色。

(2)系统采用了可视化的节点编辑方式进行逻辑编排与数据连接。通过使用iArtist创作工具,无须通过代码编写即可完成交互制作、逻辑编排与数据处理。

案例2:濒危动物保护:徘徊在灭绝边缘

1. 作品概述

作品以当下濒危动物生存现状为主题。作品首先从读者熟悉的"国宝"大熊猫新闻为切入点,吸引浏览者关注;进而采用将一系列静态信息图表和动态交互设计相结合的方式,展现12年来全球濒危动物变化情况;随后通过文字和交互词云图阐明濒危原因及保护措施;最后通过动物群像的动态图片引发读者对动物保护方面的思考。作品突破了传统新闻单一的报道形式,利用数字手段,将信息图表设计、可视化及交互技术、文字讲述等充分融合,增强了呈现效果;作品在故事叙事、信息交互和图片展示的多维呈现中,完成了信息的传达。

(1)创作团队:作品策划与制作/吴亚楠、罗晓嘉、陈铄、薛雨菲、孙逸轩;文字/郭文琛;指导教师/郑丹琪、吕欣、沈晶(中国传媒大学动画与数字艺术学院、新闻学院)。

(2)内容结构。

第一部分为大熊猫生活信息、大熊猫数量变化相关信息呈现;

第二部分为2007—2018年,12年全球濒危动物变化;

第三部分为2007—2018年,12年灭绝的物种;

第四部分为2007—2018年,12年动物等级的变化;

第五部分探讨物种濒危情况变化的原因;

第六部分阐明我们为什么离不开动物以及动物保护措施。

2. 创作背景

动物是人类的好朋友。它们是自然生态系统中不可或缺的部分,具有重要的生态价值、经济价值、人文价值。然而,随着工业化进程加快、生物自身进化、人类活动破坏等原因,野生动物的生存条件急剧恶化。不少动物的濒危等级持续上升,甚至出现了灭绝的情况。

通过调研发现,部分人对濒危动物的了解程度较浅,除耳熟能详的大熊猫、东北虎、娃娃鱼等动物外,对其他濒危动物了解较少,何谈保护?此外,现今对动物保护的研究多数在于濒危动物灭绝的原因、如何保护濒危动物以及濒危动物与文化资源的关系等方面,对于大众来说,这些文字内容不仅晦涩,而且抽象,理解起来较为困难,不利于传播。

如何通过简单轻松、又有信息增量的新型新闻报道模式,向公众展示近些年来全球濒危动物的变化情况,唤醒人们失敏的神经,激发人们的保护意识和紧迫感,一直是大众传播媒介中缺少的议题。其实,每一个物种都是一把珍贵的通向未来的钥匙,建设生态文明是中华民族永续发展的千年大计。要牢记保护环境的基本国策,尽自己最大的努力,为动物保护贡献一点力量。而这些,正是作品《濒危动物保护:徘徊在灭绝边缘》的创作背景。

3. 创作阐述

(1) 数据来源。

①中国政府网;

②中华人民共和国生态环境部;

③世界自然保护联盟(International Union for Conservation of Nature,IUCN)发布的 2007—2018 年《濒危物种红色名录》;

④世界自然基金会(World Wide Fund for Nature)

(2) 数据分析及使用工具。

首先利用正则表达式,从网页获取文件下载链接,之后使用迅雷从网页中批量获取文件。下载文件后,通过软件将 PDF 转化为 Excel,同时人工汇总在一张 Excel 表上,之后使用 Excel 对数据进行清理。本作品使用 Excel 对数据进行分列、汇总、类别拆分、交叉分析等一系列操作。之后,使用 Tableau 对其中的数据趋势进行视觉化分析与呈现,使用 D3 库对 2007—2018 年世界上濒危物种变化数据进行前端可视化处理,展示世界上濒危物种的变化过程。同时点击呈现信息的交互形式,对 10 年内消失的物种和动物等级变化进行呈现。最终将视频动图可视化,将图片演示制作成视频,之后转成 GIF 图。

(3) 制作过程。

①第一部分——你所不了解的"国宝"生活。

《濒危动物保护:徘徊在灭绝边缘》采用叙事型开头,从"四川雅安村民偶遇野生大熊猫"的场景引入,选取熟悉的"国宝"作为第一部分的主要叙事对象,同时通过静态图像和交互信息图介绍了大熊猫的各种习性与数量变化,引出本篇报道的重点:"濒危动物"。

静态信息见图 8-28,主要采用数字手绘的方式完成,在通过调研、查找相关文献后,对数据和信息进行整理,对部分带有数据图表的内容,利用相关软件完成精确化标注,通过 Adobe Photoshop、Adobe Illustrator 等后期编辑软件进行图形设计,最后达到风格的统一化。

图 8-28 大熊猫基本情况信息图

对于动态交互,采用基于 JavaScript 的 D3 技术,主要实现代码见图 8-29,将大熊猫的生长环境、繁殖情况、生活习性、保护组织等信息及相互影响关系通过力导向图呈现。用鼠标不仅可以拖拽力导向图,当鼠标悬停在图片上时,还会出现文字提示,图片与说明信息相辅相成,交互相对友好。

图 8-29　大熊猫基本信息情况力导向图

②第二部分——更多动物在走向灭亡。

在第二部分中,转换视角,将研究对象发展到了全球的濒危野生动物。其中,重点关注了"灭绝动物""濒危等级变化较大的动物"的情况。

在该部分的交互图表中,横轴上方是濒危等级提高、保护情况变差的动物数量,横轴下方则是保护情况变好的动物数量,见图 8-30。通过浏览者不断地阅读,数据逐渐显示:随着人类社会的发展,一些动物如大熊猫的确得到了很好的保护,但还有很多动物依旧在灭绝的道路上越走越远,形势严峻。

图中的数据部分,来源于世界自然保护联盟所公布的《濒危动物红色名录》。该部分数据以 PDF 形式存储在网页上。因此选择利用 Python 编写程序,且对网页 PDF 进行批量下载。同时利用 Adobe Acrobat 将 PDF 中的数据进行了提取。在 Excel 中完成数据清理和整合之后,最终通过 Tableau 对数据进行了分析,以制定完整的内容叙事逻辑。

图表中的交互部分,主要利用 ScrollMagic 完成滚动交互,jQuery 则完成了少量的其他在线效果。整体力求交互设计的合理性,设计出符合读者阅读模式的交互流程。图 8-30 中,一个圆点表示一种动物,将光标放到每个圆点上,还能查看其所代表的物种,在滚动浏览文字信息的同时,图表与文字信息产生联系,并对其演示,从而达到人机之间的友好交互。

③第三部分——还要失去多少物种,我们才能行动。

12 年间,有 8 个物种永远地消失在这个世界上。其中,珊瑚裸尾鼠的濒危状态在 2016 年被世界自然保护联盟《濒危物种红色名录》标记为"灭绝"。这是首种因"人类活动导致的气候变化"而消失的哺乳动物。2016 年,昆士兰州政府与昆士兰大学发布了一项关于珊瑚裸尾鼠的调查报告,认为气候变化造成海平面上升和极端天气事件频发,布兰布尔礁多次被海水淹没,使珊瑚裸尾鼠的栖息地遭到严重破坏。

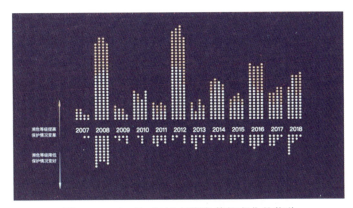

图 8-30　2007—2018 年濒危等级变化的物种

该部分,通过"点击—查看"的方式,将永远消失的 8 个物种予以呈现,点击按钮之后,具有鲜艳色彩的动物变得暗淡,同时名字和灭绝年份出现,见图 8-31。对交互技术的运用虽然相对简单(主要利用 JavaScript 中的鼠标点击功能),但却准确传达了动物灭绝的沉重事实。

图 8-31　灭绝动物视图

④第四部分——我们为什么会永远地失去它们。

濒危物种的变化是多种因素综合作用的结果。通过对相关研究的整理,介绍了动物濒危情况日趋严重的原因,并再次通过交互信息图(词云图)的方式呈现,见图 8-32,给读者一定的探索空间。

图 8-32　濒危动物变化原因

⑤第五部分——脚步,还不能停止。

对濒危物种的保护,一直为中国政府和人民所重视,这或许源于中华文化中关于人与自然和谐相处命题的朴素哲学。

作品以"藏羚羊数量变化"为例,见图8-33,用数据讲述藏羚羊从"惨遭捕杀、数量急剧下降"到"国家重视,数量回升"的历程,进而谈及保护动物和保护环境的理念和措施——保护动物在某种程度上就是保护人类自己,同处于这颗蔚蓝的星球上,它们的生命关系着我们的生命,它们的家园就是我们的家园。没有地球上各个动物物种的生息繁衍,就没有整个地球生命圈的共同繁荣。

作品的结尾是一组动态的、叠堆着的濒危动物的黑白摄影照片——"地球在流泪,动物在哭泣",标语无声叩问,再次呼唤人们保护濒危动物。

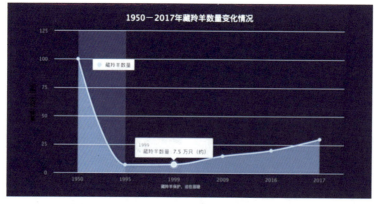

图8-33　1950—2017年藏羚羊数量变化情况

(4)创新点。

①数据与故事并行。迈阿密大学可视化教授 Alberto Cairo 每学期的可视化基础概念课都是这样开场的:"无论交互还是静态的可视化报道,原理是一样的——故事第一。"数据新闻即使相比较传统新闻有着华丽酷炫的外形,但其打动人的地方,无非还是那些经典作品所涵盖的特质:一个结论、一份解释、一个整合好的故事。本作品数据与故事结合,可视化与数据共同呈现,既能提供宏观上的说明,又能给予细节上的支撑,为读者构建了一个较为具象的场景,然后通过数据来说明问题。这也使得此作品比纯数据解读类稿件更具可读性。

②交互形式创新。在交互形式上,采用了静态和动态交互图穿插使用的模式,静态数据图展示详细信息,动态数据图呈现数据流动变化的过程。同时,融合鼠标双击和鼠标滑过等交互来呈现濒危动物的灭绝和大跨度信息。多种交互形式融合,更好地呈现了濒危动物目前的状况。

本章小结和测试

 本章小结

本章对交互数据新闻进行总结,主要介绍了交互数据新闻的定义和发展历程,总结了交互数据新闻具有以下四个特点:新闻呈现可视化,报道形式新颖;信息处理方式多元,互动形式多样;智能化信息生产,实时分析受众行为;提升受众阅读深度,二次传播成为可能。

本章旨在让读者掌握交互数据新闻的基本知识。通过对交互数据新闻案例的详细阐述,读者会清楚交互数据新闻的应用场景和制作思路,可帮助读者对交互数据新闻的制作有进一步的了解和探析。

本章测试

1. 以下哪一个选项不是交互数据新闻所具有的特点?
A. 新闻呈现可视化,报道形式新颖　　　　B. 信息处理方式单一,互动形式乏味
C. 智能化信息生产,实时分析受众行为　　D. 提升受众阅读深度,二次传播成为可能

2. 以下哪个学者对交互新闻作出定义?
A. 陆定一　　　B. 邹韬奋　　　C. 威尔伯·施拉姆　　　D. 尼基·厄舍

3. 为加强交互数据新闻的传播效果,可从哪个方面进行?
A. 拓展新闻内容　　　　B. 鼓励受众参与
C. 提升交互技术　　　　D. 减少数据分析

4. 交互数据新闻可视化制作过程中,以下哪个制作工具使用概率较低?
A. 八爪鱼采集器　　B. Excel　　C. JavaScript　　D. Word

实践训练

(1) 选择一个自己熟悉并感兴趣的新闻话题。

(2) 根据数据分析、数据挖掘以及众多的数据收集工具获取作品可能会用到的数据,进行数据处理。

(3) 策划一则交互数据新闻选题,并尝试进行制作。

第 9 章　全球数据新闻大赛简介

　　数据新闻大赛是新闻传播教育转型的风向标,积极响应了国家媒体融合战略和新文科人才培养理念,为国内新闻教育提供了培养卓越新闻人才的指南。了解国际前沿赛事,有助于以赛促建,推动中国数据新闻发展,并通过比赛打通学界与业界壁垒,为全国培养新媒体人才。

学习目标

- 了解国际数据新闻的发展现状。
- 学习优秀的数据新闻作品。
- 探寻数据新闻的创新之处。

9.1　全球数据新闻奖

9.1.1　全球数据新闻奖概况

　　全球数据新闻奖设立于 2012 年,是全球首个用来表彰数据新闻领域杰出工作者的国际专项奖项,每年都会收到来自全球各个国家数据新闻爱好者和机构提交的上千件数据新闻作品。

　　全球数据新闻奖的奖项设置从第一届开始一直在做调整,总体来说,调查报道、数据可视化、数据应用是最受关注的三个部分。此外,对于媒体、数据新闻团队,以及成绩突出的个人也给予了越来越多的关注。2019 年的评选中总计 12 个奖项类别,具体是最佳数据可视化奖、数据新闻创新奖、最佳个人作品集、调查报道奖、微软年度学生及青年记者奖、开放数据奖、谷歌最佳大型数据新闻团队、美联社最佳小型数据新闻团队、年度数据新闻应用奖、最佳数据新闻网站、突发新闻数据使用奖、公众选择奖。

9.1.2　全球数据新闻奖获奖作品介绍

　　以下为全球数据新闻奖获奖作品介绍的部分简介。

　　1.2019 年度最佳数据可视化奖——《拯救恒河的竞赛》(*The Race to Save the River Ganges*)

　　(1)机构:路透社美国分社。
　　国家/地区:美国。
　　(2)使用工具:JavaScript、GQIS、Adobe Creative Suite。
　　(3)作品介绍。通过使用令人震撼的照片、动态地图和大量数据,该作品质疑了印度政府能否兑现承诺:在 2020 年之前对污染恒河的大量工业废水和让 4 亿人的饮用水处于不安全状态的未经处理的污水进行有效的治理。作品既通过生动的照片呈现了成千上万忠实教徒在恒河边洗澡、饮水的情况,又通过具体的数据展示了恒河的受污染情况,每天约有来自160多个主要城市下水管道的60亿升有毒废水,蔓延2500公里,流进恒河(见图9-1)。

图9-1 《拯救恒河的竞赛》

2.2019年度调查报道奖——《谁死于飓风玛利亚》(*Hurricane Maria's Dead*)

(1)机构:美联社、Quartz网。

国家/地区:美国。

(2)使用工具:JavaScript、HTML、Adobe Illustrator。

(3)作品介绍。飓风玛利亚造成上千人死亡,然而波多黎各政府只公开了64名死者的信息。《谁死于飓风玛利亚》收集了来自波多黎各人的数百个故事,他们称其亲属死于飓风玛丽亚,但被政府忽视了,死者姓名与波多黎各政府在回应波多黎各调查性新闻机构诉讼时公布的政府死亡记录相匹配。该报道团队采访了约300个死者家属,并使用疾病控制和预防中心的灾害相关死亡证明审查了近200个死者。鉴于波多黎各政府对飓风玛利亚的死亡人数统计不力,波多黎各调查性新闻机构、Quartz网和美联社调查了死于飓风的死者详情和死亡原因。该项目调查基于大型调查、电话采访和政府诉讼,通过在线调查创建死亡者数据库,对死亡人数的范围和性质进行了大量的分析,是一种将现场报道与众包和数据新闻结合的新颖方式(见图9-2)。

3.2019年度谷歌最佳大型数据新闻团队——阿根廷《民族报》数据新闻团队

(1)机构:阿根廷《民族报》。

国家/地区:阿根廷。

(2)使用工具:Python、JavaScript、Tableau、Excel等。

(3)作品介绍。《民族报》数据新闻团队擅长使用公开数据敦促政府承担起应尽之责,以及进行连续不断的数据监测,以倒逼公共部门提升透明度。该团队致力于通过自身作品,将开放的社会理念传递给公民,并通过与NGO和高校合办的"编程马拉松"、线下交流会和工作坊等活动,建立一个更为开放、紧密的社群。他们将所有的工作都基于技术、数据、开放和合作,并为数据公开摇旗呐喊。同时,他们也十分注重数据挖掘,认为每一个应用程序或数据平台都应被充分地开掘利用。其最近的创新技术应用包括数据科学和内容的自动化(见图9-3)。

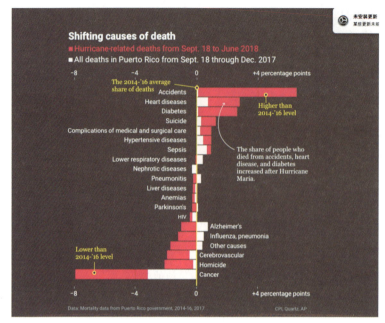

图 9-2 《谁死于飓风玛利亚》

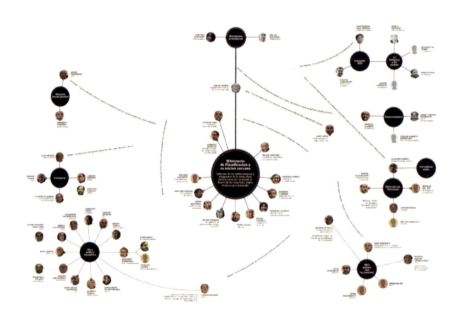

图 9-3 阿根廷《民族报》数据新闻团队部分作品展示

4.2019年度美联社最佳小型数据新闻团队——"仇恨式犯罪"观察数据新闻团队

(1)机构:印度事实核查网。

国家/地区:印度。

(2)使用工具:JavaScript、GQIS、Adobe Creative Suite。

(3)作品介绍。印度公民因宗教仇恨而产生的犯罪行为观察(简称"仇恨式犯罪"观察)是印度致力于记录由于宗教偏见导致的"仇恨式犯罪"行为的数据库。近几年来,印度因宗教冲突而产生的暴力行为持续上升,由于数据的缺乏,这类犯罪行为被称为"遗失的事件"而远离公众视野。"仇恨式犯罪"观察为这类暴力行为的增长提供了一手的统计视角,此外,该项目通过地图映射及对过滤器的使用,展现了"仇恨式犯罪"的一些特定的地理、时间和动机模式。这些因素具有象征意义和指示作用,能够帮助社会有效应对日益增多的暴力事件(见图9-4)。

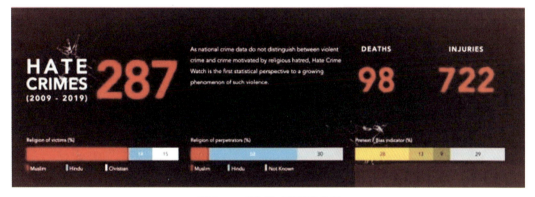

图9-4 "仇恨式犯罪"观察

5.2019年度突发新闻数据使用奖(36小时以内)——《印度尼西亚狮航坠机事故》

(1)机构:路透社美国分社。

国家/地区:美国。

(2)使用工具:JavaScript、GQIS、Adobe Creative Suite。

(3)作品介绍。2018年,一架载有189人的狮航客机从印度尼西亚首都雅加达起飞后不久坠入大海。在24小时内,路透社图表部门就将飞行跟踪数据拼合在一起,发布了一份深入的、直观的报告。飞行跟踪数据来自Flightradar24和波音公司的事故数据,地图绘制主要运用QGIS,在处理数据时,团队还和各个机构和专家进行了交谈,收集了多媒体内容,并绘制了飞机结构的矢量图(见图9-5)。

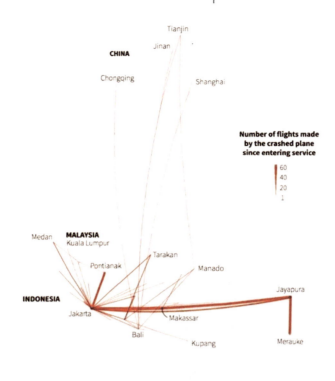

图 9-5 《印度尼西亚狮航坠机事故》

6. 2019 年度数据新闻创新奖——雷德梅瑟（Radmesser）

（1）机构：《每日镜报》。

国家/地区：德国。

（2）使用工具：React Native、Python、Arduino 等。

（3）作品介绍。害怕汽车过于靠近自己是人们不敢在城里骑自行车的重要原因之一，Radmesser 项目的发起就是为填补柏林地区骑车安全距离相关信息的空缺。工作团队由记者、物理学家和机器学习专家跨界组建，他们将独立研发的 100 个测量汽车超车距离的传感器分配给 100 名志愿者，经过两个月的数据收集和三个月的数据分析和可视化处理，上传了这组交互数据新闻。

Radmesser 项目将测量报告、民意调查、公民科学、数据新闻和创新技术相结合，收集到了柏林地区第一份骑自行车安全距离的可靠数据。在超过 13000 公里的记录距离上，总计测量到 16700 次超车，其中约 56% 为非法靠近，证明了公众以往的主观恐惧感——超车的确是柏林街头的一个重要问题。

在风格俏皮的交互新闻网页中，制作者综合考量了包括停车、道路建设、骑行受伤状况在内的诸多相关因素，围绕着骑行安全的主题划分出九个小专题。Radmesser 项目呈现以多图像、少文字、图表作为核心叙事为主。骑行者视角的实景路况视频、精细可交互的街区交通网络图等主体性极强的设计将吸引读者走上"柏林街头"，展开一场"干货"满满的线上漫游（见图 9-6）。

图 9-6　Radmesser 项目

7. 2019 年度最佳个人作品集——Eva Belmonte's individual portfolio

（1）机构：Civio。

国家/地区：西班牙。

（2）使用工具：OpenRefine、JavaScript、Excel、Ruby 等。

（3）作品介绍。这是一个单人新闻项目，自 2012 年以来，作者对数百项法令、任命、补贴进行了详细审查，将这些烦冗西班牙官方公报，转换为新闻和数据。

Eva Belmonte 最知名的项目"我们的每日公报"致力于为广大普通受众解读诸如法令、任命、补贴等政府公文。她认为报道"政策而非政治"将对报道政府行为大有裨益。技术在她的报道中扮演着重要的角色，作为一名专注于数据新闻的记者，她推动了数据库的建立。例如，制药行业向医生付款的数据库使 Civio 成为西班牙唯一能够报道相关主题的媒体。她认为，通过公共服务途径、开放透明的方法创造性地使用普通的许可，使信息被重新利用起来是她工作的核心价值（见图 9-7）。

8. 2019 年度最佳数据新闻网站——The Pudding

（1）机构：The Pudding。

国家/地区：美国。

（2）使用工具：JavaScript、Python、SQL 等。

（3）作品介绍。2019 年最佳数据新闻网站颁给了 The Pudding，评委会评价其"设定了媒介的高水位线"。The Pudding 致力于对那些兼具信息量和娱乐性的争议性话题进行视觉化，来努力使复杂的观点变得容易理解，其目标是推动公共话语形成，避免媒介的"回声室效应"。

The Pudding 由 6 名全职记者和工程师组成的团队进行运作。2019 年 2 月，他们对网站进行了改版。通过对 Greatest Hits 部分增加多种标签，使得每条视觉作品的衡量标准更多元化。例如，Most Buzzworthy 表示社交媒体上最吸引人分享的作品，Most Engaging 意味着观众在页面上花费的时间最多等。

The Pudding 的特点是庞大的数据收集、复杂的数据处理，以及奢华但不失直接的设计。

在 The Pudding 最新发布的作品 Best Year in Music 中,作者便收集了 1960 年以来 Billboard 历年榜单前五名来探究音乐领域的变革情况。读者可以自行选择感兴趣的年份,在聆听音乐的同时回顾音乐变迁史(见图 9-8)。

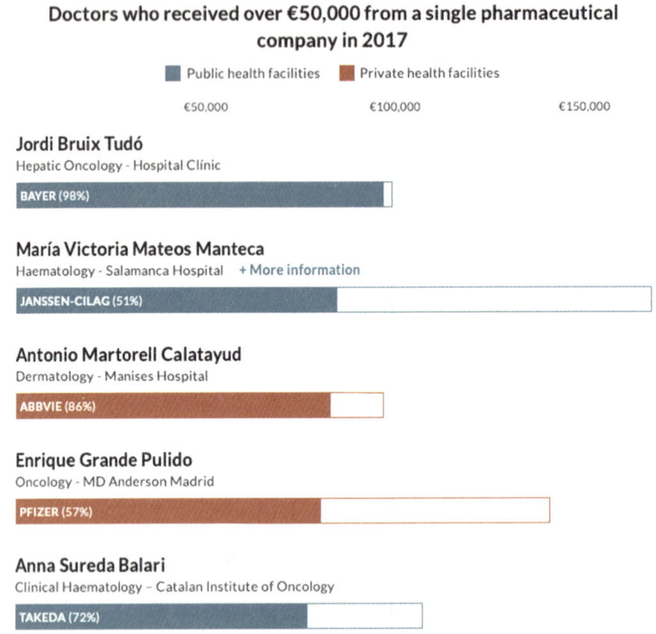

图 9-7 Eva Belmonte 制作的数据新闻

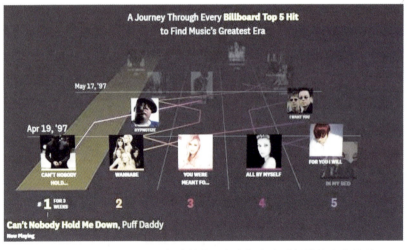

图 9-8 利用 Billboard 历年榜单前五名来探究音乐领域的变革情况

9. 2019 年度开放数据奖——OCCRP 数据

(1)机构:有组织犯罪和腐败报告项目(Organized Crime and Corruption Reporting Project,OCCRP)。

国家/地区:波黑。

(2) 使用工具：Aleph、SQL、OpenSanctions 等。

(3) 作品介绍。为了调查诈骗、贿赂、政府捕获和洗钱等案件，有组织犯罪和腐败研究项目(OCCRP)团队将泄露的文件集、公开发表的记录和搜集到的数据整合到了一个平台中，使资金流向得以明晰。OCCRP 的数据规模在调查性新闻界是前所未有的——一共有 21TB 的文件和 1180 个数据库表，涉及公共利益数据的总规模为 1.2TB。OCCRP 的数据收集和分析具有较大的规模和多样性，提供了一个独特的经济和政治权力搜索平台。该平台是用户友好型平台，支持多种语言和字母，具有光符识别、指定实体提取等实用功能。该平台在利用开放数据方面做出了示范，通过增强数据集的可用性、质量和可访问性使自身更加强大（见图 9-9）。

图 9-9　OCCRP 的数据收集和分析

10. 2019 年度数据新闻应用奖——《罪犯移民的神话》

(1) 机构：马歇尔计划非营利新闻机构。

国家/地区：美国。

(2) 使用工具：Adobe Illustrator、D3.js、R 语言。

(3) 作品介绍。特朗普政府称美国社会许多犯罪行为是移民导致的，这一点其实是错误的。特朗普政府却以此推动其移民政策：限制入境、旅行和签证；加强边境执法；计划沿墨西哥边境修建一堵墙。《罪犯移民的神话》这篇报道证明了这些说法是错误的。

通过四所大学的大规模合作，由纽约州立大学布法罗分校的 Robert Adelman 领导的一个研究小组研究了美国全国 200 个城市 40 年间的统计区域，得出结论：高移民人口与高犯罪率之间没有相关性。基于报告中的数据，数据新闻团队与报告的作者合作，将数据扩展到 2016 年，然后将这些数据用作进行进一步深度时间序列分析和研究可视化移民人口与暴力犯罪率趋势的基础。

通过分析发现，目前所研究的大城市的移民人数比 1980 年多，暴力犯罪却未必增加。移民增加最多的前十名地区在 2016 年的犯罪率都低于 1980 年。

数据新闻团队通过可视化的方式进行呈现，逐个公开数据和结果。该项目的目标不是简单地让读者相信原始学术论文的统计结果和时间序列分析的结果,而是给读者提供工具,让读者亲自看到数据,并做出自己的判断(见图9-10)。

图9-10 《罪犯移民的神话》

11. 2019年度公众选择奖——《为了成为模特,你需要有多瘦?》

(1)机构:荷兰国家电视台。

国家/地区:荷兰。

(2)使用工具:Python、Excel、Google Spreadsheets、Adobe Illustrator等。

(3)作品介绍。尽管在荷兰出现的"模特健康保证运动"承诺了变革,但时尚行业仍然要求模特的臀围不超过90厘米。为了走上T台,模特需要有理想的身材。为了确保观众能理解这是怎样一种要求,获奖作品运用现有的数据爬取软件OutWit Hub,收集了25家模特公司的数据,将1000多名模特的臀围与荷兰20~29岁女性的平均臀围进行了比较。呈现结果的YouTube视频获得了80多万的点击量,除此之外,该视频下方有1200多条评论,模特健康话题成为讨论的中心,这表明该作品成功地吸引了一批年轻的受众(见图9-11)。

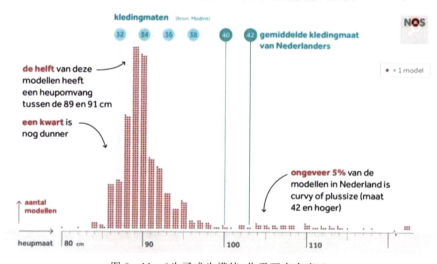

图9-11 《为了成为模特,你需要有多瘦?》

9.2 西格玛数据新闻奖①

9.2.1 西格玛数据新闻奖概况

西格玛数据新闻奖(Sigma Data Journalism Awards)始自 2020 年。全球数据新闻奖因为资金不足在 2020 年停办,此赛事填补了全球数据新闻奖停办的空白。该赛事与世界各地数据新闻竞赛合作,包括菲利普·迈耶奖(Fhilip Meyer Award)、韩国数据新闻奖(Korea Data Journalism Awards,KDJA)等,合作媒体包括 Data Journalism. com、镝数图表、全球深度报道网(Global Investigative Journalism Network)等来自 15 个国家或地区的组织机构。值得一提的是,第二届大赛中,澎湃新闻与财新传媒的数据新闻作品均入围决赛。参赛作品对全球数据新闻实践者具有启发作用,也有学者对参加该赛事的作品进行分析。有学者对 2012—2020 年全球数据新闻奖、西格玛数据新闻奖以及在线新闻奖(Online Journalism Award,OJA)的获奖作品进行定性的内容分析②,探究数据新闻作品的透明性与隐私性。也有学者对 2019 年全球数据新闻奖和 2020 年 Sigma Awards 获奖作品进行描述性统计分析,旨在核查数据来源和数据类型是否影响数据新闻作品的透明性③。

9.2.2 西格玛数据新闻奖获奖作品分析

1. 多国家和地区参与,作品主题相对聚焦

本书对 2020 年入围作品的国家和地区进行分类,得到表 9-1。研究发现,共有 32 个国家和地区的作品入围,美国入围作品数量最多(32 个),巴西次之(10 个),中国大陆有来自澎湃新闻和财新传媒的两个作品入围。虽然涉及国家和地区较多,但在空间上分布不均衡,以美国为首的欧美国家在作品数量上占有大量份额,而亚洲、非洲、澳大利亚入围作品数量相对较少。

从生产机构规模看,入围作品的生产机构中有 65 个为大型传媒机构,如美国《纽约时报》、路透社新加坡分社、英国《金融时报》,剩余 41 个机构为小型传媒机构,如美国的 The Pudding、南非新闻媒体 News24。从生产机构性质看,本书将入围作品的生产机构性质划分为新闻媒体、非营利性新闻组织、商业公司/机构/工作室,以及其他组织(包括社会团体、大学、政府机构),统计结果见表 9-2。经统计发现,新闻媒体作为作品主要生产者,创作的作品数量占总数的约 3/5,其中美国《纽约时报》团队参与创作的 7 个作品入围;纽约市曼哈顿区的一家非营利性新闻组织有 3 个作品入围。此外一些作品由不同机构人员合作完成,例如作品《哪些城市在 COVID-19 核酸检测中的种族差距最大?》(*Which Cities Have the Biggest Racial*

---

① 陈积银,李月,聂汉林.全球新闻数据可视化实践研究:基于 2021 年西格玛数据新闻奖作品的内容分析[J].中国新闻传播研究,2022(2):175-192.

② CHAPARRO-DOMINGUEZ M,DIAZ-CAMPO J. Data journalism and ethics:Best practices in the winning projects(DJA,OJA and Sigma Awards)[J]. Journalism Practice,2021(2):1-19.

③ CORDOBA-CABUS A,GARCIA-BORREGO M. Visualisations as a critical information source for data journalism:Analysis of the typology,interactivity,and functions in the 2019 Data Journalism Awards[J]. Doxa Comunicación,2020(31):87-105.

Gaps in COVID-19 Testing Access?)由美国专注于预测新闻的 FiveThirtyEight 网站和美国广播公司(American Broadcasting Company,ABC)共同制作。

表 9-1 入围作品国家和地区分布

国家和地区	编码	入围作品数量	国家和地区	编码	入围作品数量	国家和地区	编码	入围作品数量
美国	C18	32	尼日利亚	C21	2	塞尔维亚	C24	1
巴西	C3	10	南非	C20	2	萨尔瓦多	C23	1
新加坡	C26	6	马来西亚	C17	2	秘鲁	C19	1
德国	C5	6	吉尔吉斯斯坦	C13	2	肯尼亚	C16	1
英国	C28	5	荷兰	C12	2	卡塔尔	C15	1
中国香港	C32	4	韩国	C11	2	加拿大	C14	1
中国台湾	C31	3	菲律宾	C8	2	哥伦比亚	C10	1
西班牙	C25	3	法国	C7	2	俄罗斯	C6	1
芬兰	C9	3	波黑	C4	2	澳大利亚	C2	1
中国	C30	2	智利	C29	1	阿根廷	C1	1
葡萄牙	C22	2	印度尼西亚	C27	1			

表 9-2 入围作品生产组织性质统计

生产组织性质	编码	频数	百分比
新闻媒体	O1	89	60.14%
非营利性新闻组织	O2	8	5.40%
商业公司/机构/工作室	O3	30	20.27%
其他组织	O4	21	14.19%

对于入围作品的主题,本书将其分为新冠疫情、政治、经济、战争/犯罪、社会/公共服务、环境/灾害、人口/性别、科技、城市/交通 9 类,并对入围作品进行主题统计,得到如下结果(见表 9-3)。由于 2020 年新冠疫情在全球暴发,且大赛着重表彰在新冠疫情报道中优秀的数据新闻作品,因此新冠疫情相关议题的作品占比最高(34.91%),但也包括涉及其他议题的作品,如政治、战争与环境等。对于同一类议题,不同新闻可视化作品的报道角度也有差异,例如澎湃新闻作品《11699 位患者和我们的这一年》将患者流调详情信息制作成数据库,可视化呈现传染途径、患者关系、患者症状。来自美国马歇尔计划非营利新闻机构的作品《15 个月逐州观察监狱中的冠状病毒》(A State-By-State Look at 15 Months of Coronavirus in Prisons)则重点

可视化呈现美国各地联邦和州监狱中因新冠病毒而患病和死亡的犯人。可见不同维度的数据可以讲述截然不同的故事。入围作品主题统计见表9-3。

表9-3 入围作品主题统计

作品主题	编码	频数	百分比
新冠疫情	W1	37	34.91%
政治	W2	20	18.87%
战争/犯罪	W4	14	13.21%
社会/公共服务	W5	10	9.43%
环境/灾害	W6	11	10.38%
经济	W3	5	4.72%
城市/交通	W10	5	4.72%
科技	W9	2	1.89%
人口/性别	W7	2	1.89%

2. 数据源公开程度高，政府与自采集数据较多

有学者指出新闻透明性可分为制作透明和参与透明两种表现方式[1]。在新闻数据可视化作品的生产过程中，其透明度的最直观体现就是研究所使用数据库的公开程度，即在作品中详细阐述数据来源与使用情况，且公众通过超链接或其他方式可访问相关数据集[2]。在可视化作品中不完全公开数据来源或选取数据不够客观，也会降低新闻的专业性和权威性[3]。因此数据来源的公开和数据选择的客观在数据驱动的可视化报道中显得十分必要。在本书所统计的106件作品中，有96件作品标注了数据来源，大部分作品都建立了公开数据集供受众核查或再利用，数据源公开程度较高。

Paul等在分析美国本地报纸关于新冠疫情的数据新闻报道时，将数据来源分为七种：商业与工业数据、教育或学术资源数据、政府等官方公开数据、非营利组织数据、自采集数据、其他新闻媒体组织数据、医院数据[4]。本书将以上数据源进行进一步概括，分为政府等官方公开数据、自采集数据、商业/社会组织/学术机构数据，并将这三种数据来源分类进行统计。本书

---

[1] KARLSSON M. Rituals of Transparency: Evaluating online news outlets' uses of transparency rituals in the United States, United Kingdom and Sweden[J]. Journalism Studies (London, England), 2010, 11(4): 535-545.

[2] TANDOC E C, OH S K. Small departures, big continuities? Norms, values, and routines in the guardian's big data journalism[J]. Journalism Studies, 2015, 18(8): 1-19.

[3] BURROWS R, SAVAGE M. After the crisis? Big data and the methodological challenges of empirical sociology[J]. Big Data & Society, 2014, 1(1): 191-211.

[4] PAUL N, NISBETT G. The numbers game: How local newspapers used statistics and data visualizations to cover the coronavirus pandemic[J]. The Howard Journal of Communications, 2021(3): 1-17.

对标注数据来源的96件作品进行统计分析,得到如下结果(见表9-4)。由于政府等官方公开数据具有权威性,因此仍然是新闻数据可视化的重要数据来源,在本书分析的作品中占比59.38%。自采集数据也逐渐成为重要的数据来源,在所统计的作品中占比53.13%。值得注意的是,通常一件作品的数据来源不是唯一的,为了使叙事更加深入和全面,新闻数据可视化作品生产者会获取多方面、多维度的数据。路透社新加坡分社制作的作品《评估澳大利亚生态灾难》(*Assessing Australia's Ecological Disaster*),对澳大利亚的生态环境进行分析,使用了世界自然保护联盟(IUCN)的数据、美国宇航局的全球资源系统火灾信息数据以及马里兰大学全球土地分析和发现实验室的相关数据等。

表9-4 入围作品主要数据来源

作品数据来源	编码	频数	百分比
政府等官方公开数据	D1	57	59.38%
自采集数据	D2	51	53.13%
商业/社会组织/学术机构数据	D3	37	38.54%

3.编程与地图工具使用频率高,体现记者数据素养

在新闻数据可视化作品生产过程中,必然要对海量数据进行处理,主要的处理技术可分为统计分析、数据挖掘、自然语言处理、机器学习、空间分析等类别[①],不同类别的分析可借助不同工具实现,这些新技术和新工具的加入也为传统新闻报道提供了机遇与挑战。有研究通过对英国主流媒体数据新闻记者的半结构化访谈,得出由于一些小型编辑室缺乏先进技术设施,数据新闻记者缺乏计算机相关技能,他们便需要花费更多的时间寻找现成的自动化工具来满足调查或分析需求[②]。本书统计了106件作品使用的25种工具,按照功能将其分成六大类,分别为图形动画、图表设计、数据存储、网页开发、地图工具、数据挖掘(见表9-5)。经编码和统计后发现,有37.74%的作品使用了爬虫技术(Scraping)进行数据获取,40.57%的作品用到了Python,20.75%的作品在制作过程中使用了R语言;共有34件作品使用了地图工具,主要用到的地图工具有OpenStreetMap、Google Earth Pro、QGIS和PostGIS。值得注意的是,作品的大部分图表都不是可视化工具一键生成的,而是利用脚本语言通过编程生成,且有7件作品使用了人工智能/机器学习技术。可见在信息化与大数据的时代,记者的数据素养和处理数据的能力需要进一步提高。

---

① MANYIKA J,CHUI M,BROWN B,el al. Big data:The next frontier for innovation,competition,and productivity[EB/OL]. [2021-11-08]. http://www.mckinsey.com/Insights/MGI/Research/Technology_and_Innovation/Big_data_The_next_frontier_for_innovation.

② BORGES-REY E. Unravelling data journalism:A study of data journalism practice in British newsrooms[J]. Journalism Practice,2016,10(7):833-843.

表 9-5　入围作品使用主要工具统计

工具类别	使用工具	编码	频数	百分比	工具类别	使用工具	编码	频数	百分比
图形动画	Animation	T1	21	19.81%	网页开发	Open Data Kit	T14	1	0.94%
	3D modeling	T2	7	6.60%		Anime.js/Ink.js/Node.js	T15	30	28.30%
	Canvas	T3	14	13.21%		jQuery	T16	12	11.32%
	Three.js	T4	4	3.77%		Personalisation	T17	11	10.38%
	Adobe Creative Suite	T5	28	26.42%		Drone	T18	4	3.77%
图表设计	R/RStudio	T6	22	20.75%	地图工具	OpenStreetMap	T19	13	12.26%
	Microsoft Power BI	T7	1	0.94%		Google Earth Pro	T20	1	0.94%
	Flourish	T8	1	0.94%		PostGIS	T21	5	4.72%
	D3.js	T9	36	33.96%		QGIS	T22	15	14.15%
数据存储	PostgreSQL	T10	10	9.43%	数据挖掘	Scraping	T23	40	37.74%
	JSON	T11	49	46.23%		Python	T14	43	40.57%
	Google Sheets	T12	60	56.60%		AI/Machine Learning	T25	7	6.60%
	CSV/Microsoft Excel	T13	71	66.98%					

4. 可视化呈现方式多样,作品多以网页为载体

可视化图表是可视化作品中必不可少的要素,国外有学者指出媒体在进行数据可视化报道时应结合新闻思维和视觉设计思维[①]。传统的信息图表包括条形图、饼图、时间轴、折线图等。随着新闻数据可视化的发展,信息图表呈现出多样性,旭日图、桑基图、数据地图等图表类型的应用让作品更加丰富美观。有研究根据视觉吸引力对呈现方式进行如下排序:文本分析、数字引用或表格、时间线或列表、静态地图/图表、动态地图/图表[②]。在本次统计的作品中,将可视化呈现方式主要分为时间轴、单一图表、复合图表、静态地图、动态地图、视频以及动画,除去链接失效的作品,共统计 91 件作品的可视化呈现方式,结果见表 9-6。其中,复合图表有两种类型。第一种类型表示在同一张图表中,不同数据以不同的图表形式呈现,如作品《大型水坝是否会让尼罗河消失?》中的一张图表(见图 9-12)结合了地图和饼图两种可视化呈现类型。另一种复合图表类型表示图表或者地图以"组图"的方式呈现,作品《为什么西班牙女性不

---

① JI S Y,KANG Y A,STASKO J T,et al. Toward a deeper understanding of the role of interaction in information visualization[J]. IEEE Transactions on Visualization and Computer Graphics,2007,13(6):1224-1231.

② KNIGHT M. Data journalism in the UK:A preliminary analysis of form and content[J]. Journal of Media Practice,2015,16(1):55-72.

再在周末或节假日分娩》,以组图形式呈现各省一周中每天出生人数与年日均值相比的百分比变化(见图9-13)。复合图表在所有作品可视化呈现方式中占比57.14%。动态地图较静态地图最大的差异是具备交互性,可对地图进行缩放、搜索地区或展示某区域详情,占比42.86%。视频作为新闻报道的重要呈现方式,且随着短视频已经成为人们获取信息的重要途径,在本书所统计的作品中也占比26.37%。从作品的呈现载体看,大部分作品依托网页呈现,一种为生产者自主开发的网页,作为独立作品供受众阅读,另一种依托于生产机构的平台,在浏览作品时可以看到该机构的其他新闻报道。

表9-6 入围作品可视化呈现方式

呈现方式	编码	频数	百分比
时间轴	P1	33	36.26%
单一图表	P2	56	61.54%
复合图表	P3	52	57.14%
静态地图	P4	22	24.18%
动态地图	P5	39	42.86%
视频	P6	24	26.37%
动画	P7	33	36.26%

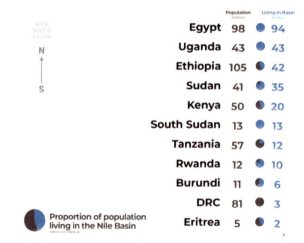

图9-12 《大型水坝是否会让尼罗河消失?》作品复合图表示例

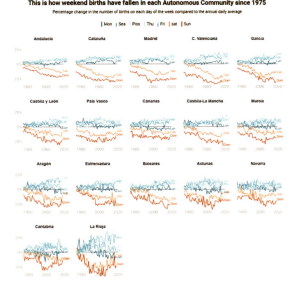

图 9-13 《为什么西班牙女性不再在周末或节假日分娩》作品复合图表示例

5. 具备交互要素,但不够重视受众个性化选择

交互性(interactivity)的概念在 20 世纪 90 年代末随着在线新闻网站的出现而兴起,随着技术的发展,交互性逐渐成为评价新闻数据可视化作品是否出彩的指标之一。Ji 等人于 2007 年提出了信息可视化中广泛使用的七类交互要素,即选择(select)、探索(explore)、重新配置(reconfigure)、编码(encode)、抽象/精心设计(abstract/elaborate)、过滤(filter)和连接(connect)[1];Boy 等人针对数据新闻特征,将"检查(inspect)"和"叙述(narrate)"纳入数据新闻交互要素指标[2]。此外,如今可共享链接已成为新闻网站上的一项常见功能,有学者指出这是一种扩大影响范围和增加受众的有效方式[3]。基于以上分类标准,本书将交互要素主要分为标记、详情、筛选、抽象/详细、探索、重新设置、转发。其中,标记是指将某元素以特殊符号记录,例如用下划线突出显示某元素、点赞等;详情是指更多信息,例如单击或鼠标悬停在某元素可以查看更多信息或跳转到新的页面以供受众了解新的信息;筛选是指有条件地显示某些内容,例如从菜单栏中选择某一具体项;抽象/详细是针对图表或地图而言显示更多或更少的细节,例如放大或缩小地图视图以调整抽象级别;探索是指用户手动输入/查询相关内容,并得到相应反馈;重新设置是指显示不同的排列,例如将某一版块或要素上下移动或将折线图手动变换为堆叠的条形图;转发是指将某元素或作品网页分享到其他平台,一般包括弹出想要分享的平台或生成分享链接。

---

① JI S Y, KANG Y A, Stasko J T, et al. Toward a deeper understanding of the role of interaction in information visualization[J]. IEEE Transactions on Visualization and Computer Graphics,2007,13(6):1224 - 1231.

② BOY J, DETIENNE F, FEKETE J. Storytelling in information visualizations:Does it engage users to explore data?[C]. ACM,2015.

③ SINGER J B. User-generated visibility:Secondary gatekeeping in a shared media space[J]. New Media & Society,2013,16(1):55 - 73.

经统计后发现,详情类交互要素占比最高(87.91%),体现出在新闻数据可视化作品中为了避免信息过于冗余复杂,或为了防止受众被不太关注的信息所影响,增加详情交互的要素,供受众自主选择想要进一步了解的信息。一些可视化作品包含多个链接,在主作品页面可以自主筛选跳转到其他分页面或分章节,筛选类交互要素便主要存在于以上情况。重新设置类交互要素最能体现受众对图表的个性化设计与操作,但本书分析的作品中只有23.08%具备该要素,说明对受众个性化选择体验关注较少。随着社交媒体的兴起,可共享链接已成为新闻网站上的一项常见功能。本书统计作品的转发功能后发现,81.32%的作品具备一键分享至Twitter等平台的链接或按钮。入围作品交互要素分析见表9-7。

表9-7 入围作品交互要素分析

交互要素	编码	频数	百分比
标记	I1	15	16.48%
详情	I2	80	87.91%
筛选	I3	50	54.95%
探索	I4	20	21.98%
抽象/详细	I5	23	25.27%
重新设置	I6	21	23.08%
转发	I7	74	81.32%

9.3 中国数据新闻大赛

9.3.1 中国数据新闻大赛概况

中国数据新闻大赛(China Data Journalism Competition)于2015年创立。中国数据新闻大赛作为新闻教育学界的国家级专业比赛,将价值导向与知识传授相结合,在大赛中弘扬社会主义核心价值观。同时,旨在贯彻中央媒体融合有关精神,依据新文科建设的理念,走文、理、艺交叉的新闻传播教育之路,推动中国新闻教育适应新时代的要求,为国家培养全球化、复合型、专家型、国际化的新型新闻人才。

2015年6月,首届中国数据新闻大赛暨数据新闻教育发展高峰研讨会在甘肃兰州举行。2016年5月,第二届中国数据新闻大赛暨腾飞新丝路传媒高端论坛在北京召开,赛事吸引了国内120余家机构报名,34.3万多人参与投票。2018年6月,第三届中国数据新闻大赛暨数据新闻教育发展高峰论坛在陕西西安举办,共有业界学界300多个团队、1500多人报名参赛,并收到来自全球各地共计360余件作品。2019年6月,第四届中国数据新闻大赛暨大数据可视化艺术人才培养高峰论坛在湖北武汉举办,参赛队伍共726支,网络点击量近159万人次。2020年9月,第五届中国数据新闻大赛暨大数据时代的新闻教育研讨会在陕西西安的中国西部科技创新港举行,共有800余支队伍、4000余人报名参赛。2021年11月,为积极响应防疫政策与措施,第六届中国数据新闻大赛暨数据驱动下的新闻传播学创新论坛最终择定于线上云平台举行,但这并未阻碍莘莘学子和业界精英们参赛的热情,比赛共有900余支队伍、4500余人报名,网站投票热度超300万。具体见图9-14、图9-15。

图9-14　历届中国数据新闻大赛情况介绍图

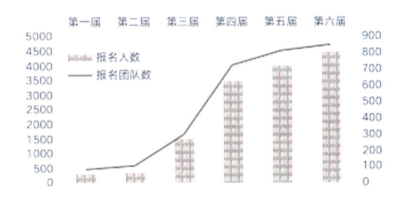

图9-15　历届中国数据新闻大赛参赛人数/团队数统计(单位:人次/队数)

作为国内新闻传播学界和业界广泛认可的赛事品牌,中国数据新闻大赛吸引了来自北京大学、清华大学、中国人民大学、复旦大学、南加利福尼亚大学、莫斯科大学、伦敦国王学院等220余所国内外高校,以及新华网等数十家媒体机构的900余支队伍参赛,人民日报、中央广播电视总台等上百家媒体进行报道。该赛事已然成为一项国内唯一持续举办影响力较大的全国性融媒体作品创作与人才培养比赛。

中国数据新闻大赛为优秀的数据新闻作品提供了展示的平台,磨炼并提升了参赛选手的团队合作能力、沟通协调能力、专业实践能力、前沿探索能力,缓解了传统新闻教育学习模式落后、视野狭窄的问题,引领学生在作品制作中从简单的多学科知识累加向多学科知识相融转变,培养优秀的复合型融媒体内容制作人才。

9.3.2　中国数据新闻大赛获奖作品分析

中国数据新闻大赛自举办以来吸引全国各高校和业界单位积极参与,对历届获奖作品进行分析,主要有以下几个特点。

1. 选题设置：由表及里、以小见大，更为关注当代人的生存现状

对中国数据新闻大赛入围决赛的作品主题进行分类，分别为经济、文化、社会、政治、教育和其他。在历届大赛不限定主题的情况下，入围的作品中，社会新闻占比高达38%，是大赛作品关注最多的领域；其次是经济新闻，占比20%；政治新闻占比16%；文化新闻占比14%；教育新闻占比较低，仅占2%；其他类型主题占10%。

历届入围作品广泛关注了人们的健康、就业、社会保障、交通出行等方方面面的问题，由表及里、见微知著，如《北京养老：问题与改革并行》《良禽择木，人才择城：最适合你发展的二线城市》《在扩大的那一线希望》《诞生有罪，结婚无罪？》《何以安居》《董小姐的故事》《中小学生书包越减越重》《失焦——中国视障群体的生活现状报告》等，都在密切关注当代人的生活现状，关注社会发展存在的问题，同时也充满了深刻的人文关怀。就具体的案例而言，香港城市大学的作品《单身有罪，结婚无罪？》便是从第四次单身浪潮入手，分析当下已然成为一种社会问题的单身现象，分析导致越来越多年轻人选择这种生活方式的深层原因，重点剖析了父母与子女在婚姻问题上的分歧，揭示了中国当代青年日益沉重的"逼婚"压力。

2. 数据来源与数据处理工具：多元化与丰富性增强

数据新闻需要通过数据关系揭示新闻背景及深层次原因，通过数据关系梳理事件的相关性并建立规律和预测模型。因此，数据质量至关重要。

（1）数据来源：数据的运用多元化，非政府组织、企业类数据来源增加。历届中国数据新闻大赛入围作品的数据来源主要分为五类：一是媒体；二是政府；三是非政府组织、企业；四是研究机构、院校、学者；五是自行搜集（如通过实地调查、采访、互联网平台及其他渠道直接收集第一手信息）。

在历届大赛入围的作品中，使用的数据来源呈现多元化特点，有三个或三个以上类别数据来源的作品占30%，两个类别数据来源的作品最多，占40%，只有一类数据来源的作品占30%。可见，采取多种类型数据来源的作品占据绝大部分。在数据来源类别分布方面，在入围作品中，使用了非政府组织、企业类别来源的作品占比72%，成为历届入围作品使用率最高的数据来源类别；其次是政府类来源，占比46%；媒体来源占比26%；研究机构、院校、学者类来源占比24%；自行搜集类来源占比14%。历届作品非政府组织、企业类数据来源使用率最高的原因与选题类型密切相关，即大赛中社会、经济类选题占比最高；同时也与近年来各种商业数据库的勃兴有很大关系，如沃德社会气象台网络情报实时监测与智能分析大数据系统等，这些数据库拥有海量的各类数据源，为数据新闻实践提供了极大的便利。

从具体作品来看，浙江大学城市学院的作品《希望之声——AI语音技术创造新未来》利用了国家统计局、生态环境部、国家卫健委、浙江省疾控中心、浙江省卫健委等多个数据来源，类型上以政府等官方公开数据为主；DT财经的作品《重新认识地铁上的上海》则主要以企业数据为主，使用了百度地图、美团点评、ofo小黄车、中原地产等数据来源；西北师范大学的作品《电子时代下，实体书店何去何从》使用了镝数图表、沃民高科大数据平台等商业数据库。入围作品中无论是数据类型，还是获取手段都呈现出多样化的特点，多样化的数据来源能使数据新闻的类型和内容更丰富，但在选择来源时须更谨慎，保证所选择数据的真实性和准确性。

3. 数据处理:工具种类更为丰富,新闻业务更加精细

数据新闻要求在大量数据中通过统计学、人工智能、机器学习等方法,挖掘出未知的且有价值的信息和知识。入围作品中使用频率最高的数据分析工具是 Excel,使用 Excel 进行数据分析的入围作品占总数的 86%,其次是 Python,占比 23%,SPSS 占比 18%,Tableau 和 SQL 分别占比 14%,R 语言、Echarts 和 OpenRefine 各占比 9%,其他 13 种仅出现过一次的工具占比 59%。值得一提的是,虽然各种技术工具已经十分普及,但是手动进行数据分析作为一种辅助方式,依然在多个作品中发挥作用,占比 45%。从对数据分析工具的统计中可以看出,数据新闻制作者在克服技术难关上作出了积极的努力。

体现在具体的作品中,香港中文大学的数据新闻作品 *KFC and McDonald's Social Media Analysis* 中,先使用 Python 爬取 Twitter 上麦当劳与肯德基的推文内容、发帖时间、推文点赞量以及推文转发量,再使用 Knime 爬取 Facebook(现 Meta)上麦当劳与肯德基的帖文内容、发帖时间、帖文点赞量以及帖文分享量,然后使用 Excel 对所获取的数据进行筛选和分析。澎湃新闻的作品《我的汶川记忆》中,使用 SQL 对数据库中的 UGC 内容进行包括排序、聚类、字段匹配、搜索等数据挖掘,在借助 Python 的同时,利用 jieba 分词进行文本分析。

4. 数据的可视化呈现:技术更加成熟,呈现效果更注重阅读体验

与传统新闻相比,数据新闻的可视化通过对海量复杂数据、地理或时间等相关信息以兼具形象化与趣味性的信息图表的方式展现给用户,化抽象为具象,与传统的新闻报道相比更直观生动,更具易读性,给受众提供了更好的阅读体验。在具体的新闻报道中,数据可视化工具可以起到提示信息要点、解析时间进程、解释各类关系、呈现分布状态等作用。

(1) 可视化设计:呈现形式多元化、交互性。与传统新闻相比,大数据时代的数据新闻越来越注重版面设计的交互性以及创意的表现。受众的自主性和个体性得到实现和尊重,同时也提高了新闻报道的精度,尽可能为受众呈现庞大的社会事件全貌。中国传媒大学的《互联网江湖,谁主沉浮?》运用 D3.js 制作出散点图和数据转换的动画效果,使用 ScrollMagic 技术制作网页滑动交互效果,从多个维度展现了两年来某两个互联网巨头的投资、收并购情况,以及其在互联网领域的垄断现象,使得数据呈现形象、流畅,给人眼前一亮的感觉,极具可视性。不论是静态图,还是动态交互式信息图,只要符合所用数据自身的规律特征,能够清晰地刻画出数据间隐藏的规律,揭示其背后的意义,呈现出完整而有价值的数据新闻作品,就是成功的数据可视化设计。

(2) 可视化工具:工具种类越来越丰富,可视化处理注重感官体验。中国数据新闻大赛入围作品,在各个作品所使用的可视化工具中,共出现 47 种工具,本书将出现两次及以上的工具进行单独统计,出现一次的工具统一归入其他类别。在出现的 47 种可视化工具中,Adobe Photoshop 的使用率最高,达到 43%,入围作品大多数采用了 Adobe Photoshop 作为实现数据可视化的工具,Echarts 紧随其后,占比高达 30%,Tableau 占比 19%,镝数图表和 Excel 分别占比 15%,HTML 占比 13%,Wix、Adobe Illustrator、Adobe Premiere Pro 分别占 11%,Adobe After Effects、CSS 分别占 9%,JavaScript、Flash、D3.js 分别占 6%,Piktochart、Tagxedo、PPT、地图慧、百度图说、BDP、Adobe Dreamweaver、jQuery、RAW、Visual Studio Code 分别占 4%,其他仅出现过一次的工具合计占比 47%。可见,大赛用于可视化的工具种类非常丰富,并且大部分作品都使用了两种以上的可视化工具。表现在具体的作品中,西安交

通大学的《中小学生书包越减越重》,将 H5 技术作为数据可视化工具,使得作品在移动端能够得到更好呈现,页面内容以动态形式次第出现,极具动感,背景音乐的加入给读者以更丰富的感官体验。

本章小结和测试

 本章小结

本章对数据新闻国内外大赛进行总结,主要介绍了当前具有一定影响力的全球数据新闻奖、西格玛数据新闻奖、中国数据新闻大赛概况,并对获奖作品进行分析,以期了解国际前沿,更好地融入数据新闻发展潮流。

 实践训练

登录三大奖项网站了解赛事情况,并主动组队参加中国数据新闻大赛。

参考文献

[1] 王妍,李霞.互动新闻的前世、今生与未来:媒介变迁与互动新闻演进研究[J].现代传播(中国传媒大学学报),2019,41(9):65-69,101.

[2] 陆朦朦.数据新闻互动叙事策略研究:基于2014—2018年全球数据新闻奖获奖作品的分析[J].出版科学,2019,27(1):92-98.

[3] NIKKI U. Interactive Journalism:Hackers,Data,and Code[M].Champaign:University of Illinois Press,2016.

[4] 陈昌凤,胡曙光.让用户自主讲故事的互动新闻:从尼基·厄舍《互动新闻:黑客、数据与代码》一书谈起[J].新闻记者,2018(10):37-42.

[5] 刘滢."互动新闻":国外全媒体报道的新实践[J].青年记者,2017(4):82-84.

[6] 方洁.数据新闻概论:操作理念与案例解析[M].北京:中国人民大学出版社,2015.

[7] 郭琳.动态图形技术在数据新闻中的应用研究[D].杭州:浙江工业大学,2016.

[8] 汤景泰.大数据时代的传媒转型:观念与策略[J].新闻与写作,2013(9):23-26.

[9] 彭兰.社会化媒体、移动终端、大数据:影响新闻生产的新技术因素[J].新闻界,2012(16):3-8.

[10] 崔菊丽,曹立人.图形识别中的预览效应[J].人类工效学,2010,16(4):23-27.

[11] 陈昌凤.数据新闻及其结构化:构建图式信息:以华盛顿邮报的地图新闻为例[J].新闻与写作,2013(8):92-94.

[12] 宋可嘉,王锡苓.数据新闻是如何使用地图的?——以《卫报》《纽约时报》《华盛顿邮报》为例[J].新闻爱好者,2017(4):29-33.

[13] 方洁,胡杨.地理数据叙事:数据新闻报道的新趋势[J].新闻与写作,2016(1):86-89.

[14] 陈积银,宋春妮.数据新闻发展现状宏观扫描[J].青年记者,2018(28):9-11.

[15] 陈虹,秦静.数据新闻的历史、现状与发展趋势[J].编辑之友,2016(1):69-75.

[16] 黄志敏,陈嘉慧.财新数据可视化实验室的创新[J].传媒评论,2015(4):9-12.

[17] 沈浩,谈和,文蕾."数据新闻"发展与"数据新闻"教育[J].现代传播(中国传媒大学学报),2014,36(11):139-142.

[18] 李希光,赵璞.数据可视化:数据新闻在健康报道中的应用[J].新闻战线,2014(11):53-56.

[19] 苏宏元,陈娟.从计算到数据新闻:计算机辅助报道的起源、发展、现状[J].新闻与传播研究,2014,21(10):78-92,127-128.

[20] 陈积银,冯娇.基于第三届中国数据新闻大赛入围作品的实证研究[J].教育传媒研究,2019(1):61-64.

[21] 徐恒醇.设计符号学[M].北京:清华大学出版社,2008.

[22] 彭兰."信息是美的":大数据时代信息图表的价值及运用[J].新闻记者,2013(6):14-21.

[23] 常江.导演新闻:浸入式新闻与全球主流编辑理念转型[J].编辑之友,2018(3):70-76.
[24] 方洁,颜冬.全球视野下的"数据新闻":理念与实践[J].国际新闻界,2013(6):73-83.
[25] 王轩.从朱赢椿"世界最美的书"谈书籍设计中的互动理念[J].中国出版,2010(19):50-52.
[26] 李喆.交互式数据新闻的概念内涵及基本特征[J].中国报业,2018(9):22-23.
[27] 陈积银,杨廉.中国数据新闻发展的现状、困境及对策[J].新闻记者,2016(11):64-70.
[28] 战迪.新闻可视化生产的叙事类型考察:基于对新浪网和新华网可视化报道的分析[J].新闻大学,2018(1):9-17,147.
[29] 张超.数据新闻复杂叙事的四个维度[J].电视研究,2018(2):38-40.
[30] 张超.数据新闻的交互叙事初探[J].新闻界,2017(8):10-15,45.
[31] 马秀芬.美国大选报道的数据可视化叙事[J].青年记者,2017(6):97-98.
[32] 孟笛.数据新闻生产特征及叙事模式:基于数据新闻奖提名作品的实证研究[J].当代传播,2016(6):23-26.
[33] 孟笛.开放理念下的新闻叙事革新:以《纽约时报》数据新闻为例[J].新闻界,2016(3):61-65.
[34] 曾庆香,陆佳怡,吴晓虹.数据新闻:一种社会科学研究的新闻论证[J].新闻与传播研究,2017,24(12):79-91,128.
[35] 吴小坤.数据新闻:理论承递、概念适用与界定维度[J].新闻与传播研究,2017,24(10):120-126.
[36] 刘涛.西方数据新闻中的中国:一个视觉修辞分析框架[J].新闻与传播研究,2016,23(2):5-28,126.
[37] 喻国明.从精确新闻到大数据新闻:关于大数据新闻的前世今生[J].青年记者,2014(36):43-44.
[38] 张帆,吴俊.2011—2015:大数据背景下英美数据新闻研究述评[J].国际新闻界,2016,38(1):62-75.
[39] 方洁,高璐.数据新闻:一个亟待确立专业规范的领域——基于国内五个数据新闻栏目的定量研究[J].国际新闻界,2015,37(12):105-124.
[40] 郭恩强,亚历山大·本杰明·霍华德.数据新闻何以重要?——数据新闻的发展、挑战及其前景[J].新闻记者,2015(2):67-71.
[41] 苏宏元,陈娟.从计算到数据新闻:计算机辅助报道的起源、发展、现状[J].新闻与传播研究,2014,21(10):78-92,127-128.
[42] 杨晓军.数据新闻故事化叙事的可能性及思维路径[J].编辑学刊,2016(1):114-118.
[43] 王秀丽,王天定.中英道路安全数据可视化新闻对比分析[J].当代传播,2015(5):101-102,105.
[44] 俞凡,薛国林.数据新闻的专业化审视:对我国数据新闻现存问题的几点思考[J].新闻与写作,2015(8):83-86.
[45] 刘义昆.大数据时代的数据新闻生产:现状、影响与反思[J].现代传播(中国传媒大学学报),2014,36(11):103-106.
[46] 陈良贤.十万条热搜数据告诉你,谁在制造微博热搜[EB/OL].(2021-01-04)[2021-

[47]杜海燕,等.1190件商品数据告诉你,双11网购真的那么划算吗?[EB/OL].(2019-11-11)[2021-02-15].https://www.thepaper.cn/newsdetail_forward_4920475.

[48]新中国经济简史(纪事)[EB/OL].(2019-09-27)[2021-02-15].https://datanews.caixin.com/mobile/interactive/2019/70/.

[49]姜子涵,等.数说疫情下的"云生活"模式[EB/OL].(2020-03-09)[2021-02-15].http://www.xinhuanet.com/video/sjxw/2020-03/09/c_1210507301.htm.

[50]陈良贤,等.9张图带你回顾2020美国大选[EB/OL].(2020-11-08)[2021-02-15].https://www.thepaper.cn/newsdetail_forward_9867378.

[51]张轶君,等.数据说两会|1978年到2020年政府工作报告关键词盘点[EB/OL].(2020-05-22)[2021-02-15].https://www.thepaper.cn/newsdetail_forward_7492352.

[52]迈向全面小康:数看中国脱贫攻坚之路[EB/OL].(2020-05-23)[2021-02-15].http://www.xinhuanet.com/video/sjxw/2020-05/23/c_1210630623.html.

[53]专利药为什么这么贵[EB/OL].(2018)[2021-02-15].http://datanews.caixin.com/interactive/2018/patent-drug/.

[54]9张图带你回顾2020美国大选[EB/OL].[2020-11-08].https://www.thepaper.cn/newsDetail_forward_9867378.

[55]一图看懂第七次全国人口普查关键数据[EB/OL].[2021-05-11].https://www.thepaper.cn/newsDetail_forward_12618019.

[56]一图看懂东航MU5735坠毁事故[EB/OL].[2022-03-21].https://www.thepaper.cn/newsDetail_forward_17226002.

[57]数说|俄乌冲突致全球粮价飙升,哪些国家最受影响?[EB/OL].[2022-05-06].https://www.thepaper.cn/newsDetail_forward_17957244.

[58]说真的,我宁愿挤2小时地铁,也不要居家办公了[EB/OL].[2022-06-10].https://mp.weixin.qq.com/s/iwk1AsvGaaT_QXqQL398NA.

[59]南方阴雨大赛|60年的数据告诉你:这是太阳流浪最久的一次[EB/OL].[2019-03-05].https://www.thepaper.cn/newsDetail_forward_3047728.

[60]网络求助可视化:善意就像火花,一个点燃另一个[EB/OL].[2021-08-24].https://www.thepaper.cn/newsDetail_forward_14185575.

[61]一张思维导图看懂民法典,它能保障你我的哪些权益?[EB/OL].[2020-05-27].https://www.thepaper.cn/newsDetail_forward_7566028.

[62]树状图一定要像树?试试更美的形态![EB/OL].[2020-07-27].https://mp.weixin.qq.com/s/iF5P4qe3r_WFUGo5FWP8Hw.

[63]"词云":网络内容发布新招式[EB/OL].[2021-12-31].http://media.people.com.cn/GB/22100/61748/61749/4281906.html.

[64]千年一遇的郑州暴雨,到底有多大[EB/OL].[2021-07-21]https://www.163.com/data/article/GFEGR054000181IU.html.

[65]春节吃不胖指南,看这一篇就够了[EB/OL].[2022-02-01].https://www.163.com/data/article/GV4F07OV000181IU.html.

[66] 你最爱的童年零食,现在怎么样了[EB/OL].[2022-05-17]. https://www.163.com/data/article/H7J38CT100019GOE.html.

[67] 罗杰斯.数据新闻大趋势:释放可视化报道的力量[M].岳跃,译.北京:中国人民大学出版社,2015.

[68] 王元卓,靳小龙,程学旗.网络大数据:现状与展望[J].计算机报,2013,36(6):1125-1138.

[69] HOWE J. The Rise of Crowdsourcing[J]. Wired,2006,14(6):176-183.

[70] 童咏昕,袁野,成雨蓉,等.时空众包数据管理技术研究综述[J].软件学报,2017,28(1):35-58.

[71] 周立柱,林玲.聚焦爬虫技术研究综述[J].计算机应用,2005(9):1965-1969.